数智化时代
会计专业融合创新系列教材

人邮教育

数智化企业
内部控制与风险管理

主　编◎许金红　李　璇
副主编◎张　晓　马久云　秦晓东　胡玉姣

人民邮电出版社

北　京

图书在版编目（CIP）数据

数智化企业内部控制与风险管理 / 许金红，李璇主编. -- 北京：人民邮电出版社，2025. --（数智化时代会计专业融合创新系列教材）. -- ISBN 978-7-115-67353-4

Ⅰ. F272.3-39

中国国家版本馆 CIP 数据核字第 2025179FA0 号

内 容 提 要

本书依托财政部等五部门联合发布的《企业内部控制基本规范》《企业内部控制应用指引》《企业内部控制评价指引》设置内容框架，并基于金蝶云星空系统和金蝶大数据处理平台进行关键理论知识的应用实践。

本书共三篇九章。第一篇为基础入门篇，包括企业内部控制认知、大数据智能风险管控流程认知、内部环境控制等内容。第二篇为控制活动篇，聚焦于企业内部风险管控涉及的主要业务和核心资源，进行风险识别、风险分析和流程管控，探索如何将采购业务、销售业务、资金管理、固定资产管理的内部控制予以数智化实施。第三篇为综合应用篇，包括风险动态智能预警、企业风险管控报告及内部控制自我评价等内容。

本书内容丰富，将理论与实践相结合，既可作为应用型本科院校、职业本科院校和高等职业院校财经类、管理类专业的教材，也可作为企业管理人员、内部审计人员、风险管理人员的参考书。

- ◆ 主　　编　许金红　李　璇
　　副主编　张　晓　马久云　秦晓东　胡玉姣
　　责任编辑　崔　伟
　　责任印制　王　郁　彭志环
- ◆ 人民邮电出版社出版发行　北京市丰台区成寿寺路 11 号
　　邮编　100164　电子邮件　315@ptpress.com.cn
　　网址　https://www.ptpress.com.cn
　　北京天宇星印刷厂印刷
- ◆ 开本：787×1092　1/16
　　印张：13.5　　　　　　　　　　　　2025 年 9 月第 1 版
　　字数：362 千字　　　　　　　　　2025 年 9 月北京第 1 次印刷

定价：59.80 元

读者服务热线：(010)81055256　印装质量热线：(010)81055316
反盗版热线：(010)81055315

前　言

党的二十大报告指出："完善中国特色现代企业制度，弘扬企业家精神，加快建设世界一流企业。"随着我国经济的持续发展和信息化进程的加快，数智化已成为企业转型升级的重要驱动力。加强企业内部控制，推进产教融合，构建数智化企业新生态已成为业界共识，这不仅揭示了当前企业内部控制的变革方向，也强调了教育与产业的无缝对接对企业长远发展的重要性。面对新时代背景下企业内部控制的新要求、教育和产业协同发展的新期待，众多院校纷纷开设了企业内部控制课程，帮助财经类、管理类专业学生学习和掌握内部控制的理论和方法。

基于上述背景，编者以《企业内部控制基本规范》《企业内部控制应用指引》《企业内部控制评价指引》为基本依据编写了本书，系统阐释了企业内部控制体系建设的理论、方法及实践应用，以契合企业内部控制数智化发展趋势，助力企业内部控制水平提升。

本书特色如下。

1. 理论+实践双刃出击

本书系统讲述了数智化内部控制的理论基础，通过丰富的案例分析，引导学生了解企业内部控制的整体架构和内在逻辑关系，掌握企业内部控制的基本概念、原则、方法，将理论知识应用于实际情境，增强风险意识，提升解决实际问题的能力。

此外，与传统企业内部控制教材不同，本书依托金蝶云星空系统和金蝶大数据处理平台，对繁杂琐碎的企业内部控制指引及不相容职务分离制度、授权审批制度、全面预算制度等内部控制制度或措施进行深入解析，一改课程原来只讲理论、缺乏实践的局面，帮助学生提升用数智化操作平台进行风险识别和分析的能力，更好地适应数字经济时代企业内部控制从传统向数智化的转变，促使以数据为导向的内部控制分析和风险管控走向更高效、更便捷之路。

2. 线上+线下双剑合璧

本书精心设计线下教学内容，增加案例分析、课堂讨论等活动；配套的线上课程资源内容丰富，包括课件、配套案例、教学视频、案例分析、课后作业等各类资源，方便学生课前预习、课后巩固，助力教师及时了解学生的学习动态，促进师生间形成良好的互动氛围，搭建线上线下融合的沉浸式学习平台。

3. 教学+竞赛相辅相成

本书对 18 项企业内部控制应用指引，不再是"眉毛胡子一把抓"，而是结合会计技能、智能财税等职业技能大赛的要求，突出企业内部控制的重点内容，抓住关键，帮助参赛学生巩固知识、增强竞争力。

4. 产业与教育深度融合

本书由深圳信息职业技术大学、海南科技职业大学、阿坝师范学院、福建师范大学和金蝶精一信息科技服务有限公司合作开发，理论部分深度讨论实际案例，实践部分精选企业内部控制的主要业务，模拟构建和计算关键风险指标，并通过可视化形式直观展示相应指标，对企业的内部控制日常操作、转型升级有较强的指导意义。

本书汇聚了 4 所院校与金蝶精一信息科技服务有限公司在产教融合、科教融汇方面取得的重要成果，由深圳信息职业技术大学财经学院许金红、李璇担任主编，海南科技职业大学会计学院张晓、阿坝师范学院经济与管理学院马久云、福建师范大学经济学院秦晓东、金蝶集团资深财务顾问胡玉姣担任副主编，深圳信息职业技术大学闫佳、王萱和福建师范大学蔡凌、江婷婷参与编写。在此对校企双方参与本书统筹、编写、讨论工作的所有老师深表谢意。

因编者水平有限，书中难免存在疏漏之处，恳请读者批评指正。

编者

2025 年 3 月

目　录

第一篇 基础入门篇

第一章

企业内部控制认知

知识目标

1. 理解企业内部控制的内涵、特征、内容
2. 了解企业内部控制的发展阶段和目标
3. 熟悉企业内部控制的原则和方法

能力目标

1. 能准确理解企业内部控制体系的基本框架
2. 能深入剖析企业内部控制各要素之间的关系

素养目标

1. 认同企业内部控制岗位职责，形成战略思维、大局意识和规则意识
2. 形成企业风险防范应对意识，培养爱岗敬业、诚实守信、清正廉洁的精神品质

导入案例

中信泰富外汇亏损案

中信泰富于香港联合交易所上市，是恒生指数的成分股，属于蓝筹股。此外，因为其大股东是中信集团，中信泰富也被视为红筹股。红加蓝就是紫色，于是，一些香港的分析师把中信泰富戏称为"紫筹股"。

在2008年中信泰富的外汇投资巨亏事件中，中信泰富董事局主席荣智健、董事总经理范鸿龄、副董事总经理张立宪和李松兴及执行董事周志贤等五名前董事被认定披露虚假或者具有误导性的财务状况资料，需要向4 500名投资者赔偿损失，赔偿金额超过10亿港元。受此影响，9月12日，中信泰富股份早盘大跌逾4%。有评论称，贵为蓝筹股的中信泰富受查及要赔偿，可谓"创先河"。

原来，中信泰富在澳大利亚西部经营着一个铁矿，为了降低公司在澳大利亚铁矿项目中面对的货币风险，从2007年起，中信泰富开始购买澳元的累计外汇期权合约进行对冲。2008年10月20日，中信泰富发布公告称，该澳元累计目标可赎回远期合约，因澳元大幅贬值，已经确认约155亿港元亏损。到10月29日，由于澳元的进一步贬值，该合约亏损已接近200亿港元。截至2008年12月5日，中信泰富股价收于5.80港元，在一个多月内市值缩水超过210亿港元。就中信泰富投资外汇造成重大亏损并涉嫌信息披露延迟的情况，香港证监会对其展开了调查。

香港证监会称，中信泰富在 2008 年 9 月 12 日刊发了一份有关其财务状况的虚假或者误导性陈述的通函，其中披露："就董事所知，本集团自 2007 年 12 月 31 日……以来的财务或交易状况概无出现任何重大不利变动。"中信泰富 2008 年 10 月 20 日发出的盈利警告披露，此前为调控其澳大利亚铁矿项目面对的货币风险所订立的多份杠杆式外汇合约使公司蒙受巨额亏损，显示公司 2008 年 9 月 7 日已察觉到该等合约带来的潜在风险。

中信泰富在 2008 年 10 月 20 日停牌，当时股价为 14.52 港元，恢复交易后，市值蒸发三分之二……

【思考】请站在企业内部控制的角度，尝试对中信泰富外汇亏损案进行原因分析。

自 2012 年起，我国对上市公司实施全面内部控制审计的序幕正式拉开，为了有效地通过内部控制审计，企业首先需要提交一份合格的内部控制自我评价报告。经过一年多的发展，内部控制流程梳理、风险识别与评估和内部控制体系建设已成为企业持续稳健发展和员工提升胜任能力的必修课。国际注册内部控制师也随即成为各大企业急需的高端人才，呈现出供不应求的发展态势。为适应日益增长的内部控制需求，企业管理人员需要更好地掌握从事企业内部控制系统建设所需的基本理论、法规要求、实务操作技能、评价指标和管理方法，从而协助企业增强内部控制系统的有效性。

第一节　企业内部控制的内涵与特征

一、企业内部控制的定义

在美国反虚假财务报告委员会下属发起人委员会（COSO）发布的《内部控制——整合框架》中，内部控制的定义如下。由一个企业的董事会、管理层和其他人员实现的过程，旨在为下列目标提供合理保证：①财务报告的可靠性；②经营的效果和效率；③符合适用的法律和法规。COSO 内部控制——整合框架把内部控制划分为五个相互关联的要素，分别是：①控制环境；②风险评估；③控制活动；④信息与沟通；⑤监督。每个要素均承载三个目标：①经营目标；②财务报告目标；③合规性目标。

《企业内部控制基本规范》第三条也给出了内部控制的定义："内部控制，是由企业董事会、监事会、经理层和全体员工实施的、旨在实现控制目标的过程。"这句话指明了企业内部控制的主体、本质和缘由。主体是包括企业所有员工在内的各岗位人员；本质是个过程，是贯穿企业创业初期到破产倒闭的长期动作；缘由是旨在实现控制的目标。这个目标应该是持续、安全地提高企业科学管理运营效率和效果。

所谓内部控制，是指一个企业为了实现其经营目标，保护资产的安全完整，保证会计信息资料的正确可靠，确保经营方针的贯彻执行，保证经营活动的经济性、效率性和效果性而在企业内部采取的自我调整、约束、规划、评价和控制等一系列方法、手段与措施的总称。

二、企业内部控制的内涵

企业内部控制的关键词有三个。第一个关键词是控制。为什么要控制？控制什么？如何控制？由该关键词引出企业内部控制的内容、原则和方法等。第二个关键词是内部。这个词说明了企业内部控制的风险性质、特点，它是聚焦于企业内部风险的，包括企业内部环境和企业业务活动等一系列环境、流程和制度等，对一些企业外部风险，如宏观政策改变、政治环境变化等，不作过多研究，其不是企业内部控制风险管理的主要内容。第三个关键词是企业。内部控制是企业组织的行为，是现代企业在所有权和经营权两权分离的背景下，科学管理的刚性需求，它能帮助企业提升运营和管理效能。虽然不是所有组织都叫企业，但企业内部控制的目标也许能给其他组织的运营管理带来相应启发。

在对这三个关键词理解的基础上，总结企业内部控制的内涵是，企业为解决两权分离带来的信息不对称矛盾和利益冲突，防范各种舞弊和错误，保护企业财产安全，促进企业资源保值增值，基于内部牵制思想和理论，通过优化企业内部环境、规范业务流程、制定约束制度、明确岗位分工等内部控制方法、手段，达到科学高效有序管理、安全合法持续经营、保值增值等控制目标的全方面和全过程。它是为合理保证企业经营活动的效益性、财务报告的可靠性和法律法规的遵循性，而自行检查、制约和调整内部业务活动的自律系统。企业内部控制贯穿经营活动的全部过程，包括内部环境、风险评估、控制活动、信息与沟通、内部监督等要素，并受企业董事会、管理层及其他人员影响。

三、企业内部控制的特征

企业内部控制主要具有以下特征。

（1）全面性。全面性即内部控制是对企业组织一切业务活动的全面控制，而不是局部控制。它不仅要控制考核财务、会计、资产、人事等政策计划执行情况，还要进行各种工作分析和作业研究，并及时提出改善措施。

（2）经常性。经常性即内部控制不是阶段性和突击性工作，它涉及各种业务的日常作业与各种管理职能的经常性检查考核。

（3）潜在性。潜在性即内部控制行为与日常业务、管理活动并不是割裂开的，而是隐藏与融汇在其中的。不论采取何种管理方式，执行何种业务，均有潜在的控制意识与控制行为。

（4）关联性。关联性即企业的任何内部控制，彼此之间都是相互关联的，一种控制行为成功与否均会影响到另一种控制行为。一种控制行为的建立，均可能使另一种控制行为加强、减弱或取消。

第二节　企业内部控制的发展

一、企业内部控制理论的发展

企业内部控制理论的发展大体经历了内部牵制、内部控制制度、内部控制结构、内部控制整合框架、风险管理框架等五个不同的阶段。

（一）内部牵制阶段

20 世纪 20 年代以前，内部控制理论基本停留在内部牵制阶段。内部牵制的核心是强调"权力分置"，即不允许一个部门或一个人总揽或掌握处理经济业务的全部权力，让参与经济业务的有关部门和人员之间形成相互制约、相互监督的格局，防范弊端和错误的发生，保护财产物资的安全完整。

内部牵制一般由职责分工、会计记录和人员轮换三要素构成。内部牵制的执行大致分为四个方面。①体制牵制。体制牵制就是把每项经济业务都分别让不同的人或者部门去处理，以预防舞弊和错误发生。②簿记牵制。例如，采用复式记账法、定期核对明细账与总账。③实物牵制。例如，将保险柜钥匙交由两个以上的工作人员持有。④机械牵制。例如，给保险柜设置密码开启程序，不掌握密码和程序将无法打开。

（二）内部控制制度阶段

20 世纪 20 年代经济危机爆发使得内部控制开始超出会计及财务的范畴，内部控制理论开始进入内部控制制度阶段。1936 年美国会计师协会在其发布的《独立公共会计师对会计报表的审查》公告中，首次正式使用"内部控制"术语，并将其定义为：为了保护公司现金和其他资产的安全，检查账簿记录的准确性而在公司采用的各种手段和方法。1958 年，美国注册会计师协会审计程序委员会发布的《独立审计人员评价企业内部控制的范围》将内部控制分为"会计控制"和"管理控制"两大类：把与保护财产安全和保证财务记录的可靠性、准确性有关的控制归为会计控制，包括授权与批准制度、财产的实物控制和内部审计等；把与提高经营效率、保证管理部门所制定的各种政策得到贯彻执行有关的控制归为管理控制，包括统计分析、时动研究、员工培训计划和质量控制，此类控制通常只与财务记录有间接关系。

（三）内部控制结构阶段

20 世纪 70 年代以来，内部控制理论的发展进入内部控制结构阶段。1988 年 4 月，美国会计师协会颁布的《审计准则公告第 55 号》强调内部控制应由三个结构（要素）组成，即控制环境、会计制度和控制程序。控制环境反映的是董事会、管理层、业主和其他人员对控制的态度和行为，包括企业的管理哲学、经营方式、组织结构、授权与分配责任的方式、管理控制方法、内部审计、人事政策和程序等；会计制度是指各项经济业务的确认、归集、分类、分析、登记和编报方法；控制程序是指管理层所制定的政策和程序，用于保证达到一定的目的，包括经济业务和活动的批准、各个员工的职责和分工、业务的独立审核等。

（四）内部控制整合框架阶段

1992 年 9 月，COSO 对公司行政总裁、其他高级执行官、董事、立法部门的内部控制进行了高度概括，发布了《内部控制——整合框架》。该框架以"内部控制总体框架"取代了内部控制结构，认为内部控制整合框架主要由控制环境、风险评估、控制活动、信息与沟通、内部监督等五个要素构成。

（五）风险管理框架阶段

2004 年 COSO 发布《企业风险管理——整合框架》。《企业风险管理——整合框架》认为"企业风险管理是一个过程，它由一个主体的董事会、管理当局和其他人员实施，应用于战略制定并贯穿于企业之中，旨在识别可能会影响主体的潜在事项，管理风险以使其在该主体的风险容量之内，并为主体目标的实现提供合理保证"。该框架拓展了内部控制体系，更有力、更广泛地关注企业风险管理这一更加宽泛的领域。企业风险管理整合框架包括了八大要素：内部环境、目标设定、事项识别、风险评估、风险应对、控制活动、信息与沟通、监督。

二、我国企业内部控制的发展

我国内部控制制度最早始于西周时期，"一毫财赋之出，数人之耳目通焉"是我国历史上最早防范贪污舞弊的交互考核控制办法。宋朝"主库吏三年一易"的关键岗位轮岗制度也能起到反舞弊作用。随着近代国外先进管理方法和理论的引入，我国在借鉴西方内部控制体系理论基础上，思考如何建立健全自身的企业内部控制制度。企业加强内部管理的要求、股份制企业的发展和审计方法的演变也进一步推动了现代内部控制制度的发展。

我国内部控制的快速发展除企业内部管理因素外，政府的重视和推动是其关键助推力。从 20 世纪 90 年代起，政府就开始重视企业内部控制问题。财政部、中国人民银行、证监会分别在 1996 年、1997 年和 1999 年发布《独立审计具体准则第 9 号——内部控制与审计风险》《加强金融机构内部控制的指导原则》《关于上市公司做好各项资产减值准备等有关事项的通知》，对注册会计师、金融机构和上市公司的行为做出内部控制的相应行政规定。进入 21 世纪后，证监会、财政部对证券公司信息披露、建立健全企业内部控制制度做出规则和控制指引。《中华人民共和国会计法》（以下简称《会计法》）更是将各单位建立健全本单位内部会计监督制度摆上了台面，明确了企业不相容职务分离和授权审批、财务清查等规则。

2008 年 5 月 22 日，财政部、证监会、审计署、原银监会、原保监会联合发布了我国第一部《企业内部控制基本规范》，该规范从 2009 年 7 月 1 日起开始执行。该规范体现了《内部控制——整合框架》的基本精神，标志着我国企业内部控制从此走上了规范化的道路。2010 年 4 月 26 日，五部委联合发布《企业内部控制应用指引》，该指引从 2011 年 1 月 1 日起开始执行。2008—2010 年，财政部与证监会、审计署、原银监会、原保监会共同发布了《企业内部控制基本规范》《企业内部控制配套指引》，标志着适应我国国情、融合国际先进经验的中国企业内部控制规范体系基本建立，18 项应用指引针对内部环境、控制活动和控制手段三个维度，全面覆盖了企业资金流、实物流、人力流、信息流等各项业务领域和经营管理事项，并在实践中逐渐形成适应自身发展需要的成熟的特色体系和内容。

我国企业内部控制标准体系构成如图 1-1 所示。

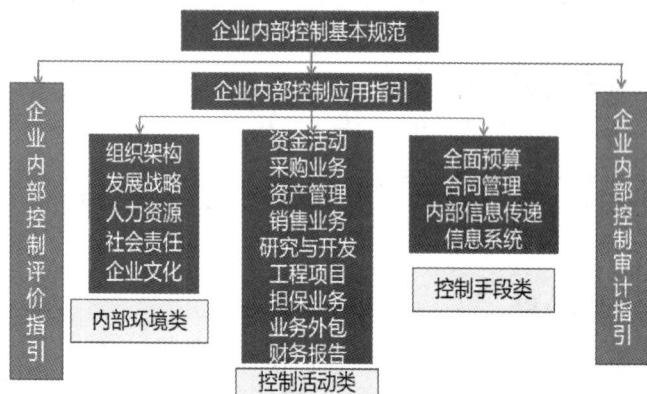

图 1-1　我国企业内部控制标准体系构成

第三节　企业内部控制的目标和内容

一、企业内部控制的目标

企业内部控制的目标是防范与控制企业面临的各种风险，实现企业战略目标。企业存在的目的主要是获利，但是盈利与风险并存。也就是说，想要持续安全稳定地获利，必须规避和防范相应的风险。这就注定了内部控制与风险管理密不可分。风险管理是内部控制的核心，也是内部控制的目标；内部控制是管理风险的一种手段。

在理解内部控制之前，首先要弄清楚企业有哪些风险，其中哪些是可以通过内部控制防范的，哪些是通过其他手段防范的。风险分类的方式有很多，将风险与内部控制联系在一起，可以把风险分为两大类：不可控风险与可控风险。不可控风险主要包括政策变更、自然灾害、宏观经济变化等；可控风险主要包括企业运营层面的风险。内部控制主要控制的是可控风险，即企业运营层面的风险。企业风险管理是针对所有风险的管理，而内部控制是针对可控风险的管理，这是风险管理与内部控制的区别和联系。

具体来说，企业内部控制的目标包括以下五个方面。

（1）保证企业经营管理合法合规。2011 年 3 月 15 日，央视《每周质量报告》揭露双汇集团在原材料的采购上把关不严，导致使用违禁动物用药"瘦肉精"饲养的猪流入了济源双汇食品有限公司。双汇集团因此产生的经济损失超过 121 亿元，多名相关人员受到了法律的制裁。双汇集团痛定思痛，花费 3 亿元将"瘦肉精"检验水平提高到国家标准，不再抽检，而是头头检验。双汇集团还拿出 50 万元成立食品安全奖励基金，才把失掉的口碑一点点赢了回来。2013 年，双汇集团营业收入恢复到 450 亿元，也标志着双汇集团走出了低谷。

（2）保证企业各项资产安全完整。2016 年 4 月初，江苏高邮市农业委员会在现金会计交接工作中，发现银行存款余额与工作交接单上的余额差距较大，从而揭露了某员工在任职出纳期间利用工作便利，采取伪造银行对账单、从银行提取现金、私自将公款转入个人银行卡中不入账等手段作案 57 起，累计挪用公款达 1 051 万元的违法犯罪行为。

（3）保证企业会计信息真实可靠。国家开发银行湖南省分行开展 2017 年度会计师事务所入围授信审计的认证工作，对申报的 76 家会计师事务所的 2016 年度收入、注册会计师人数和诚信情况商请湖南省注册会计师协会（以下简称"省注协"）进行核实。省注协在核实过程中发现，有 6 家会计师事务所申报给银行的收入大于上报给省注协的收入，其中有 4 家申报给银行的虚报收入超过上报省注协收入的 100%。省注协约谈并严厉批评了造成不良社会影响的 6 家申报入围的会计师事务所，对其中 2 家擅自抽换审计报告后附已审财务报表的事务所提出了严重警告；对不遵循审计准则、未与前任签字注册会计师沟通、未做到勤勉尽责，导致为同一对象同一年度财务报表出具审计报告而结论不一致的 2 家会计师事务所及其主任会计师、签字注册会计师进行了严厉的批评。

（4）保证企业经营效率效果。2008 年 11 月，阿里巴巴为应对金融危机影响，以 1.98 万元推出了一款低价产品"出口通"，使得供应商增加 5.3 万个，收入增加 10.5 亿元，但因内部控制失败，新增供应商中有 0.8%涉嫌欺诈。欺诈事件导致了诚信危机，被欺骗的买家纷纷投诉。而导致这一诚信危机的原因正是不合理的薪酬和绩效管理设计，销售主管和销售人员的利益高度一致，未能对供应商进行严格审核。只有建立严格完善的内部控制体系，在供应商认证环节进行严格把关，按照不相容职务相分离的原则，提升现场监控能力，才能杜绝欺诈之风，保证企业的经营效率和效果。

（5）促进企业发展战略顺利实现。作为日本制造业代表的丰田汽车，于 2009 年开始卷入一场质量危机，不断被发现加速踏板、驾驶座脚垫、刹车等部件缺陷，先后在全球范围内召回多款车辆合计 850 万辆。而这次事件导致丰田股票市值蒸发了 300 亿美元，进而影响日本国内生产总值（Gross Domestic Product，GDP）下降约 0.12%。丰田汽车采用低成本战略，导致原材料低价低值，产生了质量问题。由于加速踏板失灵，丰田汽车被美国联邦政府处以 1 637.5 万美元罚款，向美国消费者赔偿 100 亿美元。

企业内部控制的目标分为三类：一是报告目标，要求对内对外报告的可靠性；二是经营目标，要求对风险做出适当反应，促进运营的效率和效益提升（为企业目标的实现提供合理保证）；三是合规目标，要求具备符合法律法规、商业行为的内部政策。

二、企业内部控制的内容

按照我国企业内部控制基本规范，企业内部控制的内容（也称企业内部控制的五元素）主要包括五个方面，分别是内部环境、风险评估、控制活动、信息与沟通及内部监督。

（一）内部环境

内部环境是企业实施内部控制的基础，一般包括治理结构、机构设置及权责分配、内部审计、人力资源政策、企业文化等。离开内部环境，企业内部控制无从谈起。内部环境是企业内部控制的载体和基础，是决定内部控制制度实施成效的基本因素。

（二）风险评估

风险评估是企业建立与实施内部控制的前提。它是及时识别、科学分析影响企业战略和经营管理目标实现的各种不确定因素并采取应对策略的过程，是实施内部控制的重要环节和导向。风险评估主要包括目标设定、风险识别、风险分析和风险应对。

目标设定是风险管理的前提条件。企业应当按照战略发展目标，设定相关的经营活动、财务报告和资产安全等指标，并根据企业的风险偏好设定目标和指标，合理确定企业整体风险承受能力和具体业务层次上可接受的风险水平。

风险识别是风险管理的基础，是指在风险发生之前，运用各种方法系统、连续地认识所面临的各种风险以及分析风险产生的潜在原因。识别的风险主要包括战略风险、财务风险、市场风险、营运风险和法律风险等。

风险分析是在识别出对企业各个层级有影响的重大风险后，对风险的严重程度和发生的可能性进行分析。分析内容包括估计风险的严重程度、发生的可能性和如何采取行动三个方面。

风险应对是指根据风险分析结果，对风险进行排序，企业管理层可对关键性风险做出回应。应对风险的策略有风险降低、风险消除、风险转移和风险保留等，可以选择一个或多个策略组合使用。风险降低是通过采取不同的方式、方法或手段来降低风险。风险消除包括风险避免、风险化解、风险排斥和风险终止。风险转移是将风险转移给另一家企业或机构，转移风险并不会降低其严重程度，只是从一方移除后转移给另外一方。选择风险保留，是因为企业要采取比较经济的策略，或者是因为没有其他备选策略，此时管理层需考虑所有的方案，并定期对风险进行复核，以确保不会错失备选策略。

（三）控制活动

控制活动是企业为建立与实施内部控制所采取的控制政策、程序、手段、方法。内部控制的核心就是控制活动。它指企业根据风险评估结果，采用相应的控制措施，将风险控制在可承受范围之内。控制措施应结合企业具体业务和事项的特点与要求制定，控制措施一般包括：不相容职务分离控制、授权审批控制、会计系统控制、财产保护控制、预算控制、运营分析控制和绩效考评控制等。

（四）信息与沟通

信息与沟通是企业建立与实施内部控制的条件。它是指及时、准确、完整地收集与企业经营管理相关的各种信息，并使这些信息以适当的方式在企业有关层级之间及时传递、有效沟通和正确应用的过程，是实施企业内部控制的纽带。

（五）内部监督

内部监督是企业建立与实施内部控制的保障。它是指对企业内部控制制度的健全性、合理性和有效性进行监督检查与评估，形成书面报告并做出相应处理的过程。内部监督分为日常监督和专项监督。日常监督是指企业对建立与实施内部控制的情况进行常规、持续的监督检查；专项监督是指在企业发展战略、组织结构、经营活动、业务流程、关键岗位员工等发生较大调整或变化的情况下，对内部控制的某一或者某些方面进行有针对性的监督检查。

第四节　企业内部控制的原则和方法

一、企业内部控制的原则

企业建立与实施内部控制，应当遵循下列原则。

（一）全面性原则

全面性包括全员参与、全过程控制和全方位控制三方面。全员参与是指从上级到下级，从高层到基层，从干部到工人，每一个人都是被控制的对象，每一个人都有控制风险的职责。全过程控制是指从决策到执行再到监督的全过程，每一个环节都要加强内部控制，堵塞漏洞。全方位控制是指内部控制要覆盖企业及其所属单位的各种业务和事项。

（二）重要性原则

重要性原则要求内部控制应当在全面控制的基础上，关注重要业务事项和高风险领域，主要包括重要事项、重要部门和重要人员。

（三）制衡性原则

内部控制应当在治理结构、机构设置及权责分配、业务流程等方面形成制约与监督，同时兼顾运营效率。它要求从决策到执行再到监督环节，体现不相容机构、岗位、人员相互分离和制约，防止滥用职权或串通舞弊。

（四）适应性原则

内部控制应当与企业经营规模、业务范围、竞争状况和风险水平等相适应，并随着情况的变化及时加以调整，做到与时俱进、不断优化、适时调整、努力改进。

（五）成本效益原则

内部控制应当权衡实施成本与预期效益，以适当的成本实现有效控制。对发生问题概率比较大的、曾经发生过重大问题的环节、事项加大控制力度，投入新设备、新系统，进行大额成本投资。对可能产生性质严重的安全问题，会导致人身健康、生命问题和严重腐败问题的环节也要加大控制力度。对可能会给企业带来大额损失的环节要进行严密控制。对影响企业长远发展的环节要加强控制。

二、企业内部控制的方法

内部控制的方法较多，主要方法包括不相容职务分离控制、授权审批控制、全面预算控制、财产保护控制、会计系统控制、运营分析控制、绩效考评控制、内部报告控制、信息技术控制等。

（一）不相容职务分离控制

不相容职务分离控制要求根据企业目标和职能任务，按照科学、精简、高效的原则，合理设置职能部门和工作岗位，明确各部门、各岗位的职责权限，形成各司其职、各负其责、便于考核、相互制约的工作机制。对授权批准、业务经办、会计记录、财产保管、稽核检查等不相容职务做到职务分离，避免出现差错和舞弊。

（二）授权审批控制

授权审批控制要求企业根据职责分工，明确各部门、各岗位办理经济业务与事项的权限范围、审批程序和相应责任等内容。企业内部各级管理人员必须在授权范围内行使职权和承担责任，业务经办人员必须在授权范围内办理业务。审批控制要求企业各部门、各岗位按照规定的授权和程序，对相关经济业务和事项的真实性、合规性、合理性以及有关资料的完整性进行复核与审查，通过签署意见并签字或者盖章，做出批准、不予批准或者其他处理的决定。

（三）全面预算控制

全面预算控制要求企业加强预算编制、执行、分析、考核等各环节的管理，明确预算项目，建立预算标准，规范预算的编制、审定、下达和执行程序，及时分析和控制预算差异，采取改进措施，确保预算的执行。

（四）财产保护控制

财产保护控制要求企业限制未经授权的人员对财产的直接接触和处置，采取财产记录、实物保管、定期盘点、账实核对、财产保险等措施，确保财产的安全完整。

（五）会计系统控制

会计系统控制要求企业根据《会计法》《企业会计准则》和国家统一的会计制度，制定适合本企业的会计制度，明确会计凭证、会计账簿和财务会计报告以及相关信息披露的处理程序，规范会计政策的选用标准和审批程序，建立、完善会计档案保管和会计工作交接办法，实行会计人员岗位责任制，充分发挥会计的监督职能，确保企业财务会计报告真实、准确、完整。

（六）运营分析控制

运营分析控制要求企业综合运用生产、购销、投资、财务等方面的信息，利用因素分析、对比分析、趋势分析等方法，定期对企业经营管理活动进行分析，发现存在的问题，查找原因，并提出改进意见和应对措施。

（七）绩效考评控制

绩效考评控制要求企业科学设置业绩考核指标体系，对照预算指标、盈利水平、投资回报率、安全生产目标等业绩指标，对各部门和员工当期业绩进行考核和评价，兑现奖惩，强化对各部门和员工的激励与约束。

（八）内部报告控制

内部报告控制要求企业建立和完善内部报告制度，明确相关信息的收集、分析、报告和处理程序，及时提供业务活动中的重要信息，全面反映经济活动情况，增强内部管理的时效性和针对性。内部报告通常包括例行报告、实时报告、专题报告、综合报告等。

（九）信息技术控制

信息技术控制要求企业结合实际情况和计算机信息技术应用程度，建立与本企业经营管理业务相适应的信息化控制流程，提高业务处理效率，减少和消除人为操纵因素，同时加强对计算机信息系统开发与维护、访问与变更、数据输入与输出、文件储存与保管、网络安全等方面的控制，保证信息系统安全、有效运行。

巩固与提高

一、单选题

1. 企业为提高会计信息质量，保护财产的安全、完整，确保有关法律法规和规章制度的贯彻执行等制定和实施的一系列控制方法、措施和程序的总和，称为（　　）。

  A. 内部资金控制   B. 内部信息控制

  C. 内部监审工作   D. 会计系统控制

2. 为了明确相关部门和岗位的职责、权限，确保办理项目业务的不相容岗位相互分离、制约和监督，企业应当建立业务的（　　）。

  A. 经济责任制   B. 目标责任制

  C. 岗位责任制   D. 成本责任制

3. 为了明确审批人的授权批准方式、权限、程序、责任及相关控制措施，规定经办人的职责范围和工作要求，企业应当对相关业务建立严格的（　　）。

  A. 授权审批制度   B. 业务流程制度

  C. 信息传递制度   D. 经济责任制度

二、多选题

1. 内部控制的基本要素包括（　　）。

  A. 内部环境   B. 风险应对   C. 控制活动

  D. 信息与沟通   E. 内部监督

2. 下列属于企业文化的有（　　）。

  A. 企业整体价值观   B. 高级管理人员的管理理念和经营风格

  C. 规范的法人治理结构   D. 高级管理人员的职业操守

  E. 员工行为守则

3. （　　）对实施内部控制负有责任。

  A. 董事会   B. 管理层   C. 风险管理人员

  D. 内部审计人员   E. 财务人员

4. 有关内部控制的发展阶段的论述正确的有（　　）。

  A. 20 世纪 50 年代以前，内部控制主要表现为内部牵制

  B. 在内部控制制度阶段，内部控制被划分为会计控制和管理控制

  C. 内部控制结构主要包括控制环境、会计系统和控制程序三个组成部分

  D. 内部控制整合框架是内部控制研究最重要的突破

  E. 目前内部控制研究上升到风险管理的高度

5. 内部控制制度设计的原则包括（　　　）。

    A. 合法性　　　　B. 重要性　　　　C. 成本效益性

    D. 全面性　　　　E. 制衡性

6. 以下属于不相容职务的有（　　　）。

    A. 授权批准　　　B. 业务经办　　　C. 会计记录

    D. 财产保管　　　E. 稽核检查

三、思考题

你如何理解 COSO 报告里的"再好的内部控制体系，它不能够把一个劣迹斑斑的或没有经营智商的管理层变成一个非常有经验、头脑和能力的管理层。"

## 第二章

大数据智能风险管控流程认知

知识目标

1. 认知大数据及其应用
2. 了解大数据分析流程
3. 理解大数据智能风险管控流程
4. 熟悉风险概率和风险影响评估的相关标准

能力目标

1. 能够完成大数据采集、挖掘和处理等相关操作
2. 能够识别风险，并采取相关应对措施

素养目标

1. 培养适应大数据时代的数字素养
2. 树立在数智化时代进行智能风险管控的风险意识

导入案例

通用电气财务造假案

2019 年 8 月 15 日，美国通用电气公司（以下简称"通用电气"）被指财务严重造假，股价日内重挫逾 14%，收跌 11.30%（见图 2-1），创下 2008 年以来的最大单日跌幅，市值蒸发 89 亿美元。

图 2-1　通用电气 2019 年 8 月 15 日单日股价跌幅

麦道夫诈骗案举报人马科波洛斯[1]发布了一份长达175页的报告，直指通用电气企图通过不准确的，甚至是欺诈的财务报表来掩盖公司财务和经营问题，与2001年的安然丑闻相比有过之而无不及，马科波洛斯称其为"比安然更大的欺诈"。报告列出了几项过错：其一，公司会计违规行为涉及金额高达380亿美元，相当于当日市值的54%以上；其二，公司存在185亿美元保险储备缺口；其三，油气业务的会计方式存有问题；其四，运营资金情况远比披露的糟糕。

马科波洛斯称该公司财务欺诈由来已久，最早可以追溯到1995年，他同时将报告递交监管部门。通用电气首席执行官（Chief Executive Officer，CEO）劳伦斯·卡尔普（Lawrence Culp）及审计委员会主席莱斯利·塞德曼（Leslie Seidman）在接受美国消费者新闻与商业频道（Consumer News and Business Channel，CNBC）采访时都予以了澄清。卡尔普称报告包含与事实不符的错误陈述，报告发表前并未与公司核实有关情况。他称马科波洛斯意在制造股价波动，从做空当中牟利。"这纯粹是一次市场操控行为。"卡尔普说，"他以每股7.93美元的价格回购了25.2万股股票，市值接近200万美元。"

塞德曼则指出，报告充满了误导、不准确和煽动性的陈述，通用电气完全符合美国会计准则。塞德曼说："我不清楚这篇报告的作者是不是真的懂美国通用会计准则。"

马科波洛斯并不否认自己从中牟利。据《华尔街日报》及CNBC报道，一家美国中型对冲基金向马科波洛斯支付费用，让其调查通用电气财务情况。在马科波洛斯发布报告前该基金的客户就获得了该报告，并且押注通用电气股价下跌。马科波洛斯不愿透露该基金的名字，但表示从该基金做空获得的利润中，他能得到不错的分成。

在对冲机制下，外部监督力量将有更大的驱动力来监督上市公司的财务运行状况，因此这也是一种自我净化的机制。2001年的安然事件，也是由于一个记者坚持不懈的调查，才把财务造假事件揭露出来。

这些对冲基金一旦发现上市公司财务不规范的蛛丝马迹，就穷追猛打，但其中可能有夸大影响的情况。

通用电气的未来如何，会不会像当年的安然那样走到破产的境地，我们静观其变。

【思考】通用电气被做空机构（对冲基金）和马科波洛斯关注的主要原因是什么？如果这样的大型企业破产，会给相关主体带来什么后果或影响？

第一节　大数据应用及分析

一、大数据及其应用

大数据指无法在一定时间范围内用常规软件工具进行捕捉、管理和处理的数据集合，是需要新处理模式才能发挥更强的决策力、洞察力和流程优化能力的海量、高增长率和多样化的信息资产。大数据具有体量大（Volume）、时效性（Velocity）、多样性（Variety）和价值密度低（Value）四个主要特征。

大数据与人工智能作为现代计算机技术的重点发展方向，是众多垂直领域应用解决方案的重要支撑技术。一是大数据为人工智能提供了大规模多源异构的数据资源，二是大数据与人工智能技术关联融合，三是人工智能拓展了大数据应用场景。大数据与人工智能的关联融合如图2-2所示。

1　哈里·马科波洛斯（Harry Markopolos）在麦道夫诈骗案中一战成名，不仅捅破了美国历史上最大的庞氏骗局，还将华尔街传奇人物、美国全国证券交易商协会自动报价系统（纳斯达克）前主席伯纳德·麦道夫（Bernard Madoff）送进监狱。

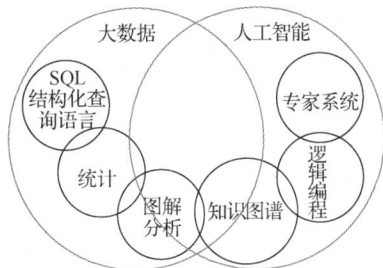

图 2-2 大数据与人工智能的关联融合

随着大数据与人工智能的深度融合，以及二者在各行业应用的不断加深，未来大数据和人工智能必将迎来新的增长浪潮并不断产生新模式、新业态。

大数据可以用于解释现象、发现规律、预测未来。近年来，我国大数据产业稳步发展，大数据技术逐步成熟，应用场景日益丰富，在社会管理与公共服务、农业、制造业、能源、通信、交通运输、生态环境、司法、市场监管、金融、科学研究、卫生健康、文化、教育和旅游等各个领域都有应用。例如，淘宝利用大数据来做商品推荐，百度利用大数据做竞价排名等。在国家政策的引领和支持下，大数据正在逐步融入国民经济各个领域中，已经形成了一定规模，并且在未来仍然有巨大的应用潜力。

大数据在风险管控领域渗入企业经营活动的方方面面，在风险识别、风险评估和风险管控方面发挥价值，尤其是大数据的精准预测能力帮助企业在问题发生之前进行预警，规避了大部分的风险事项。例如企业做出一项决策，便可以应用大数据技术对各项因素进行分析，预测决策可能带来的影响和结果，从而对可能产生的问题进行预防。

二、大数据分析流程

大数据分析围绕着数据、平台和算法三个要素进行，其中数据是加工处理的对象，平台是加工数据的载体和工具，算法是对数据进行加工的具体流程和方法。从数据的角度来看，忽略平台的层次性，大数据分析主要包括数据获取、数据清洗、数据管理、数据分析和数据呈现等几个阶段。

数据获取是指数据采集或者从其他系统导入数据。数据清洗主要包括补充部分数据缺失的属性值、统一数据格式、编码和度量，检测和删除异常数据等。数据管理包括对数据进行分类、编码、存储、索引和查询等。数据分析包含一般的统计查询、挖掘特定模式和预测性分析三个层次。数据呈现是利用数据可视化技术呈现数据中隐藏的信息和规律，创建一些可交互的视图，建立从输入数据到符合人类认知规律的可视化呈现。

三、大数据分析流程实践

利用金蝶大数据处理平台，初步学习大数据的采集、处理、挖掘方法。

（一）大数据采集

【任务要求】

从东方财富网站中爬取"三一重工"集团2019年和2020年两年的资产负债表数据并进行对比。

【操作过程】

（1）打开金蝶大数据处理平台登录页面，输入登录账号、密码及验证码，单击"立即登录"，如图2-3所示。

图 2-3　金蝶大数据处理平台登录页面

（2）执行"大数据采集"—"企业财务报表"命令，根据任务要求，选择数据源为"东方财富"，单击"参数"，打开参数设置页面，如图 2-4 所示。

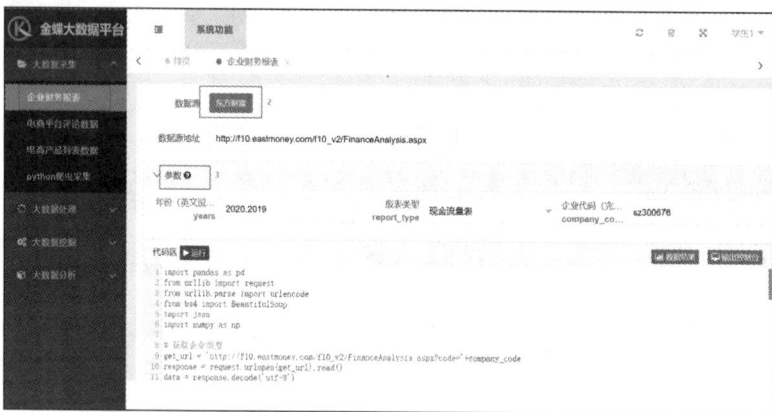

图 2-4　企业财务报表数据源参数设置

（3）在参数设置页面，根据任务要求填写报表年份"2020，2019"，企业代码"SH600031"，报表类型"资产负债表"，完成参数设置后，单击"运行"抓取数据。

（4）数据采集运行结束后，单击"数据结果"，打开数据结果页面，其中展示了抓取的数据。单击"下载"，可将采集到的数据下载到 Excel 表格中，如图 2-5 所示。

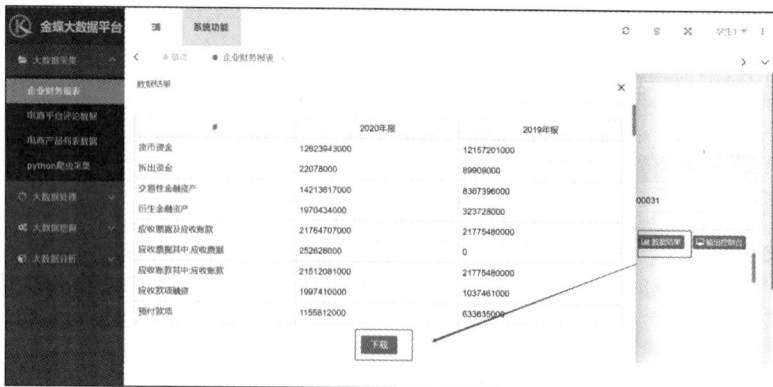

图 2-5　企业财务报表数据结果下载

（二）大数据处理

【任务要求】

对采集到的唯品会商品评价数据进行清洗，要求同一个用户的评价只保留一条，删除用户头像信息，将用户名称中的"唯***员"改成"匿名用户"，"VIPSHOP 会员"改成"匿名 vip 用户"。

【操作过程】

（1）登录金蝶大数据平台，执行"大数据处理"—"数据清洗"命令，打开数据清洗页面。单击"上传文件"，将"评论数据.xlsx"（从本书配套教学资源中获取，以下不再重复说明）上传到平台中作为数据源，数据显示选择"显示全部"，单击"下一步"，如图 2-6 所示。

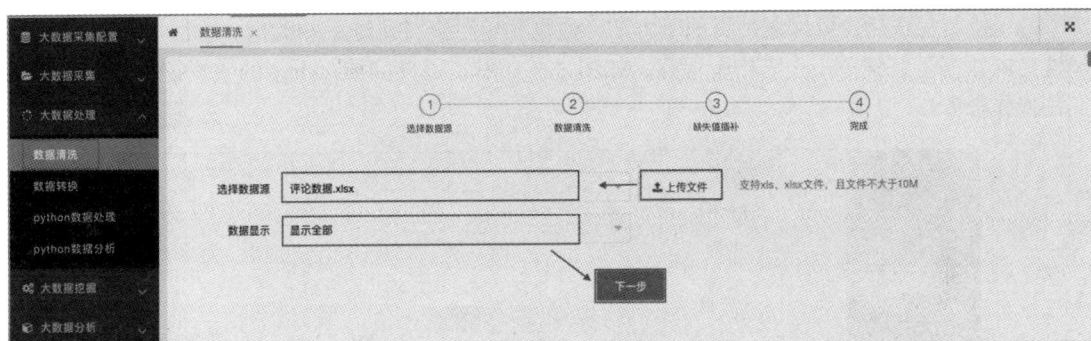

图 2-6　大数据清洗数据源选择页面

（2）在数据清洗页面单击"添加规则"，按任务要求配置具体的清洗规则，配置完成后单击"执行清洗"，可以看到清洗结果反馈，如图 2-7 所示。

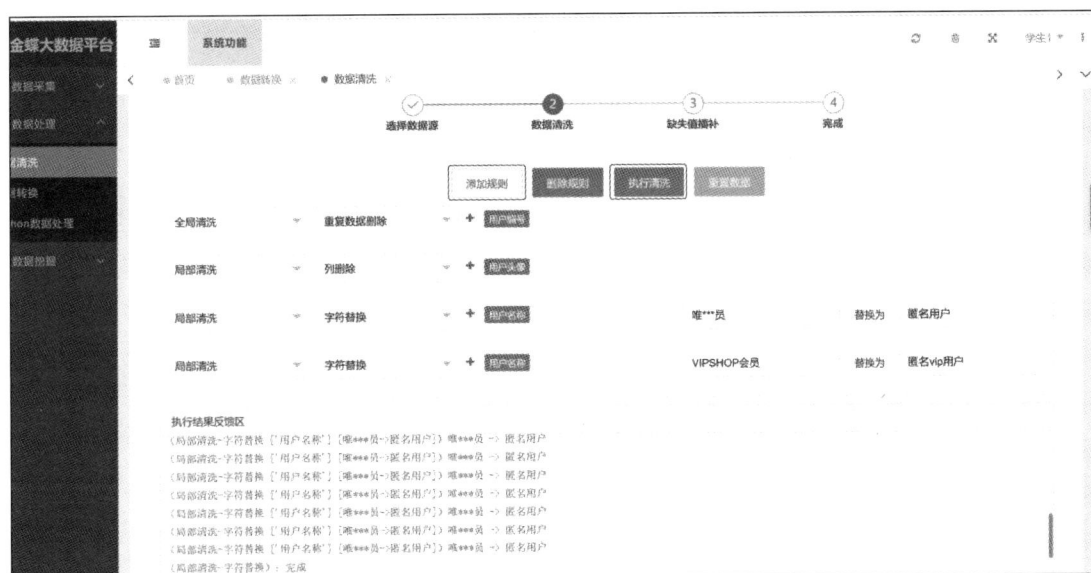

图 2-7　大数据清洗规则设置及清洗结果反馈

◆　数据去重：要求同一个用户的评价只保留一条，所以选择"全局清洗"，并选择"重复数据删除"。单击规则右侧的加号"+"，勾选字段"用户编号"，并单击右上角的"选择"，该清洗规则配置成功。

◆ 去除多余数据：要求删除用户头像信息，所以选择"局部清洗"，并选择"列删除"。单击规则右侧的加号"+"，勾选准备删除的字段"用户头像"，并单击右上角的"选择"，该清洗规则配置成功。

◆ 字符替换：要求将匿名用户评价中的用户名称改成"匿名用户"，匿名的 VIP 会员改成"匿名 vip 用户"，所以选择"局部清洗"，并选择"字符替换"。单击规则右侧的加号"+"，勾选准备替换的字段"用户名称"，并单击右上角的"选择"，输入需要替换的字符和替换后的字符，即分别填入"唯***员"和"匿名用户"，该清洗规则配置成功。同理，按上述操作再次添加一条规则，分别填入"VIPSHOP 会员"和"匿名 vip 用户"。

◆ 其他清洗功能可自行探索。

（3）执行完成后，可以通过页面下方的"数据预览"查看清洗后的数据。单击"下载"，可将清洗后的数据下载到 Excel 表格中保存，如图 2-8 所示，以便完成接下来的数据挖掘任务和课后实训操作任务。

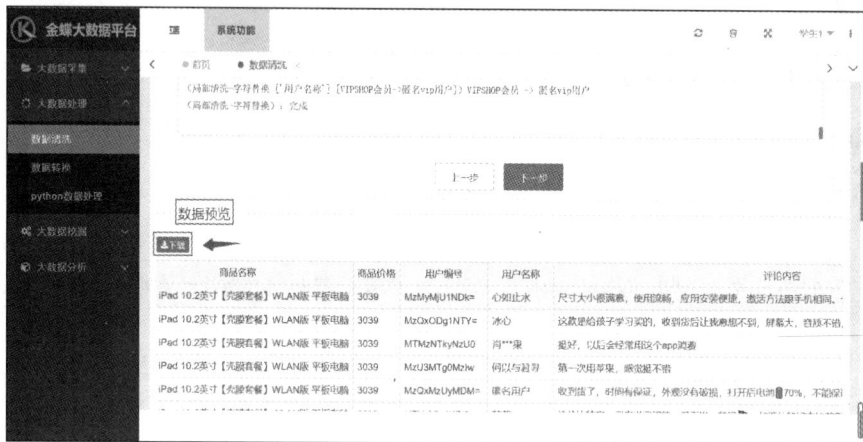

图 2-8 数据清洗后预览并下载

（三）数据挖掘

应用实践 1 文本处理词云

【任务要求】

对电商平台评论数据进行处理，只保留"评论内容"列，绘制出电商平台评论的词云图，并对词云图中包含的信息进行简单阐述。

【操作过程】

（1）登录金蝶大数据平台，执行"大数据处理"—"数据清洗"命令，打开数据清洗页面。单击"上传文件"，将"评论数据.xlsx"文件上传到平台中作为数据源，数据显示选择"显示前50行"，单击"下一步"。

（2）在数据清洗页面单击"添加规则"，要求只保留评论数据，因此选择"局部清洗"和"列删除"。单击规则右侧的加号"+"，勾选除"评论内容"外的所有字段，如图 2-9 所示。

（3）配置完成后单击"执行清洗"，可以通过页面下方的"数据预览"查看清洗后的数据。单击"下载"，将清洗后的数据下载到 Excel 表格中保存，如图 2-10 所示。

（4）选择"大数据挖掘"下的"文本处理"，单击"词云"，打开词云页面。单击"导入数据"，如图 2-11 所示，导入刚刚下载的清洗后的评论数据。

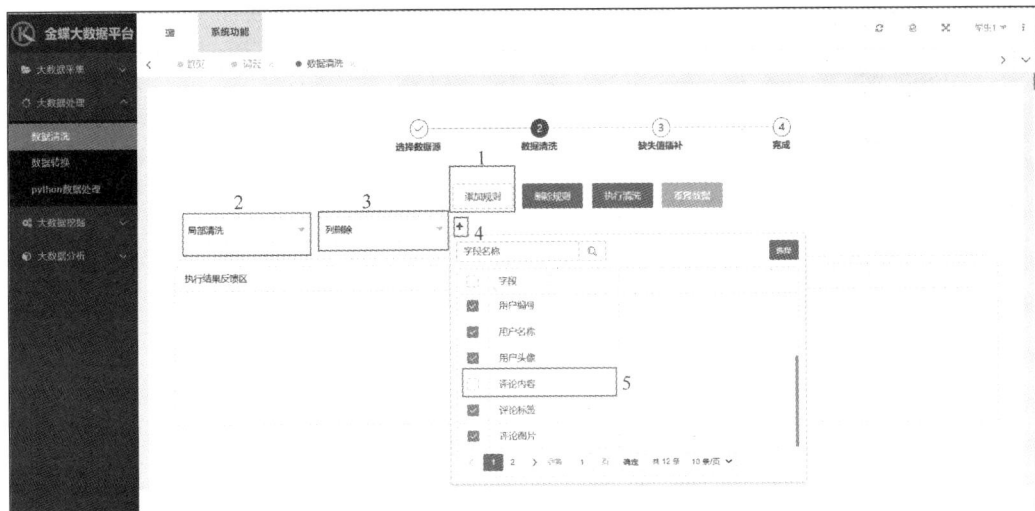

图 2-9　数据局部清洗规则配置页面

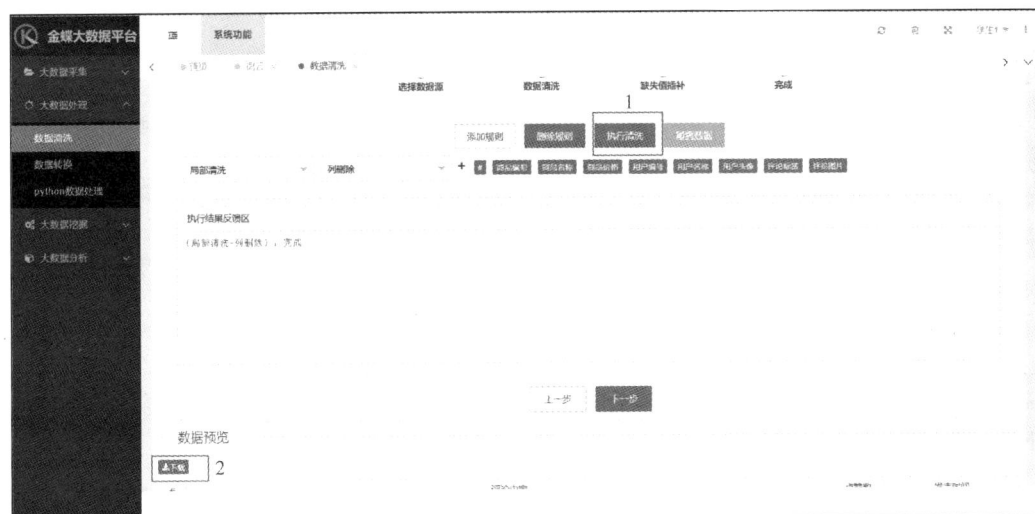

图 2-10　数据局部清洗后预览并下载

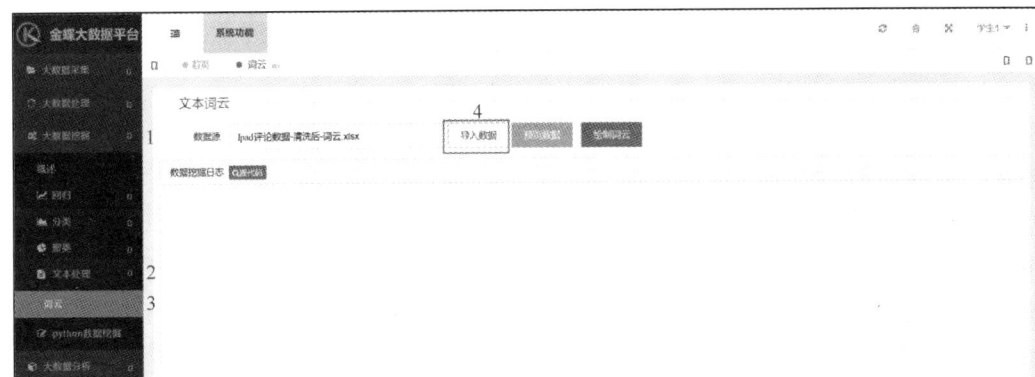

图 2-11　大数据挖掘文本处理（词云）导入数据页面

（5）单击"绘制词云"，生成词云图，如图 2-12 所示。

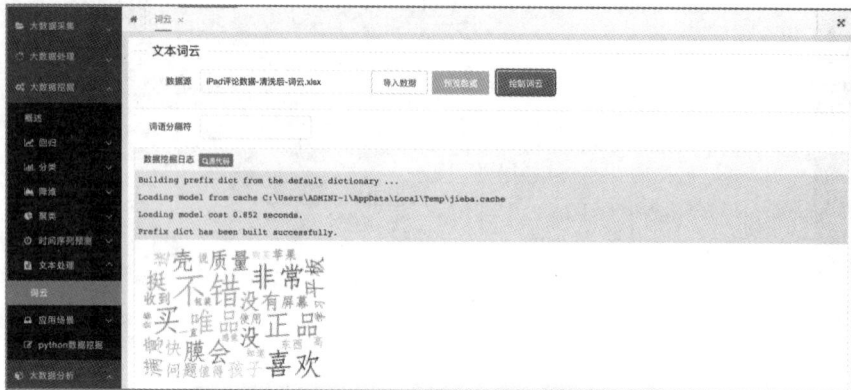

图 2-12　大数据挖掘文本处理词云图绘制页面

从生成的词云图可以看出，购买者对该商品的评价关键词主要有"不错""正品""喜欢"等，评价十分正面，说明多数购买者对该商品的满意度比较高。还有一些关键词，如"孩子""学习"等则包含着该商品主要客户群体的特征信息。

应用实践 2　线性回归

【任务要求】

某公司希望预测市场投入对广告的影响，于是整理了过往的市场投入数据和销售数据，计划用数据挖掘算法来构建预测模型。本任务基于"广告投放销量数据（线性回归）"表，使用线性回归算法构建一个预测模型，观察商品销量与不同广告投放渠道投入力度之间的关系。此外，导入"广告投放销量数据（待预测数据）"表，根据模型得到预测数据。

【操作过程】

（1）登录金蝶大数据平台，选择"大数据挖掘"下的"回归"，单击"线性回归"，打开线性回归页面。单击"导入数据"，将构建模型的数据文件"广告投放销量数据（线性回归）"表上传到平台中，单击"模型构建"，完成预测模型的构建。同时，也可以单击"源代码"，查看线性回归模型构建的代码实现内容，如图 2-13 所示。

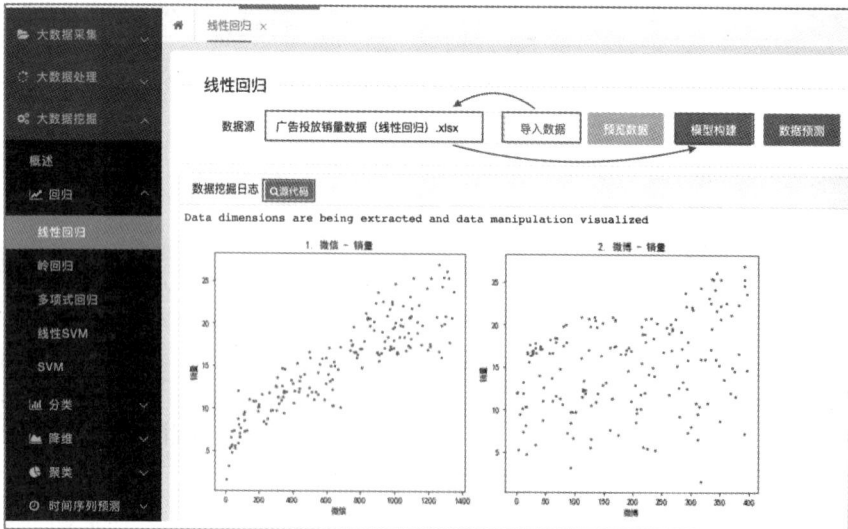

图 2-13　线性回归模型构建

（2）模型构建完成后，可在数据挖掘展示区看到数据可视化结果，如图 2-14 所示。由图 2-14 可以看出微信的广告投放力度与商品销量之间呈较为明显的线性相关关系，其余渠道广告投放力度与商品销量之间关系不明显。模型构建完成后，还可以看到不同维度与销量的线性系数，以及当前模型在现有测试数据中的预测准确度，如图 2-15 所示。

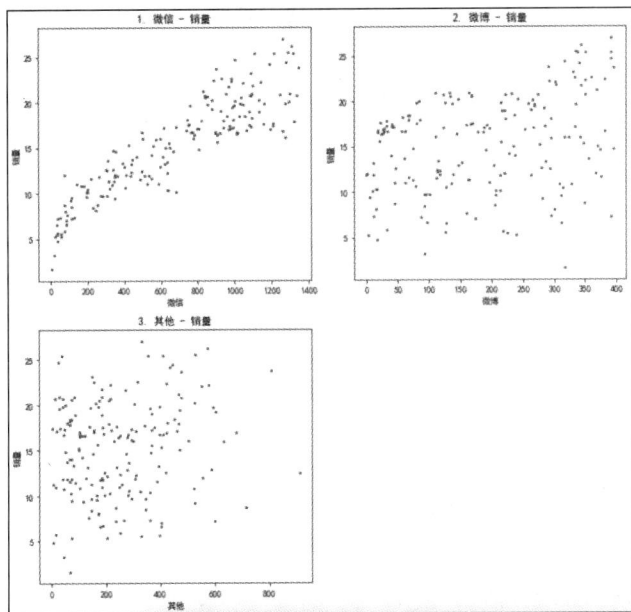

图 2-14　数据可视化结果

图 2-15　不同维度和销量的线性系数及模型在现有测试数据中的预测准确度

（3）单击"数据预测"，导入"广告投放销量数据（待预测数据）"表。该表中包含微信、微博、其他平台广告投放力度的相关数据。导入完成后，根据已构建的模型可以得到商品销量预测数据。单击"下载表格"，可将生成的结果下载到 Excel 表格中，如图 2-16 所示。从预测结果可以看出，商品销量与微信广告投放力度有着很强的相关性，其次是微博，建议重点加大微信和微博的广告投放力度。

下载表格	微信	微博	其他	销量
0	428.6	39.2	64.8	10.060720263449177
1	173.8	29.6	110.4	6.890118976607401
2	1037.4	301.6	256.0	21.086980057876154
3	712.5	20.8	66.4	13.197712801546311
4	172.9	322.4	95.2	10.997272313290836
5	456.8	76.8	28.8	10.917783519774344
6	396.8	94.4	207.2	10.495220236660577

图 2-16　预测结果

第二节　大数据智能风险管控流程

在企业中，风险是未来的不确定性对企业实现其经营目标的影响。以能否为企业带来盈利等机会为依据，风险可分为纯粹风险（只有"带来损失"一种可能性）和机会风险（"带来损失"和带来"盈利"的可能性并存）。风险管理是企业内部控制的重要内容和环节。

风险管理是一个动态实时的过程，图 2-17 说明了风险管控流程形成闭环管理的具体内容。

图 2-17　大数据智能风险管控流程闭环管理

本节将从风险识别、风险评估、风险应对，到风险预警，最后形成风险管控报告的闭环来系统进行大数据智能风险管控的学习和实践。

一、风险识别

风险是未来的不确定性对企业实现其经营目标的影响，风险可能来自企业内部也可能来自企业外部。在大数据、人工智能等技术的辅助下，企业可以实时进行风险识别活动，对风险进行归纳总结，形成实时的风险数据库。

（一）风险识别的方法

风险识别的主要方法包括德尔菲法、头脑风暴法、SWOT 分析法、检查表和图解技术等，根据不同的环境，各种方法常常结合使用。

（1）德尔菲法（Delphi method）是一种结构化的通信技术，用于收集专家组的意见，以达成共识或预测未来事件。这种方法通常用于那些难以通过定量数据获得答案的问题。德尔菲法的基本原理是利用专家的知识和经验，通过一系列结构化的问卷调查，来预测未来或解决复杂问题。

（2）头脑风暴法需要团队各成员就项目的潜在风险集思广益，以风险的类别作为基础框架，查找企业的各业务单元、各项重要经营活动及其重要业务流程中有无风险、有哪些风险。

（3）SWOT 分析法，即基于内外部竞争环境和竞争条件下的态势分析，将与研究对象密切相关的各种主要内部优势、劣势及外部机会、威胁等，通过调查列举出来，并依照矩阵形式排列，然后用系统分析的思想，把各种因素相互匹配起来加以分析，从中得出一系列的结论。使用 SWOT 分析法得出的结论通常带有一定的决策性。

（4）检查表是风险管理中用来记录和整理数据的常用工具。用检查表进行风险识别时，需要将项目可能发生的所有潜在风险列在一张表上，供识别人员进行检查核对，用来判别某项目是否存在表中所列或类似的风险。例如，通过搜集历史的风险数据库或同类企业类似业务的风险库，对比当前环境下是否存在风险。

（5）图解技术包括鱼骨图分析法、流程图分析法等。使用鱼骨图可以帮助我们通过因果分析来识别风险；流程图可用于识别各业务节点的风险因素、各要素之间如何相互联系以及分析其因果传导机制。流程图分析法是识别风险最常用的方法之一，其主要优点是清晰明了、易于操作，且组织规模越大，流程越复杂，流程图分析法就越能体现出优越性。

（二）风险识别的具体操作

1. 信息收集及汇总

风险管理基本流程的第一步，是要广泛地、持续不断地收集与本企业风险和风险管理相关的内外部初始信息，包括历史数据和未来预测数据。收集初始信息要根据所分析的风险类型展开，外部信息的收集常常会使用 Python 爬虫等技术。

2. 进行风险识别

对收集的信息进行整理分析，运用上述风险识别方法进行风险识别，说明风险形成的原因和可能的后果。风险识别有四个步骤。

（1）明确自身业务目标。明确业务目标是风险识别的前提，需要将目标细分到主要的子业务和流程之中，形成目标清单，根据目标考量可能影响其实现的各种潜在风险因素。

（2）进行风险排查。明确风险识别的基础水平，并选择与该基础水平相适应的梳理思路进行风险排查。风险识别的基础主要体现在该业务流程的完备程度上，流程越完备，风险识别的基础水平越高，风险梳理程度越深。风险排查一般在已有的基础上进行补充完善。

（3）形成风险清单。通过多种途径和手段收集和汇总风险信息，明确业务中存在的风险事项，形成风险清单。实践中形成风险清单主要的手段和风险清单的来源包括调研关键业务文档、对企业相关人员进行充分访谈、基层单位或部门的反馈、内部控制工作组的讨论与建议、实践研究、第三方专家意见等。

（4）讨论并完善风险事项列表，形成企业风险数据库。通过小组讨论并结合专业知识，形成较为清晰和完善的企业风险数据库，作为下一步风险评估工作的重要基础。

（三）风险识别的成果

风险识别活动结束后，形成企业风险数据库，主要包括采购业务风险、销售业务风险、资产管理风险和资金管理风险四大类。以资金管理中的筹资时间风险为例，风险识别数据模板如表 2-1 所示。

表 2-1　　　　　　　　　　　　　　　　风险识别数据模板

风险编号	风险名称	风险描述	风险成因	风险后果
ZJ01-001	筹资时间风险	筹资不及时或过于提前	筹资计划时间不合理	筹资时间不及时，可能造成短期的资金短缺
			筹资计划未及时执行或提前执行	筹资时间过于提前，可能造成资金闲置时间较长，减弱企业盈利能力
			资金使用提前或滞后	

二、风险评估

风险评估指评价风险对企业实现目标的影响程度、风险的价值等。本部分重点研究风险的定量评估。进行风险定量评估时，应统一制定各风险度量单位和风险度量模型，并通过测试等方法，确保评估系统的假设前提、参数数据来源和定量评估程序的合理性和准确性。并需要根据环境的变化，定期对假设前提和参数进行复核和修改，并将定量评估系统的估算结果与实际效果对比，据此对有关参数进行调整和改进。

企业在评估多项风险时，应根据对风险发生可能性的高低和对目标的影响程度的评估，绘制风险坐标图，对各项风险进行比较，初步确定对各项风险的管理优先顺序和策略。

富华机械是一家从事食品机械设备生产的制造型企业。大数据时代，企业积极进行数智化转型，针对企业生产经营管理中的各类风险，该企业充分运用数智化风险分析和控制工具，进行更智能、更高效的风险管理。本书将使用富华机械作为数智化企业内部控制的各类场景案例。

富华机械根据企业自身的环境和风险容忍度，制定了风险概率和风险影响评估的评分标准。富华机械风险概率评估标准和风险影响评估标准分别如表2-2、表2-3所示。

表2-2 富华机械风险概率评估标准

	评分	1分	2分	3分	4分	5分
定量方法	一定时期发生的概率	≤10%	>10%～30%	>30%～70%	>70%～90%	>90%
定性方法	文字描述一	极低	低	中等	高	极高
	文字描述二	一般情况下不会发生	极少情况下才发生	某些情况下发生	较多情况下发生	常常会发生
	文字描述三	今后10年内发生的次数可能少于1次	今后5～10年内可能发生1次	今后2～5年内可能发生1次	今后1年内可能发生1次	今后1年内至少发生1次

表2-3 富华机械风险影响评估标准

		评分	1分	2分	3分	4分	5分
定量方法		企业财务损失占税前利润的百分比	≤1%	>1%～5%	>5%～10%	>10%～20%	>20%
定性方法	文字描述一		极轻微的	轻微的	中等的	重大的	灾难性的
	文字描述二	企业日常运行	不受影响	轻度影响	中度影响	严重影响	重大影响
		企业声誉	负面消息在企业内部流传，企业声誉没有受损	负面消息在当地局部流传，对企业声誉造成轻微损害	负面消息在某区域流传，对企业声誉造成中等损害	负面消息在全国各地流传，对企业声誉造成重大损害	负面消息在世界各地流传，政府或监管机构进行调查，引起公众关注，对企业声誉造成无法弥补的损害

三、风险应对

风险应对指企业根据自身条件和外部环境，围绕企业发展战略，确定风险偏好、风险承受度、风险管理有效性标准，选择风险承担、风险规避、风险转移、风险降低等合适的风险管理工具的总体策略，并确定风险管理所需人力和财力资源的配置原则。

风险应对的一个关键环节是企业应根据不同业务特点，统一确定风险偏好和风险承受度，即企业愿意承担哪些风险，明确风险的最低限度和最高限度，并据此确定风险的预警线及相应采取的对策。确定风险偏好和风险承受度，要正确认识和把握风险与收益的平衡，防止和纠正两种错误倾向：一是忽视风险，片面追求收益而不讲条件、范围，认为风险越大、收益越高；二是单纯为规避风险而放弃发展机遇。

在进行风险应对时，还应根据风险与收益相平衡的原则，以及各风险在风险矩阵图上的位置，进一步确定风险管理的优先顺序，明确风险管理成本的资金预算和控制风险的组织体系、人力资源、应对措施等总体安排。

1. 风险矩阵

根据富华机械风险评估的结果，绘制风险矩阵，如图 2-18 所示。

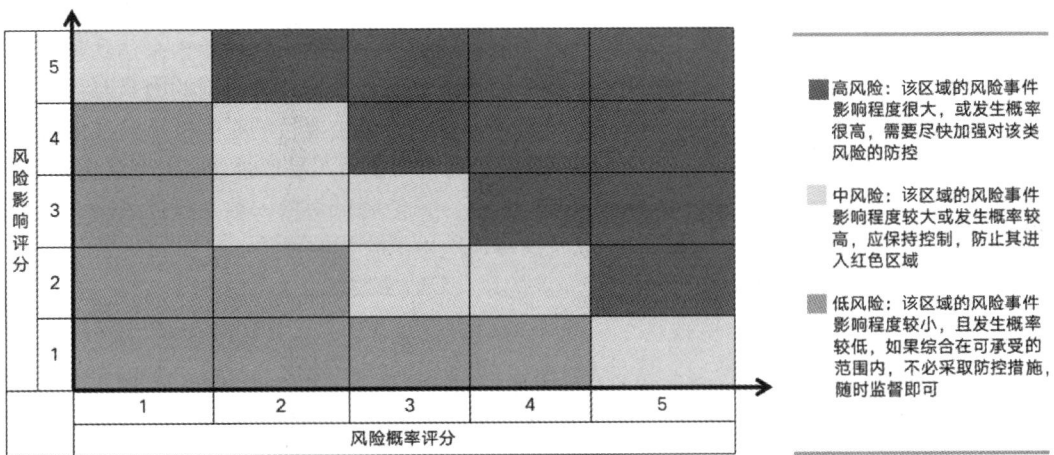

图 2-18　风险矩阵

2. 风险管理策略工具

风险管理策略工具主要有 4 种：风险承担、风险规避、风险转移和风险降低，对应的风险管理策略如图 2-19 所示。

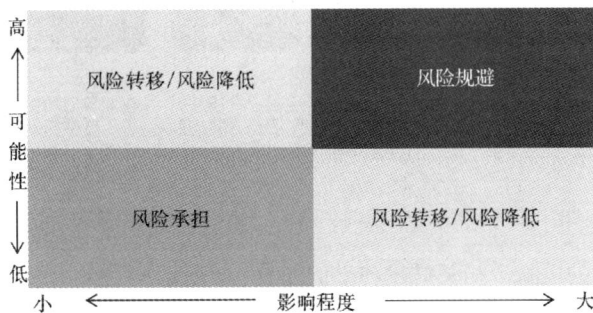

图 2-19　风险管理策略

一是风险承担。风险承担亦称风险保留、风险自留，是指企业对所面临的风险采取接受的态度，从而承担风险带来的后果。企业面临的风险有很多，通常企业能够明确辨识的风险只占全部风险的少数。风险评估的结果对企业是否采用风险承担影响很大。对未能识别出的风险，企业只能采用风险承担。对识别出的风险，企业也可能由于以下几种原因采用风险承担：①缺乏能力进行主动管理，对这部分风险只能承担；②没有其他备选方案；③从成本效益考虑，这一方案是最适宜的方案。对于企业的重大风险，即影响到企业目标实现的风险，企业一般不应采用风险承担。

二是风险规避。风险规避是指企业回避、停止或退出隐含某一风险的商业活动或商业环境，避免成为风险的所有人。例如：退出某一市场以避免激烈竞争；拒绝与信用不好的交易对手进行交易；停止生产可能有潜在客户安全隐患的产品。

三是风险转移。风险转移是指企业通过合同将风险转移给第三方，企业对转移后的风险不再拥有所有权。转移风险不会降低其可能的严重程度，只是从一方移除后转移到另一方。例如：与保险公司签订保险合同，规定保险公司为可能产生的损失支付补偿金；通过服务保证书将风险可能导致的损失转移给保证方等。

四是风险降低。风险降低是指控制风险事件发生的动因、环境、条件等，来达到减小风险事件发生时造成的损失或降低风险事件发生概率的目的。通常影响某一风险的因素有很多，风险降低可以通过控制这些因素中的一个或多个来达到目的，但主要目的是降低风险事件发生的概率和发生后的损失。控制风险事件发生概率的例子有室内使用不易燃地毯、山上禁止吸烟等，而控制风险事件发生后损失的例子有修建水坝防洪等。风险降低对象一般是可控风险，包括多数运营风险，如质量、安全和环境风险，以及法律风险中的合规性风险。

富华机械可以参考上述四种工具来制定企业的风险管理策略。

3. 具体风险管控措施

基于导致风险的不同原因，按照业务活动发生的事前预防、事中控制、事后纠正 3 个维度，总结出 12 种风险管控方法（见图 2-20），可用于针对各风险制定具体防控措施。

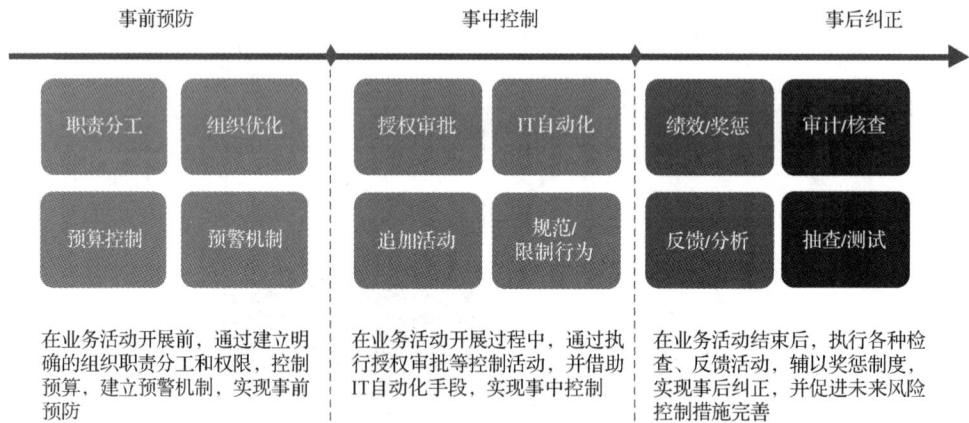

事前预防	事中控制	事后纠正
职责分工　组织优化	授权审批　IT自动化	绩效/奖惩　审计/核查
预算控制　预警机制	追加活动　规范/限制行为	反馈/分析　抽查/测试
在业务活动开展前，通过建立明确的组织职责分工和权限，控制预算，建立预警机制，实现事前预防	在业务活动开展过程中，通过执行授权审批等控制活动，并借助IT自动化手段，实现事中控制	在业务活动结束后，执行各种检查、反馈活动，辅以奖惩制度，实现事后纠正，并促进未来风险控制措施完善

图 2-20　基于业务活动事前、事中、事后的 12 种风险管控方法

各项管控措施适用的风险、相关描述和举例如表 2-4 所示。

表 2-4　　　　　　　　管控措施适用的风险、相关描述和举例

控制方法	针对风险	管控方法描述	管控方法举例
职责分工	（1）未对不相容岗位进行控制 （2）职责分工不明确 （3）部门之间接口不清晰	明确职责分工，在特定职务间设立相互分离的岗位进行制衡	将资金的收付人员与记账人员分离；禁止由一人经办一项业务的全过程

续表

控制方法	针对风险	管控方法描述	管控方法举例
组织优化	（1）岗位编制与工作量不合理 （2）组织结构设置不兼容	对组织结构和岗位配置的调整和优化，避免因组织人员配置不当造成企业风险	优化组织结构，将招标管理、招标操作和专家评审三项职能进行分离，并建立招标领导小组对其进行统筹管理与监控
预算控制	（1）预算编制及分解不到位 （2）缺乏基于预算的业务活动控制	完善全面预算管理制度，明确责任单位在预算管理中的职责权限，在流程关键节点中引入预算参考或决策依据	依据生产投资计划及全面预算文件，对下属单位上报的需求计划进行审核
预警机制	（1）缺乏对主要风险因素的跟踪 （2）缺乏风险预警发生后的应对措施	通过在流程中嵌入自动风险预警判断点，并制定后续风险预案的相关流程，在源头处规避风险	按一定标准对用户进行信用评级，对信用不良的用户采取重点监控，包括采用预付款的方式提高欠费管控能力
授权审批	（1）缺乏对关键活动的权力制约 （2）审批依据不明确	明确各岗位处理业务和事项的权限范围、审批流程和相应责任	对于预算外采购项目，要严格审核需求部门提出的申请，明确审批重点
IT自动化	手工操作引起的操作风险	建立完善的信息自动化机制，使用先进的信息自动化工具，提高业务处理效率及准确率	优化管理信息系统，统一数据接口，保证订单的接收、修改、生产、出库等信息在生产、物流和销售职能模块中同步更新
追加活动	缺乏对关键风险的控制活动	通过追加增值工作环节，或新增额外流程，对风险暴露进行管控或制约	在企业高层的领导下，组建针对地方政府与群众的专业公关小组，负责投资项目相关的沟通与协调工作
规范/限制行为	（1）控制活动虽已存在，但缺乏规范 （2）执行过程中随意性强	通过完善现有要求、制度、机制、流程，防范风险的发生	对工程项目可行性研究报告的编制要求和内容做出明确规定，确保项目决策科学、合理
绩效/奖惩	缺乏对流程执行人关键管控活动效果的评价	设置和完善绩效考核指标，对责任单位、员工的业绩及管控绩效进行客观的评价	将记账准确率纳入财务人员绩效考核标准，以监督、激励的方法提高账务准确率
审计/核查	缺乏对重点业务的第三方监控	通过对业务运营的审计/核查，识别企业面临的风险，及时提出改正意见并追究责任方	审查项目结束后剩余物资的处理情况，包括再利用情况、出售情况，严格审查剩余物资的不规范处理行为
分析/反馈	（1）缺乏对主要业务活动结果的总结 （2）缺乏反馈机制	强调流程的闭合性，通过建立完善的分析以及反馈机制，明确信息反馈的具体内容和接收环节，将风险及问题进行及时反馈，避免其重复出现	对问题频发的设备进行跟踪记录，将相关供应商历史表现情况及时录入供应商数据库，并作为供应商招标评审的重要依据
抽查/测试	（1）缺乏对批量活动的控制 （2）缺乏抽查/测试的要求和方法	建立完善的抽查/测试机制，明确相关要求和标准	通过穿行测试检查内部控制措施的有效性

四、风险预警

风险预警是指企业根据风险对象的特点，通过收集相关的资料信息，监控风险因素的变动趋势，并评价各种风险状态偏离预警线的程度，向决策层发出预警信号并提前采取预防性对策的控制活动。具体内容详见本书第八章。

五、风险管控报告

根据对企业风险的识别、评估和应对分析，需要对结果进行汇总，出具对企业整体风险管理的评价报告。具体报告内容包括风险的量化评估汇总，对风险评估结果的分析，提出建议和解决措施等。具体内容详见本书第九章。

巩固与提高

一、案例分析题

1912 年 4 月，英国豪华游轮泰坦尼克号从英国的南安普敦港出发，驶往美国纽约。这艘当时世界上最大的豪华邮轮，竟然意外撞上了北极冰山，沉入海底，轰动了整个世界。

请你从风险管理的角度来谈谈这个意外，并设想如果你是船长，你将如何避免发生此类悲剧。

二、实训操作题

利用金蝶大数据平台完成下面的操作。

（一）数据采集

1. 选择任一企业，从东方财富网站中爬取该企业 2023 年和 2024 年两年的利润表数据作对比。

2. 获取唯品会上小米体脂秤商品的全部历史评价数据，最热门的评论排在最前面。

3. 获取唯品会上关键字为"手机"的电商产品列表数据，按价格进行排序。

（二）数据处理

1. 在唯品会商品评价数据清洗的基础上，删除字段"商品价格""商品编号""评论标签""#"，并将商品名称统一改为"2020 款 iPad"。

2. 删除"匿名 vip 用户"的评论数据。

（三）数据挖掘

1. 采集唯品会上小米体脂秤的评论数据，在金蝶大数据平台中绘制词云图，并对词云图中包含的信息进行分析阐述。

2. 使用"房价数据（线性回归）"表构建模型，预测城市道路拥堵系数、大型住宅用地比例、非零售商业用地比例等因素对房屋均价的影响。通过生成的散点图，观察分析这些因素与房屋均价之间的关系，并导入"房价数据（待预测数据）"表，根据预测模型得到预测数据。

## 第三章

内部环境控制

📺 **知识目标**

1. 理解企业组织架构的概念、组成、风险
2. 理解企业发展战略的概念、内容、风险
3. 理解企业人力资源的概念、内容、风险
4. 理解企业社会责任的概念、内容、风险
5. 理解企业文化的概念、内容、风险

📺 **能力目标**

1. 能够设计企业组织架构
2. 掌握企业发展战略的制定和实施方法
3. 掌握企业人力资源的管控方法
4. 掌握企业文化的构建措施

📺 **素养目标**

1. 具备战略思维，认识企业治理结构的重要作用
2. 树立公平公正的价值观，明白任用合格的董事、监事和经理人员的重要性
3. 培养诚信、认真、谨慎、廉洁、自律的工作态度，具备风险意识和规则意识

📺 **导入案例**

大众汽车"排放门"事件

北京时间 2015 年 9 月 19 日凌晨，美国环境保护署发布通告，指控德国大众、奥迪汽车公司触犯美国的《清洁空气法》，两家公司在 2009—2015 年生产的柴油发动机汽车上使用非法软件来逃避清洁空气标准检验，其实际排放的污染物最高达标准排放量的 40 倍。

起初，两家公司的母公司大众汽车回应称，高污染排放的原因是"各种技术问题和超出预期的使用情况"，并召回了近 50 万辆汽车。到后来，美国环境保护署发出最后通牒，要求大众汽车针对污染物排放超标给出充分解释，否则 2016 年将不允许其柴油车上市。直到此时，大众汽车才承认在这些汽车上设计并安装了减效装置。

大众汽车究竟是如何操作的？其实原理很好理解。为了通过美国环境保护署的排放检测，大众汽车给 2.0 TDI 柴油机增加了一个失效保护器，并配备了一套复杂的软件算法，该算法能够自

动识别车辆是否在接受测试。当该装置检测到当前车辆是在实验室环境下，就会打开尾气净化装置；如果检测到当前车辆是在室外正常行驶，就会关闭尾气净化装置。

大众汽车的舞弊行为涉及 2009—2015 年生产的多种柴油版车型，具体包括搭载柴油发动机的捷达、高尔夫、帕萨特、甲壳虫、奥迪 A3 等。这也意味着大众汽车的尾气排放舞弊行为已向监管部门隐瞒了七年之久。

2015 年 9 月 20 日，大众汽车 CEO 温特科恩发表道歉声明并成立调查小组。9 月 21 日，大众汽车的股价下跌 17%。9 月 22 日，大众汽车表示公司将从利润中拿出 65 亿美元作为危机准备金，下调全年利润预期，当天大众汽车的股价再次下跌 20%。9 月 23 日，温特科恩宣布辞职并接受调查。随着大众汽车"排放门"事件的水落石出，大众集团陷入巨额财政赔偿和品牌危机。

"排放门"事件发生后，德国政府也力保"德国制造"形象，德国总理敦促德国大众汽车公司做到完全透明、迅速澄清关于其在美国排放测试中作弊的指控。

面对大众汽车"排放门"事件，再回想 2009 年丰田汽车在美国的"踏板门"事件，以及 2012 年现代起亚在美国的"虚标油耗门"事件，这一切似乎都不是偶然。从 2009 年年初开始爆发的丰田汽车"踏板门"事件，前后持续了近两年时间，不仅重创了丰田汽车的销售，也让丰田汽车遭遇前所未有的信任危机。这些前车之鉴就在眼前，值得所有企业管理者深思。

【思考】你认为大众汽车"排放门"事件发生的原因有哪些？你对该事件的影响和后果有哪些思考？

第一节　企业组织架构

企业内部控制应用指引第 1 号就是组织架构，其位居 18 项应用指引之首，足见其对企业内部控制的重要性。促进企业实现发展战略，优化治理结构、管理体制和运行机制，建立现代企业制度是制定该项应用指引的宗旨。作为内部控制的实施载体，建立适当的组织架构可以科学合理地设置企业内部机构与岗位，明确机构与岗位职责以及各个机构、岗位间的相互关系，是对人才流、物资流、信息流实现有效控制的基本前提。

一、组织架构的概念和组成

（一）组织架构的概念

按照《企业内部控制应用指引第 1 号——组织架构》第二条，组织架构，是指企业按照国家有关法律法规、股东（大）会决议和企业章程，结合本企业实际，明确股东（大）会、董事会、监事会、经理层和企业内部各层级机构设置、职责权限、人员编制、工作程序和相关要求的制度安排。

（二）组织架构的组成

企业组织架构主要包括股东（大）会、董事会、监事会、经理层在内的治理结构和内部机构两大部分。

1. 治理结构

治理结构中，股东（大）会是企业的最高权力机关，它由全体股东组成，对企业重大事项进行决策，有权选任和解除董事，并对企业的经营管理有广泛的决定权。股东（大）会分为法定大会、年度大会、临时大会及特种股东（大）会。

董事会是股东（大）会或企业职工股东（大）会这一权力机关的业务执行机关，是企业日常经营的决策和管理机构，负责企业日常经营活动的指挥与管理，对企业股东（大）会负责并报告工作。股东（大）会的决定，董事会必须执行。董事会由 3～13 名或 5～19 名董事组成。董事会主要负责决定企业内部管理机构的设置，制定企业预决算方案和利润分配方案，聘任或解聘经理层。

监事会是股东（大）会领导下的常设监察机构，执行监督职能。监事会由全体监事组成，与董事会并立，独立行使对董事会、经理层及整个企业管理的监督权。监事不得兼任董事和经理。监事会对股东（大）会负责，对企业的经营管理进行全面的监督，包括对业务、财务、计划、决策、预算及其实施进行监督，并向股东（大）会及董事会报告。

经理层的主要构成人员是经理，经理是企业日常经营管理和行政事务的负责人。经理层由董事会聘任或解聘。经理可由董事和自然人股东担任，也可由非股东的职业经理人担任。经理的主要职责是对自己所在的部门进行有效的规划，制定相应的战略目标和发展规划，落实日常管理活动。经理是企业对内生产经营的领导，也是企业对外活动的代表。

2. 内部机构

内部机构是企业为日常生产经营管理需要而设置的各个内部职能部门。常见的内部机构包括：规划部门、设计部门、采购部门、生产部门、销售部门、财务部门、审计部门、人事部门、法律部门、后勤部门、研发部门等。每个企业的内部机构是不一样的，这和企业的主营业务、业务优势、企业性质等息息相关。

二、组织架构的风险

（一）主要风险

按照《企业内部控制应用指引第 1 号——组织架构》第三条，企业至少应当关注组织架构设计与运行中的下列主要风险。

（1）治理结构形同虚设，缺乏科学决策、良性运行机制和执行力，可能导致企业经营失败，难以实现发展战略。

（2）内部机构设计不科学，权责分配不合理，可能导致机构重叠、职能交叉或缺失、推诿扯皮，运行效率低下。

（二）具体风险

从组织架构的组成内容来进行具体风险分类，组织架构的风险可以分为两大方面。一是来自治理结构方面的风险，一是来自内部机构方面的风险。来自治理结构方面的风险可以说是来自企业高层如股东（大）会、董事会、监事会、经理层的风险，来自内部机构的风险可以说是来自企业中层部门、岗位和关键岗位人员的风险。

治理结构层面的风险包括：

（1）股东（大）会不能有效运行，股东无法行使自己的权利；

（2）企业控股股东完全控制了企业的资产、财务和人员，企业与控股股东的关联交易不平等、不公开；

（3）企业不能及时完整地披露与控股股东相关的信息；

（4）企业未能保护中小股东的利益，中小股东与大股东信息不对称；

（5）董事会不能独立于经理层和大股东，独立董事不能有效发挥作用；

（6）董事的知识、能力、经验和时间受限，不能有效履行自己的职责；

（7）董事会未能建立并有效实施内部控制；

（8）监事的独立性不够，监事的能力不足，不能履行自己的职责；

（9）监事的构成不合理，力量不足，履职乏力；

（10）经理层的权力无法受到监督和约束。

内部机构的风险包括：

（1）企业内部组织机构不合理；

（2）企业内部组织机构、职能部门职责权限不明确、运行流程不规范，存在职能缺位或职能交叉；

（3）企业内部组织机构设置未能适时调整，不能支持发展战略的实施；

（4）企业内部组织机构的设计与运行不能适应信息沟通和传递的需要，不能支持企业员工履行职责；

（5）关键岗位员工的履职能力有限，没有建立关键岗位员工的轮换制度和强制休假制度；

（6）企业对董事、监事、其他高级管理人员及全体员工的权限没有明确的规定；

（7）企业未对各岗位职责进行恰当的书面描述和说明，存在不相容职务未分离的情况；

（8）企业没有对权限的设置和履行情况进行审核和监督，对越权或缺位的行为未能及时予以纠正和处理。

【课堂讨论】阿里巴巴组织架构调整

自 1999 年成立以来，外因牵引、内需驱动促使阿里巴巴集团进行数次组织架构调整（截至 2022 年），如图 3-1 所示。

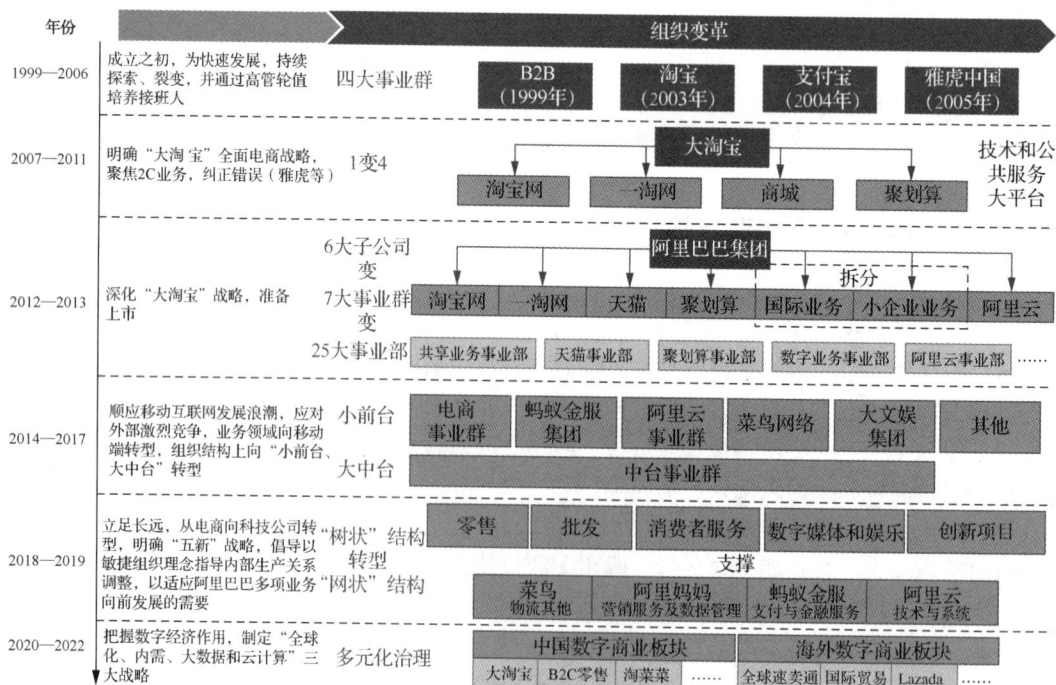

图 3-1　阿里巴巴成立以来组织架构调整（截至 2022 年）

【思考】基于案例资料，并搜索相关信息，分析阿里巴巴集团组织架构历年来的调整中哪些调整属于治理结构的调整，哪些调整属于内部机构的调整。

三、组织架构的设计

（一）组织架构设计的原则

企业应当按照科学、精简、高效、透明、制衡的原则，综合考虑企业性质、发展战略、文化理念和管理要求等因素，合理设置组织架构，明确各架构的职责权限，避免职能交叉、缺失或权责过于集中，形成各司其职、各负其责、相互制约、相互协调的工作机制。

（二）组织架构设计的要求

1. 治理结构的设计——"三会制度"

企业应当根据国家有关法律法规的规定，明确董事会、监事会和经理层（称为"三会"）的职责权限、任职条件、议事规则和工作程序，确保决策、执行和监督相互分离，形成制衡。企业"三会"本身就是企业内部控制的一种外在显性表现。

具体而言，董事会对股东（大）会负责，依法行使企业的经营决策权。可按照股东（大）会的有关决议，设立战略、审计、提名、薪酬与考核等专门委员会，明确各专门委员会的职责权限、任职资格、议事规则和工作程序，为董事会科学决策提供支持。监事会对股东（大）会负责，监督企业董事、经理和其他高级管理人员依法履行职责。经理层对董事会负责，主持企业的生产经营管理工作。经理和其他高级管理人员的职责分工应当明确。董事会、监事会和经理层的产生程序应当合法合规，其人员构成、知识结构、能力素质应当满足履行职责的要求。

2. 内部机构的设计

企业应当对各机构的职能进行科学合理的分解，确定具体岗位的名称、职责和工作要求等，明确各个岗位的权限和相互关系。

内部机构的设置不宜过于繁杂，相同或类似的职能应该由同一机构负责，有利于业务的开展、信息的沟通和权力的制衡，但对于不相容职务，必须严格设置不同的内部职能机构，也就是在确定职权和岗位分工过程中，应当体现不相容职务相互分离的要求。企业不相容职务通常包括：可行性研究与决策审批；决策审批与执行；执行与监督检查；等等。另外，尽量避免董事长和总经理由同一人担任，避免董事会成员和经理层成员重叠，若不能避免，应请相关监督部门加强监督。

企业应当制定组织结构图、业务流程图、岗（职）位说明书和权限指引等内部管理制度或相关文件，使员工了解和掌握组织架构设计及权责分配情况，正确履行职责。有了权限指引，不同层级的员工就知道该如何行使职权并承担相应责任，也便于事后考核评价。

3. 考虑"三重一大"问题

对企业的重大决策、重大事项、重要人事任免及大额资金支付业务（合称"三重一大"）等，应当按照规定的权限和程序，实行集体决策审批或者联签制度。任何个人不得单独进行决策或者擅自改变集体决策意见。"三重一大"的具体标准由企业自行确定。

4. 考虑权限体系分配问题

企业权限体系分配主要是指授权控制。授予谁权力，授予什么权力，授予多大的权力，权力的时间范围和使用范畴等内容是授权控制的核心点。

授权控制包括常规授权和特别授权两种。常规授权指的是日常经营管理过程中发生的程序性、重复性工作的授权。比如，日常出差申请，完成部门领导签字等流程后则获得了出差相应权限。特别授权指的是企业内部上级在特殊情况下授予下级的临时性权力。比如，在自然灾害来临时，企业领导要求部门经理临时担任防灾指挥和负责员工疏导工作。特别授权的情形结束时，特别授权即失效。

四、组织架构的评估与调整

（一）梳理评估组织架构

企业应当根据组织架构的设计规范，对现有治理结构和内部机构设置进行全面梳理，确保本企业治理结构、内部机构设置和运行机制等符合现代企业制度要求。

1. 梳理评估治理结构

治理结构的梳理，重点关注董事、监事、经理及其他高级管理人员的任职资格和履职情况，以及董事会、监事会和经理层的运行效果。治理结构存在个人或集体问题的，应当采取有效措施加以改进。

其中，高级管理人员个人的情况梳理如下。

（1）行为能力——是否具有完全民事行为能力。

（2）道德诚信——有无贪污、行贿、挪用等行为，是否有犯罪记录，是否存在个人债务数额较大、债务到期未清偿等情况。

（3）经营管理素质——是否为破产企业、违规违法企业的领导。

（4）任职程序——任职选举、委派、聘任中有无不符合法律法规要求，或任职超过期限等情况（任期每届三年）。

高级管理人员集体的情况梳理如下。

（1）董事会运行效果。是否按时召开股东（大）会，并向股东（大）会报告；是否严格执行董事会所有决议；是否科学有效制订企业经营计划；是否高质量地制定了企业投融资方案；是否能合理确定内部组织机构；是否能合理聘任或解聘经理人员，公正确定其报酬；是否科学制定并完善了企业的基本管理制度；所议事项是否记录并有参会董事签字；决策行为是否符合国家法律法规和企业章程。

（2）监事会运行效果。是否按照规定提议召开临时股东（大）会，并提出议案；是否能够在董事会未履行职责时召集和主持股东会议；是否按照规定对董事、高级管理人员的行为进行监督；是否在发现违法违规行为或损害企业利益行为时，及时纠正或提出罢免建议；是否对违法董事、高级管理人员提起诉讼；监事会会议是否记录并由出席会议监事签名；决议是否有半数以上监事同意；是否能定期、不定期检查企业财务。

（3）经理层运行效果。是否认真有效组织实施股东（大）会、董事会决议；是否认真有效组织实施董事会制订的年度经营计划、投融资方案；是否完成董事会确定的经营计划和绩效目标；是否能按照规定提请或决定聘任或解聘企业高级管理人员；是否能够科学拟定企业内部管理机构设置方案和企业基本管理制度；是否能够科学制定企业内部具体管理制度。

2. 梳理评估内部机构

内部机构的梳理，重点关注内部机构设置的合理性和运行的高效性等。内部机构的设置和运行中存在职能交叉、缺失或运行效率低下的，应当及时解决。

评估内部机构设置是否合理，主要依据如下。

（1）环境的适应性。内部机构的设置是否适应内外部环境变化的要求，如国家开征环境保护税，企业是否设置专门的环境保护部门；随着企业规模的扩大，是否及时调整机构设置，及时调整部门权限分配。

（2）目标的一致性。企业内部机构的设置是否有利于企业发展战略的实现。如企业发展目标是增强科技竞争力，企业内部是否设置了研发部门。

（3）分工的协调性。内部机构的设置是否满足专业化的分工和协作的要求，有助于提高劳动生产率。如制造业是否按照分工协作关系设置计划部、生产部、市场部、销售部、仓储运输部等。

（4）权责的对等性。内部各机构是否权责对等，既不能只有权力没有责任和义务，又不能只有责任和义务没有权力，或权责交叉重叠。

评估内部机构设置是否高效，主要依据如下。

（1）职责分工的效率。内部机构权责分工是否针对市场环境的变化及时做出调整，特别是面临重要事件或重大危机时，各机构之间的职责分工是否协调，是否存在互相扯皮、推诿现象，信息是否共享，能否形成合力。

（2）权力制衡的效率。内部机构各部门权力制衡是否有效；权力是否过大并存在监督漏洞；权力是否被架空；机构内部或各机构之间是否存在权力失衡；某些部门或某些人是否权力过大并没有受到相应制约。

（3）信息沟通的效率。内部各机构之间信息沟通是否及时、顺畅，企业上下级之间、同级各部门之间是否建立了双向信息沟通机制，是否打通了信息横向流通和纵向流通的脉络。

3. 集团企业母子公司组织架构的梳理

如果是拥有母子公司关系的集团企业，在梳理组织架构时，除了梳理母公司本身的治理结构和内部机构外，还应当梳理子公司的组织架构及其与母公司之间的关联性、独立性。母子公司应当做到以下五个方面的独立。

（1）母子公司业务独立——子公司避免与母公司之间的同业竞争和关联交易。

（2）母子公司资产独立——子公司与母公司和其他关联方资产严格分开，独立管理和运营。

（3）母子公司人员独立——子公司领导必须是专职的，不能由母公司领导兼任。

（4）母子公司财务独立——子公司账户独立、财务独立、资金独立、核算系统独立。

（5）母子公司机构独立——子公司董事会、监事会、经理层独立行使权力，内部机构与控股股东完全分开。

母公司可通过委派股东代表或推荐董事，参与企业章程制定等，建立科学的投资管控制度，通过合法有效的形式来履行出资人职责、维护出资人权益，同时重点关注子公司，特别是异地、境外子公司的发展战略、年度财务预决算、重大投融资、重大担保、大额资金使用、主要资产处置、重要人事任免、内部控制体系建设等重要事项，对子公司的生产经营管理行使相应的控制权力。

（二）组织架构的评估调整

企业应当定期对组织架构设计与运行的效率和效果进行全面评估，发现组织架构设计与运行中存在缺陷的，应当进行优化调整，包括股权结构调整、治理结构调整和内部机构调整。

股权结构调整是对企业组织架构的系统性调整。通过引进法人和自然人投资者，解决股权过于集中的问题，包括企业兼并重组、引入战略投资者、引入机构投资者、引入个人投资者，减持国有股、加大职工持股等方式。

治理结构调整和内部机构调整都是对企业组织架构的局部性调整。治理结构调整主要指通过建立和明确"三会"制度，落实好董事会决策权、经理层执行权、监事会监督权，构建起相互制衡、相互监督和相互协调的现代企业治理结构模式。内部机构调整通常与流程再造密切相关。对现有的业务流程进行根本性的分析和彻底的再设计，并且利用现代先进技术和现代化管理手段，最大限度地实现技术上的功能集成和管理上的职能集成。业务流程再造在提高企业经营业务效率的同时，也对企业内部机构调整提出新的要求。业务流程再造可削减中间管理层次，精简内部组织机构，减少管理人员数量，提升企业效益。

企业组织架构的调整不是随便拍脑袋决定的，是在全面梳理评估的基础上，结合企业发展实际需要，并充分听取董事、监事、高级管理人员和其他员工的意见，按照规定的权限和程序进行决策审批后实施的。

第二节 企业发展战略

作为企业内部控制应用指引第 2 号的主要内容，发展战略的重要意义毋庸置疑。企业发展战略是企业发展的指挥棒，它指明了企业的发展方向，是整合和优化企业资源能力的依据和动力，是提升企业管理效能的前提和保障。在明确了企业组织架构这个企业内部控制环境的基础之后，务必要明确的事项就是科学制定企业的发展战略，促进企业增强核心竞争力和可持续发展能力。

一、发展战略的概念与内容

（一）发展战略的概念

发展战略是指企业在对现实状况和未来趋势进行综合分析和科学预测的基础上，制定并实施的中长期发展目标与战略规划。发展战略具有整体性、长期性、基本性的特点。

（二）发展战略的内容

发展战略包括整体战略和具体战略。

整体战略如多元化战略、专门化战略、集团化战略、国际化战略。多元化战略指扩大企业的经营范围，进军新的经营领域；专门化战略也称集中化战略，是指主攻某一特殊的客户群、某一产品线的细分区段或某一地区市场；集团化战略是指兼并重组企业，形成集团规模，企业分层管理；国际化战略指进行海外投资，设立海外公司，开拓海外市场。

具体战略是企业发展中某个具体业务、领域、事项等的战略。具体战略包括竞争战略、营销战略、品牌战略、融资战略、投资战略、技术开发战略、人才开发战略、资源开发战略等。其中，竞争战略包括成本领先战略、差异化战略、专一化战略。

【课堂讨论】电商平台的竞争战略

竞争战略是企业发展战略中的重要部分，是在企业总体发展战略的制约下，指导和管理具体战略经营单位的计划和行动。企业竞争战略要解决的核心问题是，如何通过确定顾客需求、竞争者产品及本企业产品这三者之间的关系，来奠定本企业产品在市场上的特定地位并维持这一地位。

【思考】你经常在哪个线上平台购物？请分析该电商平台的竞争战略。

二、发展战略的风险

（一）发展战略的风险因素

企业发展战略的风险因素可分为两个方面。一方面是来自企业外部环境的风险因素，可概括为发展战略环境风险；另一方面是来自企业内部的风险因素，可概括为企业的资源和能力风险。企业对外部环境、自身资源和能力认识不够全面和深刻，会导致企业经营失败。可以用SWOT方法来评估企业发展战略的风险因素。其中，SW（企业的优劣势）分析可用于评估企业的内部风险，OT（企业面临的机遇和挑战）分析可用于评估企业的外部风险。

（二）主要发展战略风险

《企业内部控制应用指引第2号——发展战略》第三条指出，企业制定与实施发展战略至少应当关注下列风险：①缺乏明确的发展战略或发展战略实施不到位，可能导致企业盲目发展，难以形成竞争优势，丧失发展机遇和动力；②发展战略过于激进，脱离企业实际能力或偏离主业，可能导致企业过度扩张，甚至经营失败；③发展战略因主观原因频繁变动，可能导致资源浪费，甚至危及企业的生存和持续发展。

因此可以总结，发展战略风险在实际经营中主要表现为：战略不明确、战略太激进和战略频繁变动。战略不明确，则企业这艘大船方向不明，前途未知；战略太激进，企业发展容易误入歧路，撞上"礁石"；战略频繁变动，朝令夕改，企业员工工作无所适从。

三、发展战略的制定

（一）发展战略制定组织

企业应当在董事会下设立发展战略委员会，或指定相关机构负责发展战略管理工作，履行相应职责。发展战略委员会成员一般由具有较强综合素质和实践经验的人组成，其任职资格和选任程序应当符合有关法律法规和企业章程的规定。

（二）发展战略制定流程

发展战略委员会应如何审时度势，科学制定发展战略呢？一般而言，要经过战略调查、战略提出、战略咨询、战略决策四个阶段。

（1）战略调查阶段，综合考虑宏观经济政策、国内外市场需求变化、技术发展趋势、行业及竞争对手状况、可利用资源水平、自身优势与劣势等影响因素，进行充分的调查研究，科学地分析预测和广泛征求意见。

（2）战略提出阶段，根据发展目标提出战略规划。战略规划应当明确发展的阶段性和发展程度，确定每个发展阶段的具体目标、工作任务和实施路径；遵循"突出主业、定位准确和结合实际"的原则，科学制订企业发展目标，尽量做到突出主业，不过于激进，同时也不过于保守；明确发展目标后，编制战略规划，明确将采用哪些手段、哪些措施和哪些方法来实现发展目标。

（3）战略咨询阶段，充分发挥发展战略委员会会议的作用。对发展战略委员会会议的召开程序、表决方式、提案审议、保密要求和会议记录等做出规定，确保议事过程规范透明、决策程序科学民主。会议主要对发展目标和战略规划进行可行性研究和科学论证，形成发展战略建议方案；必要时，可组织有关部门，以及中介机构、外部专家，让其提供专业意见。

（4）战略决策阶段，发展战略委员会制定的发展战略方案，需要经过董事会和股东（大）会审议。董事会严格审议发展战略方案时，重点关注其全局性、长期性和可行性。如果董事会在审议方案时，发现了重大问题，应当责成战略委员会对方案做出调整。企业的发展战略方案经调整和董事会审议通过后，还须报经股东（大）会批准通过后方能实施。

四、发展战略的实施

（一）加强对发展战略实施的领导

要确保发展战略的有效实施，加强组织领导是关键。企业经理层应担当发展战略实施的领导者。本着"统一领导，统一指挥"的原则，围绕发展战略的实施，发挥自身在资源分配、内部机构优化、企业文化培育、信息沟通、考核激励制度建设等方面的协调、平衡和决策作用。

（二）逐步细化分解落实发展战略

企业应当根据发展战略，按照"上下结合、分级编制、逐级汇总"的原则，编制全面预算。

制订年度工作计划，编制全面预算，将年度目标分解到各战略执行单位，形成并落实各单位的年度工作计划。年度预算作为组织、协调各项生产经营活动的基本依据，可分解为月度、季度预算。企业应对年度预算进行严格控制，促进年度预算目标的实现；同时，完善发展战略管理制度，建立发展战略实施的激励约束机制，严格考核各责任单位年度预算目标完成情况，奖惩分明，确保发展战略有效实施。

（三）采取发展战略实施保障措施

充分利用企业文化所具有的导向、约束、凝聚、激励作用，激发员工的工作热情，统一全体员工的理念和行为，共同为发展战略的有效实施而努力奋斗。①优化调整组织结构：发展战略的实施过程及效果受组织结构的制约，企业在制定发展战略后，应尽快调整企业的组织结构、业务流程、权责关系，设置相应岗位和配备相应人员等，以保证战略有效实施。②集合企业内外部资源：对拥有的人力、财力和物力资源进行优化配置，充分保证发展战略的实现。③调整管理方式：在管理体制、机制及管理方式等方面实施变革，由粗放、层级管理向集约、扁平管理方式转变，为发展战略的有效实施提供有力支持。

（四）做好发展战略宣传培训工作

企业应重视发展战略的宣传培训工作，为推进发展战略实施提供强有力的思想支撑和行为导向。一是让董事、监事、高级管理人员树立战略意识和战略思维，充分发挥其模范带头作用；二是通过内部各层级会议、教育培训、讲座、知识竞赛等多样化形式，将战略和分解情况传递给全体员工，营造强大的舆论氛围；三是呼吁全体员工自觉将自己的具体工作与企业战略结合起来，促进发展战略的有效实施。

（五）发展战略的调整

企业的内外部环境处于不断变化之中。因此，企业发展战略委员会应当加强对发展战略实施情况的监控，定期收集和分析相关信息，对明显滞后和偏离发展战略等情况，应当及时报告。

发展战略委员会可以成立内部评估小组，进行定期和不定期评估，也可聘请外部独立的第三方评估机构，进行分析评估，并提出改进建议。发展战略委员会应当采取定性和定量相结合、财务指标与非财务指标相结合、事中与事后相结合的方式，结合战略期内每一年度工作计划和经营预算的完成情况，对战略执行能力和实施效果进行事中监控和事后分析评价，总结经验教训，为制定新一轮发展战略提供依据。

由于经济形势、产业政策、技术进步、行业状况以及不可抗力等因素发生重大变化，或企业内部经营管理发生较大变化，确需对发展战略做出调整的，应当按照规定权限和程序调整发展战略。程序大致如下。

（1）各战略执行单位提出各自的战略规划评估报告和修订意见。

（2）战略管理部门汇总各单位意见，并提出修订后的发展战略规划草案。

（3）战略委员会对修订后的发展战略规划草案进行评估论证，向董事会提出发展战略建议方案。

（4）企业董事会严格审议战略委员会提交的发展战略建议方案。按企业章程规定，董事会审议通过的方案须报经股东（大）会批准的，还应履行相应的程序。

（5）战略管理部门将批准的新发展战略下发至各战略执行单位，要求其遵照执行。

发展战略的变动主要包括：①战略调整——数量方向微调；②战略优化——内容调整为最佳；③战略转型——完成目标再升级；④战略大转移——失败再找出路。

第三节　企业人力资源

人力资源是第一要素。古今中外，影响一个国家、地区、行业或组织发展的因素当中，起决定性作用的是人力资源因素。

人力资源是企业发展的灵魂，是增强企业活力的内在源泉，是提升企业核心竞争力的基础，是实现企业发展战略的根本动力。有了良好的人力资源制度和运行机制，才能制定科学的发展战略，决策才不会失误，才能激发专业技术人员的创造力，才能激励全体员工为实现发展战略而不懈努力，才能保证发展战略的贯彻落实，实现企业预期发展目标。

一、人力资源的概念和内容

（一）人力资源的概念

根据《企业内部控制应用指引第3号——人力资源》第二条，人力资源是指企业组织生产经营活动而录（任）用的各种人员，包括董事、监事、高级管理人员和全体员工。

人力资源的本质是能被企业组织所利用的各种人员所具有的脑力资源和体力资源的总和，它是企业的重要资产，是创造企业经济利益的源泉，能源源不断地创造价值和财富，增加社会财富。

（二）人力资源管理的内容

人力资源管理的内容繁多，归结起来，主要包括三类人、四阶段的管理。

1. 三类人

三类人包括高级管理人员、专业技术人员和一般员工。

（1）高级管理人员包括决策层和执行层，是人力资源管理的重要领域。企业董事会成员和董事长构成企业的决策层，是决定企业发展战略的关键管理人员。企业的执行层通常称为经理层，企业科学的发展战略必须通过经理层强有力的贯彻实施才能实现。

（2）专业技术人员是企业核心技术的创造者和维护者，他们掌握了企业生存与发展的命脉。对于企业，特别是从事实业且提供高科技产品的企业来说，建立一支具有科技创新力的专业技术团队，形成尊重劳动、尊重知识、尊重人才、尊重创造的良好氛围尤为重要。

（3）一般员工是企业人力资源的主体，是企业发展的动力。良好的人力资源制度和机制，不仅能够调动全体员工的积极性，而且能够促进员工素质不断提升，使全体员工爱岗敬业、积极进取，甘愿为企业发展做出贡献。

2. 四阶段

四阶段包括引进阶段、开发阶段、使用阶段、退出阶段。

（1）引进阶段也称招聘阶段，指的是各类人力资源从企业不可利用状态到企业可利用状态的阶段。

（2）开发阶段是指挖掘、培养、发挥、利用和提升各类已引进的人力资源价值，使各类人力资源如智慧、知识、经验、技能、创造性、积极性保值增值、人尽其才的阶段。

（3）使用阶段是指通过相关制度约束和激励各类人力资源的工作行为，使之积极劳动、努力贡献的阶段。

（4）退出阶段是指各类人力资源由于主客观原因离开企业的阶段，包括因身体和年龄原因正常离退休，以及劳动力自由流动下的辞职、辞退等情况。

企业应当重视人力资源建设，根据发展战略，结合人力资源现状和未来需求预测，制定人力资源发展目标，建立人力资源总体规划和能力框架体系，优化人力资源整体布局，明确人力资源的引进、开发、使用、培养、考核、激励、退出等管理要求，实现人力资源的合理配置，全面增强企业核心竞争力。

二、人力资源管理的风险

（一）人力资源管理风险类别

人力资源管理的风险包括三类：理念风险、制度风险和技术风险。

（1）理念风险。人们常说，理念先行。有什么样的理念，就有什么样的实践。落后的和超前的人力资源管理理念往往深刻地影响着制度和实践。人力资源管理实践的得失、成败主要取决于管理者对人力资源管理思想精髓的认识正确与否。

（2）制度风险。企业的人力资源管理不能离开制度化的理性原则。缺乏现代人力资源管理理念指导的制度，或者制度本身不健全、不系统都会造成人力资源管理的风险。人力资源定位不准、不系统通常是人力资源管理制度风险的具体表现。所以，企业应将人力资源管理中的招聘制度、考核制度、激励制度、薪资制度、晋升制度、奖惩制度等形成完整的系统。

（3）技术风险。企业的人力资源管理既需要管理理念和制度支撑，又需要与相应的管理技术相匹配，实际工作中，经常存在人力资源管理技术的选择与理念和制度不相符的风险。如岗位管理技术、人才测评技术（心理测试、素质测试等）、人力资源管理软件，是否适用于本企业，技术是否成熟，都是需要考虑的问题。盲目运用新技术、新软件，可能会造成招聘、评价、管理、激励、惩罚失败等问题，影响企业的可持续发展。

（二）人力资源管理的主要风险

根据《企业内部控制应用指引第 3 号——人力资源》第三条，企业人力资源管理至少应当关注下列风险。

（1）人力资源缺乏或过剩、结构不合理、开发机制不健全，可能导致企业发展战略难以实现。

（2）人力资源激励约束制度不合理、关键岗位人员管理不完善，可能导致人才流失、经营效率低下或关键技术、商业秘密和国家机密泄露。

（3）人力资源退出机制不当，可能导致法律诉讼或企业声誉受损。

【课堂讨论】海底捞的人力资源管理

海底捞一直吸引着大众的目光，不仅是因为它所提供的美食、就餐环境、周到且体贴的服务让人们津津乐道，其人力资源管理的独特之处也值得我们研究。

【思考】请分析海底捞的人力资源管理相关特色分别属于哪个阶段，并谈谈其做法的优缺点。

三、人力资源管控

按三类人力资源的四个阶段来进行总结，人力资源管控包括以下方面。

（一）引进阶段的管控

（1）引进有计划。不盲目、有计划，能从源头防止人力资源引进过多或过少的问题。过多容易造成资源冗余，导致"三个和尚没水喝"；过少容易导致事务进度达不到预期、员工压力过大等问题。企业应当结合生产经营实际需要，制订年度人力资源需求计划和人力资源总体规划，并根据人力资源总体规划，完善人力资源引进制度，规范工作流程，按照计划、制度和程序组织人力资源引进工作。

（2）引进有标准。引进的途径、程序、要求等都应该有一套标准。企业应当根据人力资源能力框架要求，明确各岗位的职责权限、任职条件和工作要求，遵循"德才兼备、以德为先和公开、公平、公正"的原则，通过公开招聘、竞争上岗等多种方式选聘优秀人才，重点关注选聘对象的价值取向和责任意识。选拔高级管理人员和聘用中层及以下员工，应当切实做到因事设岗、以岗选人，避免因人设事或因人设岗，确保选聘人员能够胜任岗位职责要求，同时应实行岗位回避制度。

（3）引进要合法。企业确定选聘人员后，应当依法签订劳动合同，建立劳动关系。对在产品技术、市场、管理等方面掌握或涉及关键技术、知识产权、商业秘密或国家机密的工作岗位，应当与该岗位员工签订有关岗位保密协议，明确保密义务。

（二）开发阶段的管控

（1）试用期+岗前培训，帮助员工全面进入工作状态。企业应当建立选聘人员试用期和岗前培训制度，对试用人员进行严格考察，促进选聘人员全面了解岗位职责，掌握岗位基本技能，适应工作要求。选聘人员试用期满考核合格后，方可正式上岗；试用期满考核不合格者，应当及时解除劳动关系。

（2）长期培训+知识更新，促进员工人力资源保值增值。企业应当重视人力资源开发工作，建立员工培训长效机制，营造尊重知识、尊重人才和关心员工职业发展的文化氛围，加强后备人才队伍建设，促进全体员工的知识、技能持续更新，不断提升员工的服务效能。

（三）使用阶段的管控

（1）建立和完善激励约束机制。设置科学的业绩考核指标体系，对各级管理人员和全体员工进行严格考核与评价，以此作为确定员工薪酬、职级调整和解除劳动合同等的重要依据，确保员工队伍处于持续优化状态。

（2）制定与业绩考核挂钩的薪酬制度。切实做到薪酬安排与员工贡献相协调，体现效率优先，兼顾公平原则。

（3）制定各级管理人员和关键岗位员工定期轮岗制度。明确轮岗范围、轮岗周期、轮岗方式等，形成相关岗位员工的有序持续流动，全面提升员工素质。

（四）退出阶段的管控

（1）退出有机制。按照有关法律法规规定，结合企业实际，建立健全员工退出（辞职、解除劳动合同、退休等）机制，明确退出的条件和程序，并有效实施。

（2）退出有缓冲。企业对不能胜任岗位要求的员工，应当及时暂停其工作，安排再培训，或调整工作岗位，安排转岗培训；仍不能满足岗位职责要求的，应当按照规定的权限和程序解除劳动合同。

（3）退出有原则。与退出员工，尤其是专业技术人员，依法约定保守关键技术、商业秘密、国家机密和竞业限制的期限，确保知识产权、商业秘密和国家机密的安全。另外，企业关键岗位人员离职前，应当根据有关法律法规的规定进行工作交接或离任审计。

第四节　企业社会责任

影响企业生命周期的因素有很多，其中一个就是企业社会责任的履行。设想，如果企业产品出现严重质量问题，或因为违反环境保护相关规定，很可能面临消费者对其丧失信任，失去市场乃至倒闭或被政府相关部门强制关闭等情况。因此，企业履行其社会责任在企业风险的防范和控制中意义重大。

一、社会责任的概念、内容及意义

根据《企业内部控制应用指引第 4 号——社会责任》第二条，社会责任是指企业在经营发展过程中应当履行的社会职责和义务，主要包括安全生产、产品质量（含服务）、环境保护、资源节约、促进就业、员工权益保护等。

企业应当履行的社会责任主要包括以下六点。

一是安全生产。安全生产是指采取一系列措施使生产过程在符合规定的物质条件和工作秩序下进行，有效消除或控制危险和有害因素，无人身伤亡和财产损失等生产事故发生，从而保障人员安全与健康、设备和设施免受损坏、环境免遭破坏，使生产经营活动得以顺利进行的一种状态。

二是产品质量。产品质量是指产品满足规定需要和潜在需要的特征和特性的总和。质量特性一般有六个方面，即性能、寿命（即耐用性）、可靠性与维修性、安全性、适应性、经济性。

三是环境保护和资源节约。环境保护指合理利用自然资源，防止环境的污染和破坏，以求自然环境同人类文明平衡可持续发展。资源节约指通过对资源的合理配置、高效和循环利用、有效保护和替代，使经济社会发展与资源环境承载能力相适应，使污染物产生量最小化并使废弃物得到无害化处理，构建人与自然和谐共处的社会。

四是产学研用相结合。产学研用是生产、学习、科学研究、实践运用的系统合作工程。四者深度融合的核心在于实现科技成果的高效转化，提升"用"的效果。

五是促进就业与员工权益保护。促进就业指企业积极消除影响平等就业的不合理限制和就业歧视；明确人才质量和数量需要，避免招聘失败和人才过剩风险。员工权益保护是指保护员工的人身权利和民主权利，制定科学的员工薪酬制度和激励机制，给员工提供晋升和发展机会，保持工作岗位相对稳定。

六是支持慈善事业。这是指企业对公众施以金钱或实物、服务相助，或者提供其他实际援助来增加社会福利的行为。在此过程中，企业可以适当运用公关或营销手段提升企业形象，促进企业战略的执行。

企业履行其社会责任的意义在于以下四个方面。

一是履行社会责任可实现企业价值最大化。通过企业财务上的合理经营，采用最优的财务政策，充分考虑资金的时间价值和风险与报酬的关系，使企业总价值最大化。同时企业价值不仅包括经济价值，也包括社会价值、品牌价值、生态价值等多个维度。

二是履行社会责任可促进企业持续长远发展。社会责任基本思想是将企业长期稳定发展放在首位，强调企业价值增长中满足各方面的利益关系，而这种思想和企业可持续发展不谋而合。

三是履行社会责任可提升企业形象与品牌价值。企业的生存与发展需要履行一系列的契约，包括与国家、其他企业、员工的契约等，履行契约的过程就是企业生存与发展的过程，也是树立企业形象与提升品牌价值的过程。

四是履行社会责任推动优秀企业文化建设。企业通过履行对多方相关主体的责任，逐渐形成注重质量、对客户负责、对环境友爱等优秀理念、价值观等。

二、社会责任的主要风险

根据《企业内部控制应用指引第 4 号——社会责任》第三条，企业至少应当关注在履行社会责任方面的下列风险。

（1）安全生产措施不到位，责任不落实，可能导致企业发生安全事故。

（2）产品质量低劣，侵害消费者利益，可能导致企业巨额赔偿、形象受损，甚至破产。

（3）环境保护投入不足，资源耗费大，造成环境污染或资源枯竭，可能导致企业巨额赔偿、缺乏发展后劲，甚至停业。

（4）促进就业和员工权益保护不够，可能导致员工积极性受挫，影响企业发展和社会稳定。

三、履行社会责任

根据《企业内部控制应用指引第 4 号——社会责任》第二章至第五章的内容，企业履行社会责任的相关举措主要如下。

（1）注重安全生产。一是有组织。设立安全管理部门和安全监督机构，负责企业安全生产的日常监督管理工作。二是有制度。建立严格的安全生产管理体系、操作规范和应急预案，强化安全生产责任追究制度。三是有保障。重视安全生产投入，在人力、物力、资金、技术等方面提供必要的保障，健全检查监督机制，确保各项安全措施落实到位，不得随意降低保障标准和要求。四是重预防。贯彻预防为主的原则，采用多种形式增强员工安全意识，重视岗位培训，对特殊岗位实行资格认证制度；加强生产设备的经常性维护管理，及时排除安全隐患。五是善处理。如果发生生产安全事故，要妥善处理，排除故障，减轻损失，追究责任。重大生产安全事故应启动应急预案，同时按照国家有关规定及时报告，严禁迟报、谎报和瞒报。

（2）注重产品质量。一是源头有标准。根据国家法律法规，结合企业产品的特点，按照国际或者国内质量管理和质量保证系列标准，选用适用的要素，决定要素采用的程度，建立完善的产品质量标准体系。二是过程有把控。建立严格的产品质量控制和检验制度，严把质量关，禁止缺乏质量保障、危害人民生命健康的产品流向社会。三是售后有服务。售后发现存在严重质量缺陷、隐患的产品，应当及时召回或采取其他有效措施，最大限度地降低或消除缺陷、隐患产品的社会危害，并妥善处理消费者提出的投诉和建议，切实保护消费者权益。

（3）注重环境保护与资源节约。一是转变发展方式，实现清洁生产和循环经济。加大对环保工作的人力、物力、财力的投入和技术支持，按照国家标准，改进工艺流程、加强节能减排、降低能耗和污染排放水平，实现清洁生产；高效利用、循环利用，减量化、再利用、资源化，变废为宝。二是依靠科技进步和技术创新，着力开发利用可再生资源。三是建立环境保护和资源节约监测考核体系。强化日常监督，建立健全激励与约束机制，落实岗位责任制，制定应急预案。四是通过宣传教育等有效形式，不断增强员工的环境保护和资源节约意识。

（4）注重促进就业与员工权益保护。促进就业方面主要包括：提供公平就业机会，尊重员工人格，维护员工尊严，杜绝性别、民族、宗教、年龄等各种歧视；加强对应聘人员的审查，避免招聘失败。员工权益保护方面主要包括：与员工签订并履行劳动合同；遵循按劳分配、同工同酬的原则，建立科学的员工薪酬制度和激励机制，不克扣或无故拖欠员工薪酬；建立高级管理人员与员工薪酬的正常增长机制，切实保持薪资的合理水平，维护社会公平；及时办理员工社会保险，足额缴纳社会保险费；预防、控制和消除职业危害，按期对员工进行非职业性健康监护，对从事有职业危害作业的员工进行职业性健康监护；确保员工的休息休假权利；积极开展员工职业教育培训，创造平等发展机会；避免在正常经营情况下批量辞退员工，增加社会负担。

（5）注重将产学研用相结合。一是企业应按照产学研用相结合的社会需求，积极创建实习基地，大力支持社会有关方面培养、锻炼社会需要的应用型人才。二是确定不同产学研用结合模式下的利益分配模式，防止因"切不好蛋糕"而导致的利益分配纠纷，加大企业交易成本，影响成果的转化。

（6）支持慈善事业。一是慈善捐赠需量力而行。对地震等突发性的社会事件，企业应经过评估，根据自身承受能力量力而行，防止盲目行动。二是编制慈善支出预算。慈善支出应有预算控制，防止盲目或不计成本捐赠，影响企业的正常运行。三是在做慈善事业的过程中要严格监督和考核，防止慈善行为失败。四是建立信息沟通机制。建立慈善事业沟通机制，通过公开渠道客观公布企业慈善行为全过程，防止外界误解导致产生负面影响。

第五节　企业文化

著名管理学家托马斯·彼得斯和罗伯特·沃特曼强调："在经营得最成功的公司里，居第一位的并不是严格的规章制度或利润指标，更不是计算机或任何一种管理工具、方法、手段，甚至也不是科学技术，而是企业文化。"

著名经济学家于光远指出："国家富强在于经济，经济繁荣在于企业，企业兴旺在于管理，管理优劣在于文化。"一个有着积极向上的优秀文化的企业，会重视创新、尊重人才、赢得客户、打响品牌、助力企业持续发展和壮大。

企业文化的重要意义可以总结为三个方面：为企业发展提供精神支柱，提升企业的核心竞争力，成为企业内部控制的有力保证。

一、企业文化的概念与内容

（一）企业文化的概念

笼统地说，文化是一种社会现象，是人们长期创造形成的产物；同时又是一种历史现象，是社会历史的积淀物。确切地说，文化是凝结在物质之中又游离于物质之外的，能够被传承的国家或民族的历史、地理、风土人情、传统习俗、生活方式、文学艺术、行为规范、思维方式、价值观念等，是人类之间进行交流的普遍认可的一种意识形态。文化是人类在不断认识自我、改造自我，认识自然、改造自然的过程中，所创造的并获得人们共同认可和使用的符号（以文字为主、图像为辅）与声音（以语言为主，音韵、音符为辅）的体系的总和。狭义的文化是指人们普遍的社会习惯，如衣食住行、风俗习惯、生活方式、行为规范等。

企业文化是指企业在生产经营实践中逐步形成的，为整体团队所认同并遵守的价值观、经营理念和企业精神，以及在此基础上形成的行为规范的总称。

（二）企业文化的内容

企业文化主要包括三个要素：使命、愿景以及价值观。

（1）使命解决企业为什么存在的问题。海尔的使命是"创造世界名牌"，阿里巴巴的使命是"让天下没有难做的生意"，腾讯的使命是"用户为本，科技向善"，华为的使命是"把数字世界带入每个人、每个家庭、每个组织，构建万物互联的智能世界"。企业的使命，从市场及消费者的角度来看就是客户的需求。市场的需求是企业使命的基础。获利不是企业的使命。获利是企业的基础需求，如果企业只把获利作为目标，企业就会急功近利，就会不择手段，那企业就难以长久生存。使命不是为自己，而是为更广泛的人群服务，是在更广大的领域中寻找自己的价值。许多企业没有思考为什么要办企业，这是导致其灭亡的重要原因之一。

（2）愿景是企业发展的方向，是由多个目标组成的。阿里巴巴的愿景是"成为一家活102年的好公司"，这意味着其在考虑长期战略，并为实现这一愿景制订详细计划。腾讯的愿景与使命一样，即"用户为本，科技向善"。比亚迪的愿景是"成为世界领先的新能源汽车和新能源解决方案提供商，以推动全球可持续发展"。愿景给企业的发展指明了方向，创造一个将个人目标与企业目标相结合的沟通平台，从而产生了将个人命运与企业命运相结合的契机。企业不再是一群普通人的简单组合，而是一个有共同理想、共同使命的生命联合体。每个人不再是一个被动的服从者，而是为了共同目标进行创新学习的开拓者。共同的愿景使组织中每个人朝共同的目标前进，促使每个人释放出巨大的潜力。

（3）价值观是企业判断决策的依据，价值观不能随意改变。华为的价值观是"以客户为中心，以奋斗者为本，坚持长期艰苦奋斗"，阿里巴巴的价值观是"客户第一，员工第二，股东第三"，腾讯的价值观是"正直、进取、协作、创造"。

使命是企业存在的基础，愿景是企业的发展方向，价值观为企业保驾护航。"三位一体"的企业文化是企业的核心竞争力。

二、企业文化的主要风险

根据《企业内部控制应用指引第5号——企业文化》第三条，加强企业文化建设至少应当关注下列风险。

（1）缺乏积极向上的企业文化，可能导致员工丧失对企业的信心和认同感，企业缺乏凝聚力和竞争力。

（2）缺乏开拓创新、团队协作和风险意识，可能导致企业发展目标难以实现，影响可持续发展。

（3）缺乏诚实守信的经营理念，可能导致舞弊事件的发生，造成企业损失，影响企业信誉。

（4）忽视企业间的文化差异和理念冲突，可能导致并购重组失败。

三、打造优秀企业文化

打造优秀企业文化的措施如下。

一是立足实际，提炼企业核心价值。企业应当根据发展战略和实际情况，总结优良传统，挖掘文化底蕴，提炼核心价值，确定文化建设的目标和内容，形成企业文化规范，使其构成员工行为守则的重要组成部分。

二是突出主业，形成具有自身特色的企业文化。引导和规范员工行为，打造以主业为核心的企业品牌，形成整体团队的向心力，促进企业长远发展。培育体现企业特色的发展愿景、积极向上的价值观、诚实守信的经营理念、履行社会责任和开拓创新的企业精神，以及团队协作和风险防范意识。

三是领导引领，全体员工共同遵守和营造企业文化环境。董事、监事、经理和其他高级管理人员应当在企业文化建设中发挥主导和垂范作用，以自身的优秀品格和脚踏实地的工作作风，带动整个团队。企业应当促进文化建设在内部各层级的有效流通，加强企业文化的宣传，确保全体员工共同营造积极向上的企业文化环境。

四是文化建设要贯穿全程，全面融入企业发展实际。企业文化建设应当融入生产经营全过程，切实做到文化建设与发展战略的有机结合，增强员工的责任感和使命感，规范员工行为方式，使员工自身价值在企业发展中得到充分体现。

五是加强培训与教育，重视并购重组后的文化融合。文化建设犹如"春风化雨"，要时时灌输、长期坚持。要加强对员工的文化教育和熏陶，全面提升员工的文化修养和内在素质。重视并购重组后的企业文化建设，平等对待被并购方的员工，促进并购双方的文化融合。

六是重视动态评估，不断推进企业文化创新。企业应当建立企业文化评估制度，明确评估的内容、程序和方法，落实评估责任，避免企业文化建设流于形式。评估时应当重点关注董事、监事、经理和其他高级管理人员在企业文化建设中的责任履行情况、全体员工对企业核心价值观的认同感、企业经营管理行为与企业文化的一致性、企业品牌的社会影响力、参与企业并购重组各方文化的融合度，以及员工对企业未来发展的信心。根据评估后的结果，巩固和发扬文化建设成果，针对评估过程中发现的问题，研究影响企业文化建设的不利因素，分析深层次的原因，及时采取措施加以改进，锐意创新。

巩固与提高

一、单选题

1. 通常所说的"三重一大"是指（　　　）。
   - A. 重大决策、重大投融资、重大担保、大额资金支付业务
   - B. 重大投融资、重大事项、重要人事任免、大额资金支付业务
   - C. 重大担保、重大事项、重要人事任免、大额资金支付业务
   - D. 重大决策、重大事项、重要人事任免、大额资金支付业务

2. 为了使员工了解企业内部组织架构设置及权责配置情况，企业应当制定相关制度或文件。下列文件中属于反映企业内部权限配置的是（　　　）。
   - A. 组织结构图　　　B. 业务流程图　　　C. 岗职位说明书　　　D. 权限指引

3. 批准企业发展战略的内部机构是（　　　）。
   - A. 总经理办公会　　　B. 战略委员会　　　C. 董事会　　　D. 股东大会

4. 为保证企业按照计划引进人力资源，企业每年应当根据人力资源规划和生产经营需要制订的计划是（　　）。

  A. 企业发展战略   B. 年度生产经营计划

  C. 人力资源需求计划   D. 资金计划

5. 企业发生重大生产安全事故应当及时启动（　　）。

  A. 快速反应机制 B. 危险警报 C. 应急预案 D. 应急演练

6. 为促进企业长期稳定发展，企业在打造品牌时应当把（　　）作为核心。

  A. 企业团队 B. 企业产业链 C. 主业 D. 辅业

二、多选题

1. 根据内部控制制度的要求，不相容职务应当相互分离。下列各项中，属于不相容职务的有（　　）。

  A. 授权批准与业务经办   B. 业务经办与会计记录

  C. 会计记录与财产保管   D. 业务经办与稽核检查

2. 内部环境是实施内部控制的基础。下列有关内部环境的表述中，正确的有（　　）。

  A. 科学合理的人力资源政策是内部控制的人才和工作机制保证，有利于调动员工的积极性、主动性和创造性

  B. 有效的反舞弊机制是发现和处理舞弊行为的制度基础，有利于及时防范因舞弊而导致内部控制措施失效的情况

  C. 企业文化是企业在经营管理过程中形成的、影响内部环境的精神和理念，包括高级管理人员的管理理念、经营风格与职业操守，企业的整体价值观，员工的行为守则等

  D. 健全的治理结构、科学的内部机构设置和权责分配是内部控制的基本前提，是内部环境的重要内容

3. 企业社会责任包括（　　）。

  A. 安全生产与产品质量   B. 环境保护与资源节约

  C. 促进就业与员工权益保护 D. 产学研用相结合与支持慈善事业

4. 企业组织架构包括（　　）。

  A. 治理结构 B. 董事会 C. 内部机构 D. 职能部门

5. 企业发展战略常存在的问题有（　　）。

  A. 战略不明确 B. 战略太保守 C. 战略太激进 D. 战略频繁变动

6. 企业人力资源管理的对象有（　　）。

  A. 高级管理人员 B. 专业技术人员 C. 优秀员工 D. 一般员工

三、案例分析题

  强盛开发投资有限公司是经市人民政府批准，于 2003 年 4 月设立的市直属综合性投资公司，主要承担政府重大建设项目的投融资；接受政府授权持有并运作国有股权；自主开展资本运营，促进资产跨地区、跨行业、跨部门、跨所有制的流动和重组。强盛开发投资有限公司采用集团公司的组织形式，公司目前有 6 个部门，分别是研究发展部、资本运营部、投资开发部、财务融资部、人力资源部和总经理工作部；公司有 3 个子公司，现有人员 27 人。

  目前，强盛开发投资有限公司的一把手是新上任的于总经理，他进入企业后的第一件事就是了解企业内部管理的现状，发现企业当前的优势与劣势，并借助外部第三方专业咨询公司的力量，对组织架构及管控模式进行初步调研与分析，提出了组织架构改进方案。

第三方专业咨询公司的专家团队在对强盛开发投资有限公司的临时组织——项目专家组和专家咨询委员会的组织职能与管控模式进行分析时，发现这两个临时组织的内部管理存在以下问题。

一是项目专家组和专家咨询委员会职责模糊、界限不清，经常会出现两个部门工作互相重叠、推诿、缺位的现象。

二是临时性委员会无固定人员维持工作。

强盛开发投资有限公司总是在出现运营投资项目时，才临时召集专家组成员组成专家组或咨询专家组参与项目的决策，这些专家组成员并非公司的固定人员，都是公司从外部聘用的兼职专家。当出现投资项目时，临时召集外部专家的工作一直由总经理工作部临时代理。但是随着项目量的逐渐增多，负责管理专家委员会的日常性工作越来越繁杂，公司急需专门的人员来维持日常性工作。

【思考】请问强盛开发投资有限公司的组织架构有什么风险？你有什么建议？

四、实践题

请各小组搜集相关企业资料，如联想、百度、腾讯、阿里巴巴、海底捞、比亚迪、京东等企业，分析其企业组织架构、发展战略、人力资源、社会责任、企业文化，形成企业内部环境报告，可用 PPT、Word、小视频等形式展示小组作业成果，择优进行课堂汇报。

第一篇 控制活动篇

第四章

采购业务数智化控制

知识目标

1. 理解企业采购管理内部控制的目标
2. 了解企业采购管理的基本环节
3. 熟悉企业采购管理的潜在风险及防范措施

能力目标

1. 具备对企业采购管理风险进行识别的能力
2. 具备对供应商选择风险进行评估和采取应对措施的能力
3. 具备对供应商履约风险进行评估和采取应对措施的能力
4. 具备对验收入库风险进行评估和采取应对措施的能力
5. 具备对采购付款风险进行评估和采取应对措施的能力

素养目标

1. 坚守采购人员的职责，为企业生产经营产品把好第一道关，坚决抵制舞弊谋私行为
2. 培养职业沟通协调能力，捕捉市场信息，与供应商博弈的同时实现合作共赢

导入案例

富华机械采购业务内部控制与风险管理

富华机械有限公司（以下简称"富华机械"）成立于 2009 年，是一家集科研、制造、销售于一体的专业生产油炸机、膨化机、输送机等不锈钢食品机械的公司。公司技术实力雄厚，检测手段齐全，秉承"专业、专注、高质量"的经营理念，依托科技创新已经成为行业的领导者。公司客户主要以国内客户为主，包括各食品加工厂、连锁饭店等。

富华机械采购业务主要包括标准采购、现购、资产采购以及资金采购，其中以标准采购业务为主。每种采购业务涉及预付、无预付、无退货、部分退货、全退和换货等情况。采购业务通常以采购原材料为主，部分涉及购买活动物料、员工福利、研发物料和办公用品等。2016 年以前，公司采购原材料的形式是过量采购，基本是以免检的形式收料入库。2017 年之后，公司对采购业务做了优化和调整，根据销售订单进行预测计算，主要采用分批采购、合并采购模式；同时，对物料进行质量检验，降低了成本和库存压力，提高了效率。

采购环节的具体业务如下。

1. 采购计划编制

富华机械每年编制采购计划分解到月，每月根据销售计划、生产计划及库存情况对采购计划进行调整，采购金额受预算采购资金控制，当期累计采购金额不得超出截至当期的预算采购金额，超出预算的部分需要进行额外审批。

2. 供应商准入和评价

富华机械设置了一系列指标对供应商进行评分，达到准入标准的供应商可以进入公司的合格供应商库，并被授予 A/B/C 三个初始等级。每年终了，富华机械对合格供应商库中的供应商按准入标准进行复核，同时针对当期产生交易的供应商，增加了质量合格率、交货及时率、服务评价、价格比率四个指标，对供应商的准入等级进行复核修正。

3. 供应商的选择

富华机械根据采购金额及供应商可选情况制定了采购方式（包括招标、询价、竞争性谈判、单一来源采购和直接采购等）的选择标准，确保选择出最优供应商。在采购管理活动中，供应商选择风险评估包括采购员是否严格按照采购管理规范和金额范围选择合适的采购方式；是否存在采购人员为减少工作量，未充分对比供应商库里面的供应商信息，选择与自身利益相关联的供应商（如某供应商业务员与采购人员有私交）进行采购的情况。此外，供应商提供的价格与市场价格相比是否存在严重的偏差，也是供应商选择风险评估中的一个重点。

4. 合同订立和履约

富华机械根据谈判结果拟出合同草稿，经审核无误后可与选定的供应商签订合同。

富华机械每月会对供应商的合同履约过程进行实时预警，并在年末对供应商履约情况进行评估，随机抽查供应商合同履约风险情况，对履约风险较高的供应商重新评级或剔除。

5. 收货和验收入库

富华机械采购基本以工厂为收货点，供应商凭订单、送货单、发票等单据办理验收入库。针对需要质量检验的材料，采用可接受质量水平（Acceptable Quality Level，AQL）标准进行抽样检验并做出是否收货的决策。抽样标准为一般水平 Ⅱ 级，按工业品标准取系数 2.5。

富华机械验收入库的关键流程如下。

（1）采购部：下发采购订单。

（2）仓库：接收采购收料通知和到货单，报检来料。

（3）品控中心：接收来料检验通知。

（4）品控中心：来料不良处理、不合格品记录。

（5）仓库：核实检验结果，办理采购入库、到货拒收、采购退料。

富华机械验收入库的关键规范如下。

（1）高价值原材料验收入库时，必须严格按照规定将所有物料进行质检后方可办理入库手续。

（2）低价值原材料验收入库时，按照国际抽样标准 AQL 2.5 规范严格抽取标准样本量进行检验，确保抽样原材料具有代表性。

（3）验收入库必须及时，在收料后不得在待检区超过 3 天，超过 3 天视为不及时质检。

（4）对无法办理入库的物料必须跟踪处理，发生丢失与损坏的，应查明责任人。保存未入库原材料，应指明责任人，若发生丢失与损坏，须照价赔偿。

（5）待检区域必须保持干净整洁，无明显遮挡物，无积水，保持干燥。

富华机械制定了原材料入场验收和检验管理制度，对各种原材料的进场及常规的检测项目、频次等进行明确规定。技术质量部每季度进行质量考核，对各种原材料质量情况进行监督。原材料仓位标识应注明进场时间。根据国家标准，若超出存放时间，需对原材料进行复检，结果合格后方可使用。品控中心按照功能合理划分质检区域，有环境要求的原材料必须存放在指定位置，质检员每天应做好记录。质检仪器应满足混凝土原材料质检需求，质检员应按照要求对各质检仪器进行检定等。

6. 付款

采购部根据收货情况及合同付款条件提出支付申请，财务部审核无误后支付款项。

富华机械通过信息系统对付款过程进行管控的流程如下。

◆ 根据合同录入付款条件。

◆ 根据采购订单金额生成应付单，结合付款条件形成付款计划。

◆ 根据付款计划完成付款，生成付款单。

◆ 根据应付单和付款单上标明的订单号，对应付款进行核销并记账。

采购付款流程如图 4-1 所示。

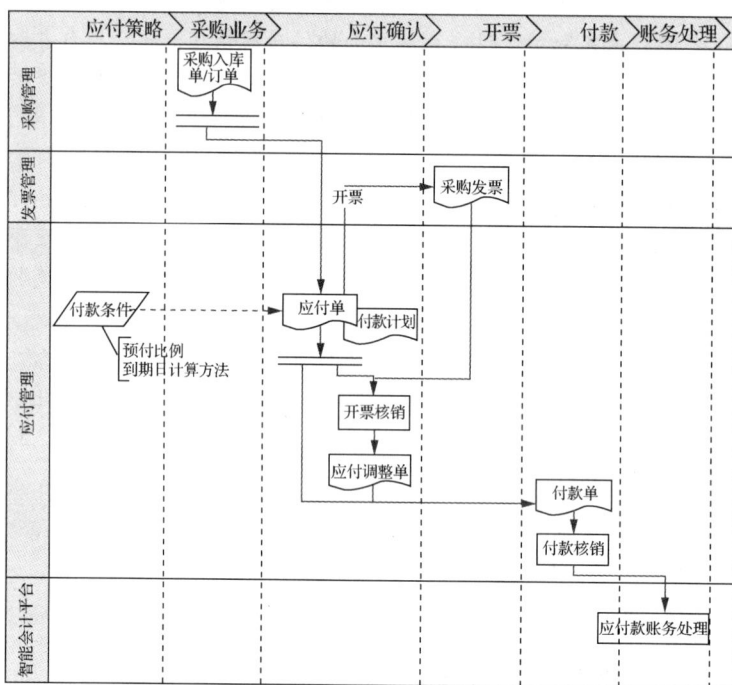

图 4-1　富华机械采购付款流程

根据富华机械财务制度，付款审批权限及流程如表 4-1 所示。

表 4-1　　　　　　　　　　富华机械付款审批权限及流程

采购金额/万元	审批节点 1	审批节点 2	审批节点 3	审批节点 4	审批节点 5	审批节点 6
≤50	采购经理陈鑫	资金岗马超	资金经理刘思思			
>50~100	采购经理陈鑫	资金岗马超	资金经理刘思思	财务总监李桂花		
>100~1 000	采购经理陈鑫	资金岗马超	资金经理刘思思	财务总监李桂花	总经理王凤兰	
>1 000	采购经理陈鑫	资金岗马超	资金经理刘思思	财务总监李桂花	总经理王凤兰	董事长李淑兰

【思考】

1. 富华机械在选择供应商的过程中存在哪些风险？
2. 在各环节需要用哪些方法进行评估？
3. 如何应对和控制这些风险？

第一节　采购业务概述

采购是企业生产经营的起点，是保证企业生产经营正常进行的必要前提，也是控制成本的重要环节。相对于其他业务而言，企业采购过程面临着诸多风险，如采购制度尚不完善，导致腐败漏洞产生；采购程序执行不严格，导致腐败风险易发；采购合同履行缺乏监督，导致腐败寻租可能；采购人员受利益驱动，导致腐败行为滋生等。因此，采购环节一直是企业内部控制的要点和难点，通过建立企业内部控制制度来规范供应商的选择、采购合同的订立、物资的运输和验收、货款的结算方式等采购全过程就显得十分重要。

一、采购业务的主要流程

全流程的采购涉及编制需求和采购计划、请购、选择供应商、确定采购价格、订立采购合同、管理供应过程、验收、付款、财务控制等一系列环节，企业要设置合理的职能岗位及分工，明确各岗位的职责，并建立相应的采购内部控制制度，规范采购活动各个环节的行为。采购业务主要流程如表4-2所示。

表4-2　　　　　　　　　　　　　　采购业务主要流程

主要环节	业务内容和主要风险
编制需求和采购计划	企业实务中，需求部门一般根据生产经营需要向采购部门提出物资需求计划，采购部门根据该需求计划，归类汇总平衡现有库存物资后，统筹安排采购计划，并按规定的权限和程序审批后执行。 该环节的主要风险有：需求或采购计划不合理，不按实际需求安排采购或随意超计划采购，甚至与企业生产经营计划不协调等
请购	请购是指企业生产经营部门根据采购计划和实际需要，提出的采购申请。 该环节的主要风险有：缺乏采购申请制度，请购未经适当审批或超越授权审批，可能导致采购物资过量或短缺，影响企业正常生产经营
选择供应商	选择供应商，也就是确定采购渠道，是企业采购业务流程中非常重要的环节。 该环节的主要风险有：供应商选择不当，可能导致采购物资质次价高，甚至出现舞弊行为
确定采购价格	如何以最优性价比采购到符合需求的物资，是采购部门的主要任务。 该环节的主要风险有：采购定价机制不科学，采购定价方式选择不当，缺乏对重要物资品种价格的跟踪监控，导致采购价格不合理，可能造成企业资金损失
订立采购合同	采购合同是指企业根据采购需要、确定的供应商、采购方式、采购价格等情况与供应商签订的具有法律约束力的协议，该协议对双方的权利、义务和违约责任等情况做出了明确规定（企业按规定的结算方式向供应商支付合同规定的金额，供应商按照约定时间、期限、数量与质量、规格交付物资给企业）。 该环节的主要风险有：框架协议签订不当，可能导致物资采购不顺畅；未经授权对外订立采购合同，合同对方主体资格、履约能力等未达要求，合同内容存在重大疏漏和欺诈，可能导致企业合法权益受到侵害
管理供应过程	管理供应过程主要是指企业建立严格的采购合同跟踪制度，科学评价供应商的供货情况，并根据合理选择的运输工具和运输方式，办理运输、投保等事宜，实时掌握物资采购供应过程的情况。 该环节的主要风险有：缺乏对采购合同履行情况的有效跟踪，运输方式选择不合理，忽视运输过程保险风险，可能导致采购物资损失或无法保证供应

主要环节	业务内容和主要风险
验收	验收是指企业对采购物资和劳务的检验接收，以确保其符合合同相关规定或产品质量要求。 该环节的主要风险有：验收标准不明确、验收程序不规范、对验收中存在的异常情况不做处理，可能造成账实不符、采购物资损失
付款	付款是指企业在对采购预算、合同、相关单据凭证、审批程序等内容审核无误后，按照采购合同规定及时向供应商办理支付款项的过程。 该环节的主要风险有：付款审核不严格、付款方式不恰当、付款金额控制不严，可能导致企业资金损失或信用受损
财务控制	财务控制指采购业务会计系统控制。 该环节的主要风险有：缺乏有效的采购业务会计系统控制，未能全面真实地记录和反映企业采购各环节的资金流和实物流情况，相关会计记录与相关采购记录、仓储记录不一致，可能导致企业采购业务未能如实反映，以及采购物资和资金受损

二、采购业务内部控制的目标

采购业务内部控制的目标就是规范采购行为，降低采购成本，确保采购产品质量，完善采购物资的保管，从而提高企业的生产经营效益。采购业务内部控制的目标具体分为业务目标、财务目标、合规性目标等三个方面。

（一）业务目标

（1）按质按量按时完成采购任务，经济高效地满足企业运营发展的物资需要，确保供应稳定。

（2）建立符合企业规模的物资采购供应管理体制，追求物资采购性价比最优和供应总成本最低。

（3）实行协议采购、招标采购、比价采购多种方式结合的采购方式，提高物资供应效率。

（4）强化物资供应过程控制，保证所采购物资安全完整。

（二）财务目标

（1）确保采购与付款业务及其相关会计账目的核算真实、完整、规范，防止差错和舞弊，保证账实相符，财务会计报告合理揭示采购业务享有的折扣或折让。

（2）争取获得有利付款条件和付款方式，保证按照合同结算方式履行资金支付责任，提高资金使用效率。

（3）及时组织资金，严格审查付款手续，降低付款风险，维护对外信誉。

（三）合规性目标

（1）物资采购合同或协议符合国家法律法规、相关政策和企业内部规章制度；确保采购业务按规定流程和适当授权进行，实现预期目标。

（2）物资采购过程公开、规范有序、合规合法；保证采购及付款业务、相关采购或招标合同等符合国家有关法律法规要求。

（3）确保采购付款以及相关货币资金管理符合国家有关部门的要求。

三、采购业务的内部控制要求

企业要设置合理的职能岗位及分工，明确各岗位的职责，并建立相应的采购内部控制制度，规范采购活动各个环节的行为。

（一）不相容职务分离制度

企业应当建立采购业务的岗位责任制，明确相关部门和岗位的职责、权限，确保办理采购业务的不相容职务相互分离、制约和监督。

企业采购业务的不相容职务至少包括以下几种。

1. 请购与审批

企业物资采购应由使用部门根据其需要提出申请，并经分管采购工作的负责人审批。

2. 供应商的选择与审批

企业应由采购部门和相关部门共同参与询价程序及确定供应商，但是决定供应商的人员不能同时负责审批。

3. 采购合同的拟定、审核与审批

企业应由采购部门下订单或起草采购合同，并经授权部门或人员审核、审批。

4. 采购、验收与会计记录

企业采购、验收与会计记录人员应当职务分离，以保证采购数量的真实性，采购价格、质量的合规性，采购记录和会计核算的正确性。

5. 付款的申请、审批与执行

企业付款的申请人、审批人与执行人应当职务分离，付款方式不恰当、执行有偏差，可能导致企业资金损失或信用受损。

（二）授权审批制度

（1）企业的生产计划部门一般会根据销售订单或对销售预测及存货要求的分析来决定生产授权。

（2）企业对资本支出和租赁合同通常会特别授权，只容许特定人员提出请购。

（3）企业对重要和技术性较强的采购业务，应当组织专家进行论证，实行集体决策和审批，防止出现决策失误而造成严重损失。

（4）采购合同的签订、采购款项的支付须经有关授权人员审批。

第二节　风险分析

在企业的实际运转过程中，采购业务往往会出现大量的风险。本节主要从供应商选择、供应商履约、验收入库、付款这几个环节对企业采购业务的潜在风险进行分析。

一、风险识别

（一）供应商选择的风险

在评估供应商选择的风险时，财务人员主要关注质量、服务、交货和价格四大方面。在保证质量、服务、交货和价格的情况下，企业通过询价选择供应商时，应该在同等报价内选择信用最优的供应商，在同等信用等级内选择报价最低的供应商，不考虑信用不等、报价也不等的情况。除此之外，企业还需要评估供应商是否按照采购管理制度选择对应的采购方式，确认合作供应商后评估其提供的报价是否偏离市场参考价格。在实际选择合作供应商的过程中，如果选择了信用最优且报价最低的供应商，但是采购方式错误或偏离市场参考价格过高都会给企业带来风险。因此，财务人员主要从采购价格是否合理、采购成本是否偏离两个角度对供应商选择的风险进行评估分析。

【课堂讨论】

① 结合富华机械的案例资料，思考选择准入供应商时，需要考虑的因素有哪些。

② 最终选择合作供应商时，可能存在哪些具体的风险事项？

1. 采购价格不合理的风险

该指标旨在判断在相同信用等级下同一个询价单内所选供应商提供的价格非最低的概率。

◆ 所选供应商提供的报价≤相同信用等级下同一个询价单内所有供应商提供的报价，不存在风险。

◆ 所选供应商提供的报价>相同信用等级下同一个询价单内所有供应商提供的报价，存在风险。以合作供应商价格非最低的风险概率评估采购价格不合理的风险大小。

合作供应商价格非最低的风险概率计算公式如下。

合作供应商价格非最低的风险概率（Y）＝相同信用等级供应商提供报价非最低的数量/询报价总笔数×100%

采购价格不合理的风险预警如表4-3所示。

表4-3　　　　　　　　　　　　　　采购价格不合理的风险预警

评分	1分	2分	3分	4分	5分
指标值（Y）	$Y \leq 10\%$	$10\% < Y \leq 30\%$	$30\% < Y \leq 70\%$	$70\% < Y \leq 90\%$	$Y > 90\%$
预警级别	绿色预警	蓝色预警	黄色预警	橙色预警	红色预警
采购价格不合理事件发生概率	一般不会发生	在极少情况下才发生	在某些情况下发生	在较多情况下发生	常常会发生

2. 采购成本偏离的风险

该指标旨在判断商品的采购成本偏离市场参考价格的程度。

◆ 采购成本偏离度<15%，符合规定，不存在风险。

◆ 采购成本偏离度≥15%，不符合规定，存在风险。以采购成本偏离度≥15%的条目数占采购合同总条目数的比例评估风险大小。

采购成本偏离风险的计算公式如下。

采购成本偏离度＝（含税单价-市场参考单价）/市场参考单价×100%

采购成本偏离风险（Y）＝采购成本偏离度≥15%的条目数/采购合同总条目数×100%

采购成本偏离的风险预警如表4-4所示。

表4-4　　　　　　　　　　　　　　采购成本偏离的风险预警

评分	1分	2分	3分	4分	5分
指标值（Y）	$Y \leq 10\%$	$10\% < Y \leq 30\%$	$30\% < Y \leq 70\%$	$70\% < Y \leq 90\%$	$Y > 90\%$
预警级别	绿色预警	蓝色预警	黄色预警	橙色预警	红色预警
采购成本偏离市场参考价格事件发生概率	一般不会发生	在极少情况下才发生	在某些情况下发生	在较多情况下发生	常常会发生

（二）供应商履约的风险

履约，即按照约定完成相关事宜。履约是基于时间、空间、质量多维度的，有承诺即有履约。在供应链里，履约就是以用户需求为出发点，在约定的时间、约定的地点，用约定的价格，以合适的方式将约定质量和数量的商品送达用户手中。

供应商履约的内部控制目标包括对选定的供应商进行全面、动态、全过程的管理，降低供应商的品质、价格、供货时效风险对企业造成的不良影响。

【课堂讨论】

① 对富华机械的采购管理流程进行梳理，分析供应商在合同履约过程中存在哪些风险。

② 针对识别的风险事项，可以用哪些指标进行衡量？

1. 交货不及时风险

该指标旨在评价供应商提供每批货品的供货效率，分析出现交货不及时风险的概率。

◆ 合同交货日期-收料通知单收料日期=0，不存在风险。

◆ 合同交货日期-收料通知单收料日期<0，存在风险。以交货不及时风险概率评估风险大小。

交货不及时的风险概率计算公式如下。

$$交货不及时的风险概率（Y）=交货不及时次数/总交货次数×100\%$$

交货不及时的风险预警如表4-5所示。

表4-5 交货不及时的风险预警

评分	1分	2分	3分	4分	5分
指标值（Y）	$Y \leqslant 10\%$	$10\% < Y \leqslant 30\%$	$30\% < Y \leqslant 70\%$	$70\% < Y \leqslant 90\%$	$Y > 90\%$
预警级别	绿色预警	蓝色预警	黄色预警	橙色预警	红色预警
交货不及时事件发生概率	一般不会发生	在极少情况下才发生	在某些情况下发生	在较多情况下发生	常常会发生

2. 交货质量不合格风险

该指标旨在分析供应商提供的商品是否符合合同质量要求，质量不合格会给企业带来供应商履约风险。

◆ 一定时期内质检不合格数量=0，不存在风险。

◆ 一定时期内质检不合格数量>0，存在风险。以交货质量不合格风险概率评估风险大小。

$$交货质量不合格的风险概率（Y）=质检不合格数量/总检验数量×100\%$$

交货质量不合格的风险预警如表4-6所示。

表4-6 交货质量不合格的风险预警

评分	1分	2分	3分	4分	5分
指标值（Y）	$Y \leqslant 10\%$	$10\% < Y \leqslant 30\%$	$30\% < Y \leqslant 70\%$	$70\% < Y \leqslant 90\%$	$Y > 90\%$
预警级别	绿色预警	蓝色预警	黄色预警	橙色预警	红色预警
交货质量不合格事件发生概率	一般不会发生	在极少情况下才发生	在某些情况下发生	在较多情况下发生	常常会发生

3. 履约损失风险

该指标旨在计算供货价格不合理的总金额对企业税前利润的影响。

供应商履约损失的风险概率（Y）＝（平均价格比率大于5%的条目的供货总金额－市场平均供货金额）/
供货期间的税前利润×100%

供应商履约损失的风险预警如表4-7所示。

表4-7 供应商履约损失的风险预警

评分	1分	2分	3分	4分	5分
指标值（Y）	$Y \leqslant 1\%$	$1\% < Y \leqslant 5\%$	$5\% < Y \leqslant 10\%$	$10\% < Y \leqslant 20\%$	$Y > 20\%$
预警级别	绿色预警	蓝色预警	黄色预警	橙色预警	红色预警
供货价格不合理的总金额对企业税前利润的影响	基本无影响	有轻度影响	有中度影响	有严重影响	有重大影响

（三）验收入库的风险

验收入库的内部控制目标包括确保商品入库的记录准确反映真实情况，使得各相关部门对收货情况充分了解以便沟通，避免缺乏验收标准、有关程序不规范，以便有效管理及跟进验收中发现的异常情况。

【课堂讨论】

① 对富华机械的验收入库流程进行梳理，分析其在验收入库环节可能存在的风险事项有哪些。

② 分析这些风险事项可能导致的后果。

1. 入库不及时风险

该指标旨在判断收料时间与入库时间的差异大于企业规定的最大停留时间的概率。入库不及时体现为收料时间与入库时间之差大于或等于3天。接到收料通知后，因各种原因无法送至仓库的货物不在考虑范围内。

入库不及时的风险概率（Y）＝入库不及时的收料通知单笔数/收料通知单总笔数×100%

入库不及时的风险预警如表4-8所示。

表4-8 入库不及时的风险预警

评分	1分	2分	3分	4分	5分
指标值（Y）	$Y \leqslant 10\%$	$10\% < Y \leqslant 30\%$	$30\% < Y \leqslant 70\%$	$70\% < Y \leqslant 90\%$	$Y > 90\%$
预警级别	绿色预警	蓝色预警	黄色预警	橙色预警	红色预警
入库不及时事件发生概率	一般不会发生	在极少情况下才发生	在某些情况下发生	在较多情况下发生	常常会发生

2. 检验入库数量不符风险

该指标旨在判断检验数量与入库数量不一致的概率。如果检验数量与入库数量不一致，应对未入库物资未入库的原因和处理结果进行分析。对于处理结果为"公司承担损失"的检验单，需判断该检验单对应的采购订单金额对企业税前利润的影响（即风险影响）。

检验入库数量不符的风险概率（Y）＝检验数量不等于入库数量的检验条目数/检验条目总数×100%

检验入库数量不符的风险预警如表4-9所示。

表4-9 检验入库数量不符的风险预警

评分	1分	2分	3分	4分	5分
指标值（Y）	$Y \leq 10\%$	$10\% < Y \leq 30\%$	$30\% < Y \leq 70\%$	$70\% < Y \leq 90\%$	$Y > 90\%$
预警级别	绿色预警	蓝色预警	黄色预警	橙色预警	红色预警
检验入库数量不符事件发生概率	一般不会发生	在极少情况下才发生	在某些情况下发生	在较多情况下发生	常常会发生

（四）付款的风险

付款环节的内部控制目标包括完善流程，明确付款审核人的责任和权力，严格审核采购预算、合同、相关单据凭证、审批程序等相关内容，审核无误后按照合同规定及时办理付款。

【课堂讨论】

① 对富华机械的付款流程进行梳理，分析其存在的具体风险事项有哪些。

② 针对识别的风险事项，可以用哪些指标进行衡量？

1. 付款日期不合规的风险

该指标旨在判断付款日期不合规给企业带来的风险。

付款日期不合规的风险概率（Y）=（提前付款笔数+延后付款笔数）/总付款笔数×100%

付款日期不合规的风险预警如表4-10所示。

表4-10 付款日期不合规的风险预警

评分	1分	2分	3分	4分	5分
指标值（Y）	$Y \leq 10\%$	$10\% < Y \leq 30\%$	$30\% < Y \leq 70\%$	$70\% < Y \leq 90\%$	$Y > 90\%$
预警级别	绿色预警	蓝色预警	黄色预警	橙色预警	红色预警
付款日期不合规事件发生概率	一般不会发生	在极少情况下才发生	在某些情况下发生	在较多情况下发生	常常会发生

2. 应付单信息与合同信息不匹配的风险

该指标旨在判断应付单与合同中的付款单位名称、银行、银行账号信息的匹配性。

◆ 若上述信息完全一致，不存在风险。

◆ 若付款单位名称、银行账号信息不一致，则存在风险。以应付单信息与合同信息不匹配的风险概率评估风险大小。

应付单信息与合同信息不匹配的风险概率（Y）=应付单信息与合同信息不一致的应付单数/总应付单数×100%

应付单信息与合同信息不匹配的风险预警如表4-11所示。

表4-11 应付单信息与合同信息不匹配的风险预警

评分	1分	2分	3分	4分	5分
指标值（Y）	$Y \leq 10\%$	$10\% < Y \leq 30\%$	$30\% < Y \leq 70\%$	$70\% < Y \leq 90\%$	$Y > 90\%$
预警级别	绿色预警	蓝色预警	黄色预警	橙色预警	红色预警
应付单信息与合同信息不匹配事件发生概率	一般不会发生	在极少情况下才发生	在某些情况下发生	在较多情况下发生	常常会发生

3. 付款金额不准确的风险

该指标旨在判断已完成订单的付款金额与订单金额不一致的概率。

◆ 若已签订合同的订单付款金额与订单执行金额一致，不存在风险。

◆ 若已签订合同的订单付款金额与订单执行金额出现不一致，存在风险。以签订合同的订单付款金额与订单执行金额不一致的风险概率评估风险大小。

付款金额不准确的风险概率（Y）=已签订合同的订单付款金额与订单执行金额不一致的合同笔数/
总合同笔数×100%

付款金额不准确的风险预警如表 4-12 所示。

表 4-12　　　　　　　　　　　　付款金额不准确的风险预警

评分	1分	2分	3分	4分	5分
指标值（Y）	$Y \leqslant 10\%$	$10\% < Y \leqslant 30\%$	$30\% < Y \leqslant 70\%$	$70\% < Y \leqslant 90\%$	$Y > 90\%$
预警级别	绿色预警	蓝色预警	黄色预警	橙色预警	红色预警
付款金额不准确事件发生概率	一般不会发生	在极少情况下才发生	在某些情况下发生	在较多情况下发生	常常会发生

二、风险评估

结合上述风险识别模型，下面将对富华机械案例采购业务中供应商选择、供应商履约、验收入库和付款环节风险进行评估分析。

【课堂讨论】

① 评估分批采购风险时，如何计算分批采购成本高于市场参考单价部分的损失金额？需要用到哪些数据？

② 如何评估合作供应商采购成本风险概率？需要用到哪些数据/指标？

（一）评估过程

本书将依托金蝶云星空教学版软件中的轻分析平台，对富华机械采购业务中可能涉及的风险事项进行评估。

应用实践 1

分析富华机械 2021 年选择的合作供应商中是否存在信用等级相同但报价非最低的情况，评估其采购价格不合理的风险。

【操作过程】

第一步，判断选择的合作供应商是否价格最低。

（1）进入金蝶云星空系统，打开功能菜单，执行"经营分析"—"轻分析"—"轻分析"命令，如图 4-2 所示，进入轻分析页面。

（2）单击业务主题"供应商选择风险"下的"数据建模"图标，如图 4-3 所示。

（3）进入数据建模页面，单击"新建数据表"，在打开的"新建数据表-选择数据源"对话框中选择"当前数据中心"，单击"下一步"，如图 4-4 所示。

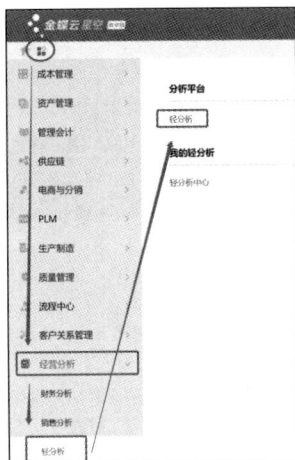

图 4-2　轻分析操作路径

图 4-3　单击"数据建模"图标

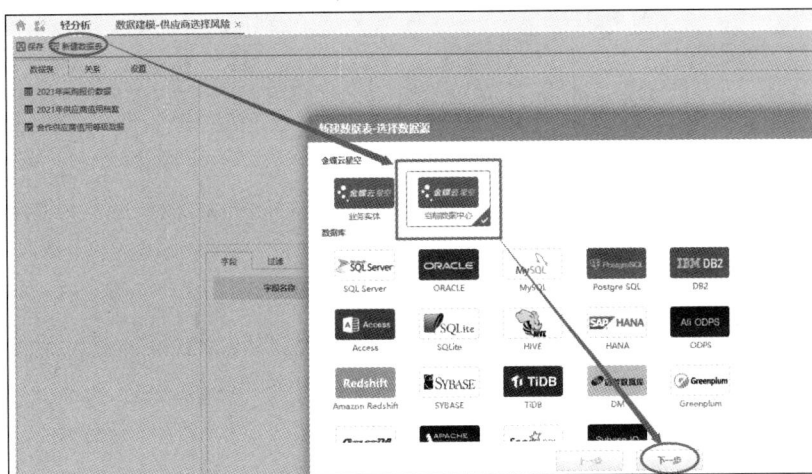

图 4-4　新建数据表

（4）在"新建数据表-数据中心"对话框中选中"自定义 SQL"，单击"下一步"，如图 4-5 所示。

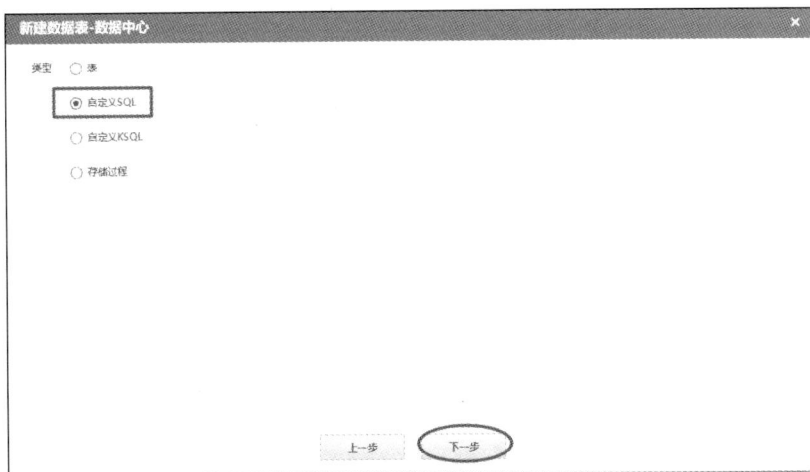

图 4-5　选中"自定义 SQL"

（5）在"新建数据表-自定义 SQL"对话框，将新建数据表命名为"合作供应商价格数据"，并输入以下 SQL 语句。

```
select c.询价单号,d.询报价结果,d.供应商,SUM(d.价税合计)as'每单价税合计',
(select CASE when SUM(d.价税合计) > MIN(价税合计) THEN '否' ELSE '是' END
 from (
select a.询价单号,a.供应商,SUM(a.价税合计) as '价税合计'
from [2021年采购报价数据]a
where a.询价单号=c.询价单号
group by a.询价单号,a.供应商
)b) as '是否价格最低供应商',

(select  MIN(价税合计) from (
select a.询价单号,a.供应商,SUM(a.价税合计) as '价税合计'
from [2021年采购报价数据]a
where a.询价单号=c.询价单号
group by a.询价单号,a.供应商
)b) as '询价单内最低价税合计金额'

from(

select a.询价单号,COUNT(distinct b.信用辅助码) as '信用辅助码'
from [2021年采购报价数据]a,[2021年供应商信用档案]b
where a.供应商=b.供应商名称
group by a.询价单号
having COUNT(distinct b.信用辅助码)=1

) c,[2021年采购报价数据]d
where c.询价单号=d.询价单号
and d.询报价结果='更新询价单'
group by c.询价单号,d.供应商,d.询报价结果
```

（6）SQL 语句填写无误后，单击"确定"，如图 4-6 所示。

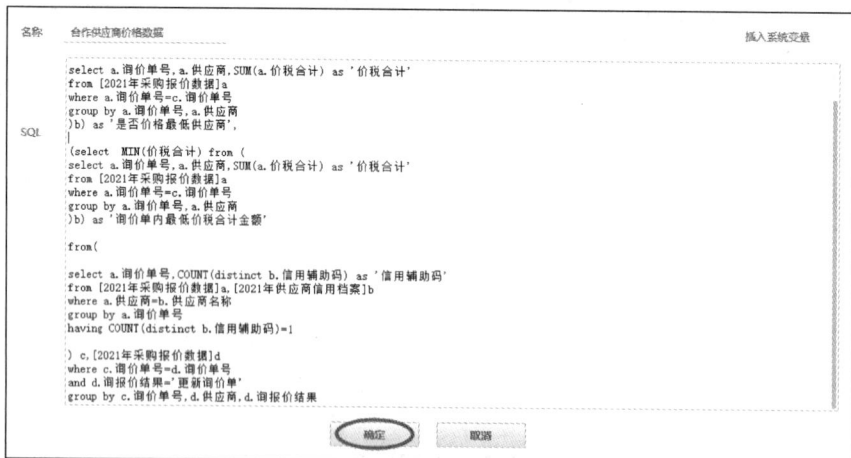

图 4-6　单击"确定"

（7）进入数据建模-供应商选择风险页面，在"数据表"选项卡下选择"合作供应商价格数据"，单击鼠标右键，从弹出的快捷菜单中选择"新建计算字段"，如图4-7所示。设置字段名称为"合作供应商价格非最低损失金额"，输入表达式"IF([是否价格最低供应商]='否',[每单价税合计]-[询价单内最低价税合计金额],0)"（根据评估模型，如果选择的合作供应商报价非最低，则其造成的风险影响等于每单价税合计金额与询价单内最低价税合计金额的差额），单击"确定"，如图4-8所示，计算每个询价单价格非最低的损失金额。

图4-7　新建计算字段

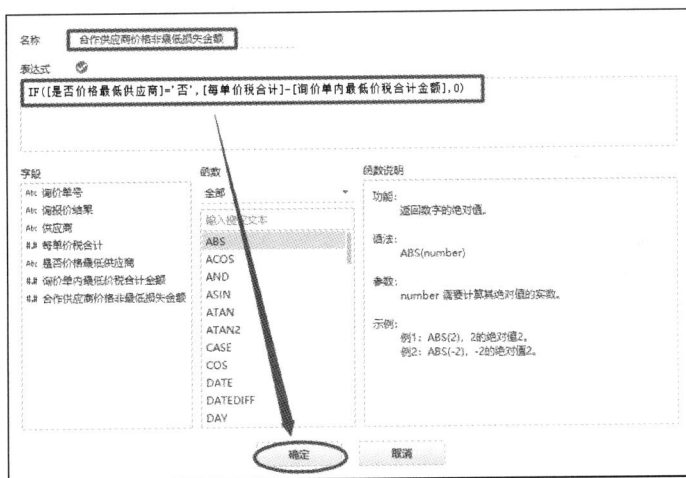

图4-8　合作供应商价格非最低损失金额计算设置

（8）这样可以计算出每个报价为非最低的询价单的损失金额，计算完成后的结果如图4-9所示。

图4-9　合作供应商价格非最低损失金额

（9）返回数据建模-供应商选择风险页面，可以看到新建的数据表"合作供应商价格数据"，单击工具栏的"保存"，如图4-10所示。

第二步，评估合作供应商价格非最低的风险概率。

根据评估模型要求，需要了解数据表"合作供应商价格数据"内选择了相同信用等级的供应商为非最低价格占满足条件的询价单总数量比例的情况。前期已经通过SQL语句将"是否价格最低"的结果计算出来，此时只需要计算"是否价格最低"为"否"的结果占全部询价结果的比例。

（1）在轻分析页面，单击业务主题"供应商选择风险"的"数据斗方"图标，如图4-11所示。

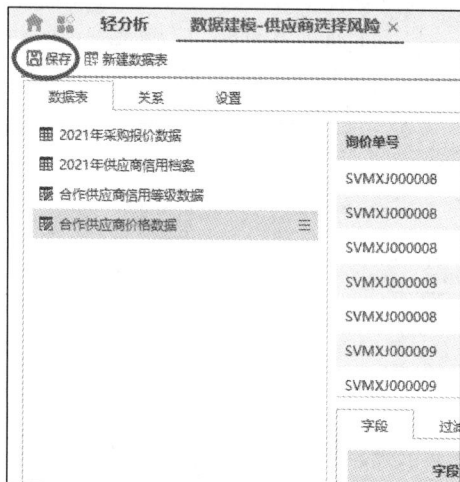

图4-10　保存合作供应商价格数据

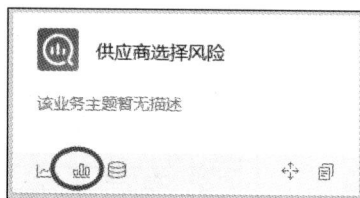

图4-11　单击"数据斗方"图标

（2）打开数据斗方-供应商选择风险页面，单击"清除"，确保页面筛选器内无内容，如图4-12所示。

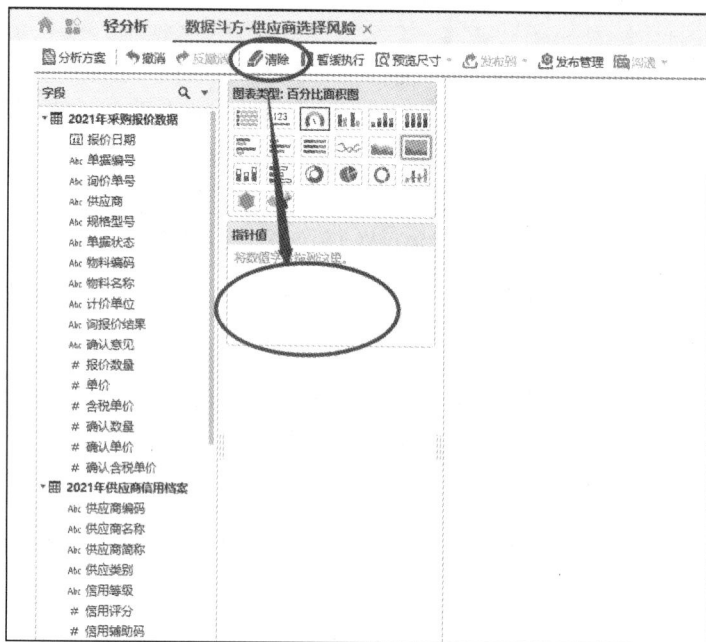

图4-12　清除设置

（3）选择数据表"合作供应商价格数据"，单击"字段"右侧的下拉按钮，在打开的下拉列表中选择"创建计算字段"，如图 4-13 所示。

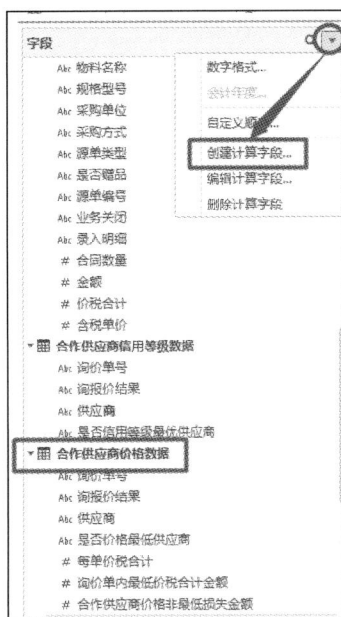

图 4-13 选择"创建计算字段"

（4）在打开的"创建计算字段"对话框，将创建的计算字段命名为"合作供应商价格非最低风险概率"，在"表达式"文本框输入"SUM(IF([合作供应商价格数据.是否价格最低供应商]='否',1,0))/COUNT([合作供应商价格数据.询价单号])"，名称和表达式核对无误后，单击"确定"，如图 4-14 所示。

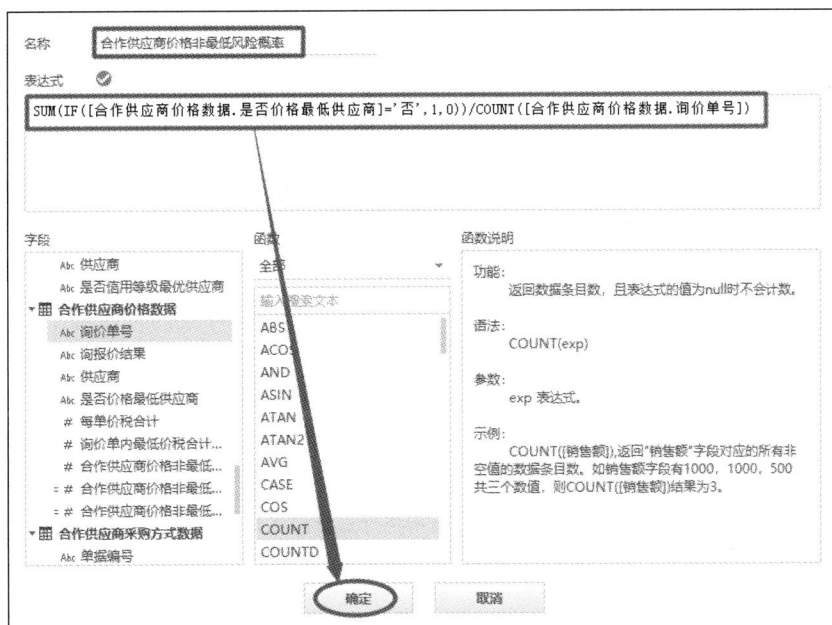

图 4-14 创建"合作供应商价格非最低风险概率"计算字段

（5）返回数据斗方-供应商选择风险页面，可以在"合作供应商价格数据"下看到刚才创建好的计算字段"合作供应商价格非最低风险概率"，如图 4-15 所示。

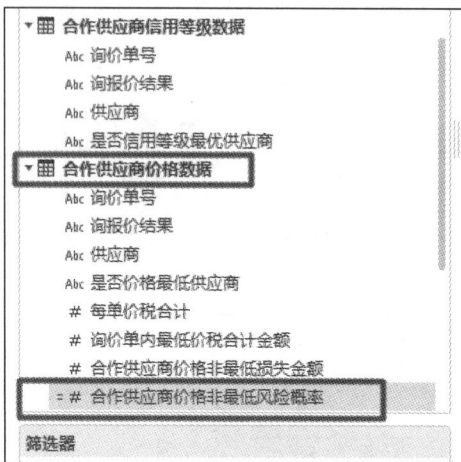

图 4-15　查看"合作供应商价格非最低风险概率"计算字段

（6）选择图表类型为"仪表图"，将创建的"合作供应商价格非最低风险概率"拖曳至"指针值"区域，如图 4-16 所示。

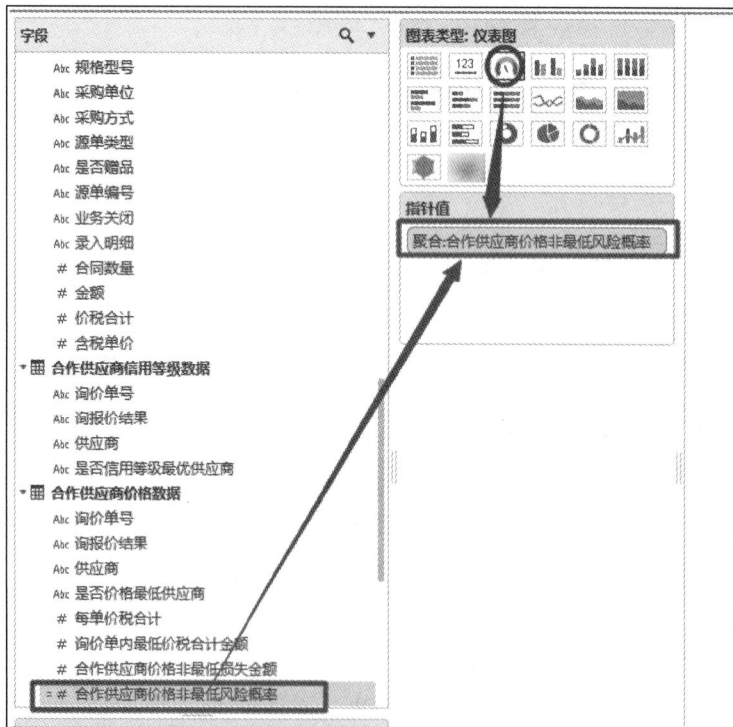

图 4-16　创建合作供应商价格非最低风险概率仪表图

（7）单击表盘中"分段"的编辑符号，设置起始刻度值和结尾刻度值分别为"0"和"1"。单击"添加分刻度"，根据表 4-3 将风险评估标准设置为 5 级预警，并标注不同的颜色，设置完成后单击"确定"，如图 4-17 所示。

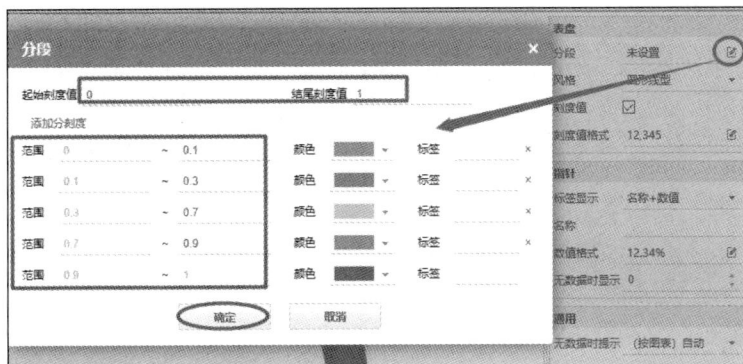

图 4-17 分段

（8）设置仪表盘的刻度值格式和指针的数值格式，令其小数位数均为"2"，数量单位为"百分之一（%）"，单击"确定"，如图 4-18 所示。

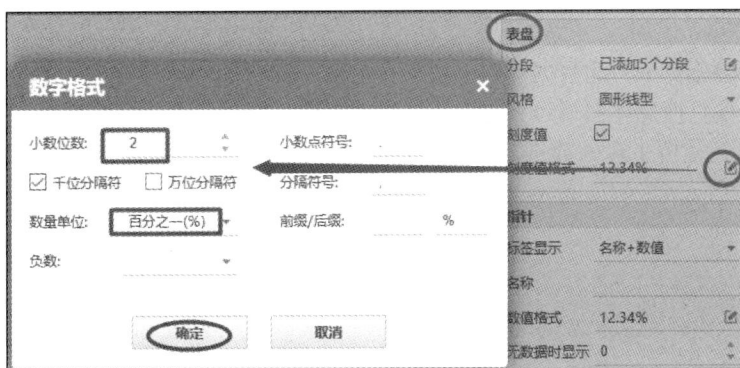

图 4-18 数字格式设置

（9）得到富华机械合作供应商价格非最低的风险概率（见图 4-19），显示供应商价格非最低的笔数占满足前提条件的所有询报价总笔数的 27.27%，可判断选择合作供应商价格非最低（采购价格不合理）事件在极少情况下才发生。

图 4-19 合作供应商价格非最低风险结果

（10）单击"分析方案"下的"另存为"，在弹出的对话框中输入方案名称为"合作供应商价格非最低风险概率"，单击"确定"，如图 4-20 所示。

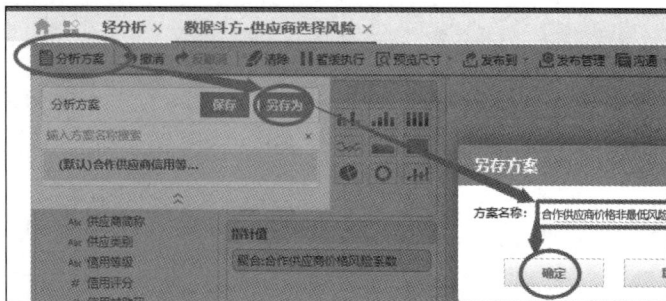

图4-20　另存风险分析方案

应用实践2

分析富华机械2021年选择合作供应商时是否存在采购成本偏离市场参考价格的情况,评估合作供应商采购成本偏离市场价格的风险。(提示:合作供应商采购成本偏离风险概率=采购成本偏离度≥15%的条目数/采购合同总条目数×100%。)

【操作过程】

第一步,在轻分析平台的数据建模板块下自定义SQL语句,计算2021年采购合同每行的采购成本偏离度,并且按照单据编号、供应商、物料编码、物料名称分组显示。

第二步,在轻分析平台的数据斗方板块内计算采购成本偏离的风险概率,得到分析结果为3.98%,如图4-21所示。

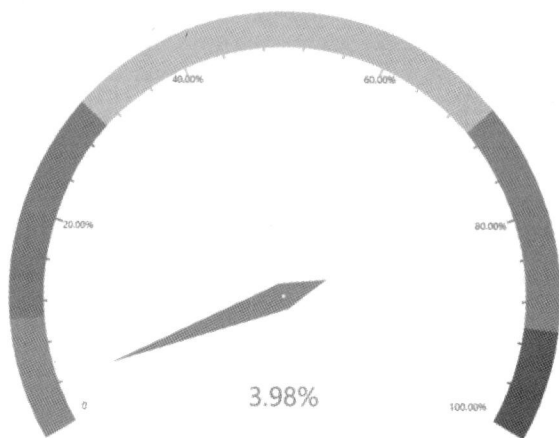

图4-21　采购成本偏离风险概率

💡 **说明**

应用实践2在轻分析平台上的操作方法与应用实践1的相似,这里不再赘述,相关操作视频可以从本书配套教学资源中获取。本书后续章节的应用实践操作方法均参考此方式处理。

【课堂讨论】

假如你是富华机械的财务人员,你会如何评估公司的供应商履约风险?

应用实践3

评估富华机械2020年供应商北京新凯小机电公司交货层面存在的风险。根据评估模型对2020年收料通知单的数据进行计算,将交货不及时次数占总交货次数的比例作为风险概率。

【操作过程】

第一步，在轻分析平台的数据建模板块导入 2020 年收料通知单。

第二步，在轻分析平台的数据斗方板块内计算北京新凯小机电公司交货不及时的次数占总交货次数的比例，得到交货不及时的风险概率为 21.55%（见图 4-22），可判断供应商交货不及时在极少情况下才发生。

图 4-22 交货不及时风险概率

应用实践 4

评估富华机械 2020 年供应商北京新凯小机电公司交货质量层面存在的风险。根据评估模型对 2020 年检验单的数据进行计算，将质检不合格数量占总检验数量的比例作为风险概率。

【操作过程】

第一步，在轻分析平台的数据建模板块导入 2020 年检验单。

第二步，根据风险评估模型，一定时期内质检不合格数量大于 0 即存在风险，在数据斗方板块内计算质量不合格的风险概率。

交货质量不合格的风险概率=质检不合格数量/总检验数量×100%

得到质量不合格的风险概率为 0.07%（见图 4-23），可判断供应商提供的产品质量出现问题的事件一般不会发生。

图 4-23 交货质量不合格风险概率

应用实践 5

计算供应商未按质按量履约给企业带来的经济损失，评估供应商履约损失风险给企业带来的影响。这里主要计算供货价格不合理产生的风险影响。

【操作过程】

根据风险评估模型，在轻分析平台的数据斗方板块内计算供应商履约损失的风险影响，得到供应商履约损失风险影响为1.53%（见图4-24），可判断供货价格不合理对企业运行有轻度影响。

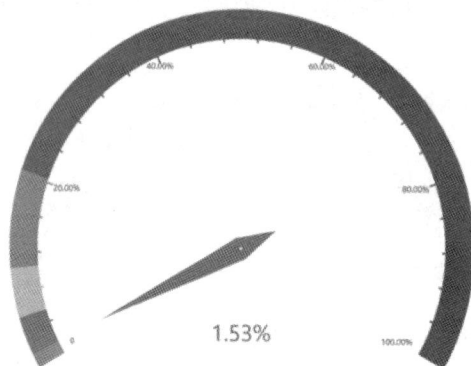

图4-24　履约损失风险影响

应用实践6

评估富华机械2021年7月入库不及时的风险，当月进行了收料通知但没有完全入库的以及入库以前的收料通知不纳入考虑范围。根据评估模型对2021年7月收料通知数据和2021年7月采购入库数据内收料日期与入库日期的数据进行计算，将从收料到入库天数超过3天的收料通知单笔数占收料通知单总笔数的比例作为风险概率。

【操作过程】

第一步，在轻分析平台的数据建模板块导入2021年7月收料通知数据和2021年7月采购入库数据，并自定义SQL语句计算每笔收料通知单对应的入库日期（按照收料通知单关联入库单的源单编号），并按照收料通知单单据编号、收料日期、入库日期、源单编号分组。

第二步，根据风险评估模型，入库日期与收料日期相差3天以上即存在风险，在数据斗方板块内计算入库不及时的风险概率。

入库不及时的风险概率=入库不及时的收料通知单笔数/收料通知单总笔数×100%

得到富华机械入库不及时的风险概率，显示入库不及时的收料通知单笔数占收料通知单总笔数的比例为21.43%（见图4-25），可判断入库不及时事件在极少情况下才发生。

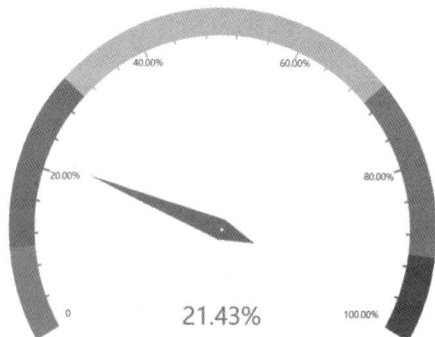

图4-25　入库不及时风险概率

应用实践7

评估富华机械2021年7月检验入库数量不符的风险，包括全检和抽检的数据。

【操作过程】

第一步，在轻分析平台的数据建模板块导入 2021 年 7 月检验数据，并在表内新建计算字段计算检验入库数量不符存在的风险项。

第二步，根据风险评估模型，检验数量与入库数量不相等即存在风险，在数据斗方板块内计算检验入库数量不符的风险概率。

检验入库数量不符的风险概率=检验数量不等于入库数量的检验条目数/检验条目总数×100%

得到富华机械检验入库数量不符的风险概率，显示检验数量不等于入库数量的检验条目数占检验条目总数的比例为 11.70%（见图 4-26），可判断检验入库数量不符事件在极少情况下才发生。

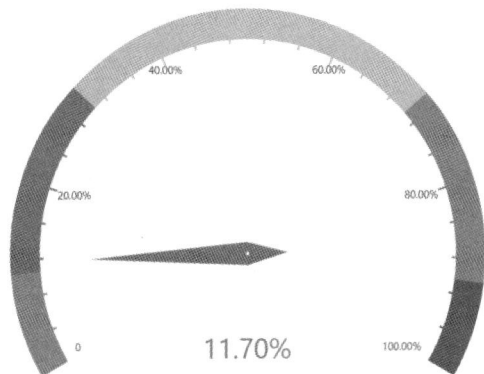

图 4-26　检验入库数量不符风险概率

应用实践 8

评估富华机械 2021 年 10 月是否存在付款日期不合规的风险，包括提前付款和延后付款。

【操作过程】

第一步，在轻分析平台的数据建模板块导入 2021 年 10 月付款单明细数据和 2021 年 10 月应付单明细数据，计算付款单的付款日期与应付单的应付到期日是否存在差值。

第二步，根据风险评估模型，将付款单的同一个应付单编号的付款日期与应付单的应付到期日之间的差值计算出来。

付款日期不合规的风险概率=（提前付款笔数+延后付款笔数）/总付款笔数×100%

得到富华机械付款时间不合规的风险概率，显示提前或延后付款的笔数占总付款笔数的 28.57%（见图 4-27），可判断付款日期不合规事件在极少情况下才发生。

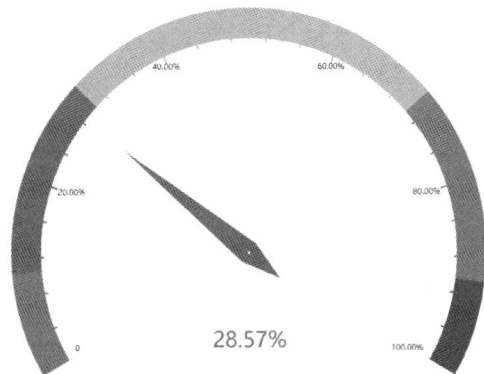

图 4-27　付款时间不合规的风险概率

应用实践9

评估富华机械2021年10月是否存在应付单信息与合同信息不匹配的情况，不匹配信息包括收款单位、收款银行、收款账号，将应付单信息与合同信息不一致的应付单笔数占总应付单笔数的比例作为风险概率。

【操作过程】

第一步，在轻分析平台的数据建模板块导入2021年10月合同付款条款表，并建立2021年10月应付单明细表，在数据斗方板块内计算应付单的信息误差数。

第二步，根据风险评估模型，若应付单的收款单位、收款银行、收款账号与合同付款条款表不一致即存在风险，在数据斗方板块内计算应付单信息与合同信息不匹配的风险概率。

$$应付单信息与合同信息不匹配的风险概率=应付单信息与合同信息不一致的应付单数/总应付单数×100\%$$

得到富华机械应付单信息与合同信息不匹配的风险概率，显示应付单信息与合同信息不一致的应付单数占总应付单数的比例为13.42%（见图4-28），可判断应付单信息与合同信息不匹配事件在极少情况下才发生。

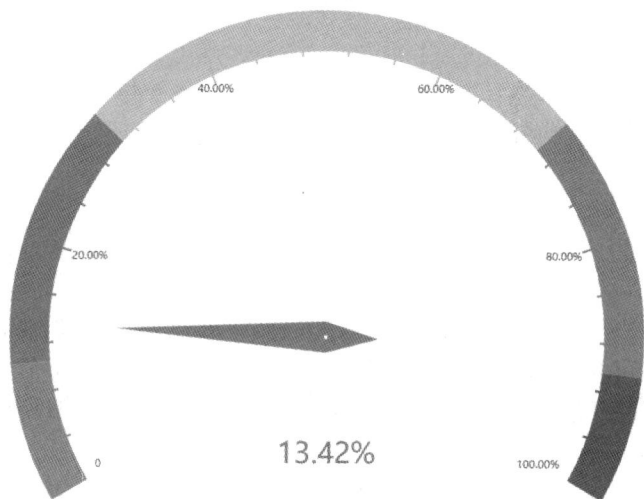

图4-28 应付单信息与合同信息不匹配风险概率

应用实践10

评估富华机械2021年10月是否存在已完成采购订单的付款金额不等于采购合同执行金额的情况，采购合同执行金额为采购合同对应执行的采购订单总金额，已完成采购订单的付款金额为采购合同对应的付款金额。根据评估模型，将已签订合同的订单付款金额与订单执行金额不一致的合同笔数占总合同笔数的比例作为风险概率。

【操作过程】

第一步，在轻分析平台的数据建模板块自定义SQL语句，计算2021年10月每笔采购合同的执行金额和实际付款金额，并且按照合同编号分组显示，最后计算每笔合同是否存在风险项（在数据建模板块新建计算字段）。

第二步，根据风险评估模型，若已签订合同的订单付款金额与订单执行金额不一致即存在风险，在数据斗方板块内计算付款金额不准确的风险概率。

付款金额不准确的风险概率=已签订合同的订单付款金额与订单执行金额不一致的合同笔数/
总合同笔数×100%

得到富华机械付款金额不准确的风险概率，显示已签订合同的订单付款金额与订单执行金额不一致的合同笔数占总合同笔数的比例为 35.00%（见图 4-29），可判断付款金额不准确事件会在某些情况下发生。

图 4-29　付款金额不准确风险概率

（二）评估结果

风险管控审计部和财务部根据前述评估过程中各风险指标的结果，对富华机械在采购业务中存在风险的事项进行汇总陈述，纳入企业的风险库进行管理。

富华机械采购业务涉及风险事项 10 项，如表 4-13 所示。

表 4-13　采购业务风险评估汇总

风险环节		风险事项		指标结果	风险程度
采购活动	1	供应商选择的风险	采购价格不合理的风险	27.27%	在极少情况下才发生
			采购成本偏离的风险	3.98%	一般不会发生
	2	供应商履约的风险	交货不及时风险	21.55%	在极少情况下才发生
			交货质量不合格风险	0.07%	一般不会发生
			履约损失风险	1.53%	有轻度影响
	3	验收入库的风险	入库不及时风险	21.43%	在极少情况下才发生
			检验入库数量不符风险	11.70%	在极少情况下才发生
	4	付款的风险	付款时间不合规的风险	28.57%	在极少情况下才发生
			应付单信息与合同信息不匹配的风险	13.42%	在极少情况下才发生
			付款金额不准确的风险	35.00%	在某些情况下发生

高风险主要涉及供应商履约的风险和付款的风险，而供应商选择和验收入库环节相对风险较低。

第三节 风险应对

一、采购业务总体风险管控措施

企业的采购业务流程较多，风险发生的概率也比较大。针对其主要业务环节，概括总结几点管控措施，如表 4-14 所示。

表 4-14   企业采购业务各环节主要管控措施

主要环节	主要管控措施
编制需求和采购计划	生产、经营、项目建设等部门，应当根据实际需求准确、及时地编制需求计划。需求部门提出需求计划时，不能指定或变相指定供应商。对独家代理、专有、专利等特殊产品，应提供相应的独家、专有资料，经专业技术部门研讨后，由具备相应审批权限的部门或人员审批。
	采购计划是企业年度生产经营计划的一部分，在制订年度生产经营计划的过程中，企业应当根据发展目标实际需要，结合库存和在途情况，科学安排采购计划，防止采购过多或过少。
	采购计划应纳入采购预算管理，经相关负责人审批后，作为企业硬性指令严格执行
请购	建立采购申请制度，依据购买物资或接受劳务的类型，确定归口管理部门，授予相应的请购权，明确相关部门或人员的职责权限及相应的请购程序。企业可以根据实际需要设置专门的请购部门，对需求部门提出的采购需求进行审核，并进行归类汇总，统筹安排企业的采购计划。
	具有请购权的部门对预算内采购项目，应当严格按照预算执行进度办理请购手续，并根据市场变化提出合理采购申请；对超预算和预算外采购项目，应先履行预算调整程序，由具备相应审批权限的部门或人员审批后，再行办理请购手续。
	具备相应审批权限的部门或人员审批采购申请时，应重点关注采购申请内容是否准确、完整，是否符合生产经营需要，是否符合采购计划，是否在采购预算范围内等。对不符合规定的采购申请，应要求请购部门调整请购内容或拒绝批准
选择供应商	建立科学的供应商评估和准入制度，对供应商资质信誉情况的真实性和合法性进行审查，确定合格的供应商清单，建立健全企业统一的供应商网络。企业新增供应商的市场准入、供应商新增服务关系以及调整供应商物资目录，都要由采购部门根据需要提出申请，相关部门按规定的权限和程序审核批准后，纳入供应商网络。企业可委托具有相应资质的中介机构对供应商进行资信调查。
	采购部门应当按照公平、公正和竞争的原则，择优确定供应商，在切实防范舞弊风险的基础上，与供应商签订质量保证协议。
	建立供应商管理信息系统和供应商淘汰制度，对供应商提供的物资或劳务的质量、价格、交货及时性、供货条件及其资信、经营状况等进行实时管理和考核评价，根据考核评价结果，提出供应商淘汰和更换名单，经审批后对供应商进行合理选择和调整，并在供应商管理系统中做出相应记录
确定采购价格	建立健全采购定价机制，采取协议采购、招标采购、询比价采购、动态竞价采购等多种方式，科学合理地确定采购价格。对标准化程度高、需求计划性强、价格相对稳定的物资，通过招标、联合谈判等公开、竞争方式签订框架协议。
	采购部门应当定期研究大宗通用重要物资的成本构成与市场价格变动趋势，确定重要物资品种的采购执行价格或参考价格。建立采购价格数据库，定期开展重要物资的市场供求形势及价格走势商情分析并合理利用
订立采购合同	对拟签订框架协议的供应商的主体资格、信用状况等进行风险评估；框架协议的签订应引入竞争制度，确保供应商具备履约能力。
	根据确定的供应商、采购方式、采购价格等情况，拟订采购合同，准确描述合同条款，明确双方权利、义务和违约责任，按照规定权限签署采购合同。对于影响重大、涉及较高专业技术或法律关系复杂的合同，应当组织法律、技术、财会等专业人员参与谈判，必要时可聘请外部专家参与相关工作。
	对重要物资验收量与合同量之间允许的差异，应当做出统一规定

主要环节	主要管控措施
管理供应过程	依据采购合同中确定的主要条款跟踪合同履行情况，对有可能影响生产或工程进度的异常情况，应出具书面报告并及时提出解决方案，采取必要措施，保证需求物资的及时供应。 对重要物资建立并执行合同履约过程中的巡视、点检和监造制度。对需要监造的物资，择优确定监造单位，签订监造合同，落实监造责任人，审核确认监造大纲，审定监造报告，并及时向技术部门通报。 根据生产建设进度和采购物资特性等因素，选择合理的运输工具和运输方式，办理运输、投保等事宜。 采用71SRM等供应商关系管理平台，并对接企业 ERP 系统，实行全过程的采购登记制度或信息化管理，确保采购全过程的监控、异常和风险管控，以及可追溯性
验收	制定明确的采购验收标准，结合物资特性确定必检物资目录，规定此类物资在出具质量检验报告后方可入库。 验收机构或人员应当根据采购合同及质量检验部门出具的质量检验证明，重点关注采购合同、发票等原始单据与采购物资的数量、质量、规格型号等是否一致。对验收合格的物资，填制入库凭证，加盖物资"收讫章"，登记实物账，及时将入库凭证传递给财会部门。物资入库前，采购部门须检查质量保证书、商检证书或合格证等证明文件。验收时涉及技术性强的、大宗的、新型的、特殊的物资，还应进行专业测试，必要时可委托具有检验资质的机构或聘请外部专家协助验收。 对于验收过程中发现的异常情况，比如无采购合同或大额超采购合同的物资、超采购预算的物资、毁损的物资等，验收机构或人员应当立即向企业有权管理的相关机构报告，相关机构应当查明原因并及时处理。对于不合格物资，采购部门依据检验结果办理让步接收、退货、索赔等事宜。对延迟交货造成生产建设损失的，采购部门要按照合同约定索赔
付款	企业应当加强采购付款的管理，完善付款流程，明确付款审核人的责任和权力，严格审核采购预算、合同、相关单据凭证、审批程序等相关内容，审核无误后按照合同规定，合理选择付款方式，及时办理付款。要着重关注以下方面。 严格审查采购发票等票据的真实性、合法性和有效性，判断采购款项是否确实应予支付。如审查发票填制的内容是否与发票种类相符合、发票加盖的印章是否与票据的种类相符合等。企业应当重视采购付款的过程控制和跟踪管理，如果发现异常情况，应当拒绝向供应商付款，避免出现资金损失和信用受损。 根据国家有关支付结算的相关规定和企业生产经营的实际，合理选择付款方式，并严格遵循合同规定，防范付款方式不当带来的法律风险，保证资金安全。除了不足转账起点金额的采购可以支付现金外，采购价款应通过银行办理转账。 加强预付账款和定金的管理，涉及大额或长期的预付款项，应当定期进行追踪核查，综合分析预付账款的期限、占用款项的合理性、不可收回风险等情况，发现有疑问的预付款项，应当及时采取措施，尽快收回款项
财务控制	企业应当加强对购买、验收、付款业务的会计系统控制，详细记录供应商情况、采购申请、采购合同、采购通知、验收证明、入库凭证、退货情况、商业票据、款项支付等情况，做好采购业务各环节的记录，确保会计记录、采购记录与仓储记录核对一致。 指定专人通过函证等方式，定期向供应商寄发对账函，核对应付账款、应付票据、预付账款等往来款项，对供应商提出的异议应及时查明原因，报有权管理的部门或人员批准后，做出相应调整

二、高风险事项应对措施

（一）供应商履约风险应对措施

富华机械采购业务风险评估结果显示，供应商履约风险有轻度影响。

针对可能发生的风险，可采取以下措施进行预防和管控。

◆ 设置预警机制：设置采购验收入库的接收下限，未达到一定的数量无法办理入库，对供应商提供的产品合格情况进行预警。

◆ 设置IT自动化：针对交货不及时的风险，可以在系统中设置采购订单超期预警，并推送超期天数和具体信息给相关人员。

◆ 设置绩效考核/奖惩：将供货价格合理性纳入采购员绩效考核，如采购员搜寻到物美价廉的供应商可提供奖励；定期抽查每个采购员负责的供应商的供货价格情况，对于供货价格偏离市场较大的，可给予相应采购员一定的惩罚。

（二）付款风险应对措施

根据应用实践分析，付款风险较高。

针对可能发生的风险，可采取以下措施进行预防和管控。

◆ 设置预警机制：特别是针对延后付款的风险，可以在系统中设置预警指标，在应付账款到期前、到期时设置预警提醒，呈现给相关人员。

◆ 设置IT自动化：针对提前付款的风险，未到付款期限的，在系统中设置支付限制。

◆ 分析/反馈：定期对付款单据进行分析，警示付款日期风险的问题，并反馈给相关责任人。

◆ 设置绩效考核/奖惩：根据付款日期风险的分析结果，设置相关责任人的绩效指标。

巩固与提高

一、多选题

1. 采购与付款循环控制包括（　　　）。

    A. 请购控制　　　　　B. 审批控制　　　　　C. 采购控制

    D. 验收控制　　　　　E. 付款控制

2. 在采购与付款循环中，（　　　）属于不相容职务。

    A. 请购与审批　　　　　　　　　　B. 询价与确定供应商

    C. 采购与验收　　　　　　　　　　D. 订立合同与审计

二、实践应用题

结合富华机械案例资料，对采购计划编制、采购合同订立风险进行分析。

三、案例分析题

某汽车零部件有限公司引进了一套QAD（Quality Assurance Development，质量保证与发展）企业管理系统，业务流程的成本核算员韩某发现该系统存在漏洞，与采购科稽核管理员方某设计出用虚构采购业务套取企业货款的方案，并联合一家身陷资金链困境的供应商实际控制人周某实施计划。

三人内外勾结，用虚构业务骗取公司资金2 500万元，经人民法院审理，判处韩某有期徒刑十一年六个月、方某有期徒刑十一年，包括周某在内的其他涉案人员均被判处三至六年有期徒刑。

据了解，方某、周某和韩某的操作流程如图4-30所示。

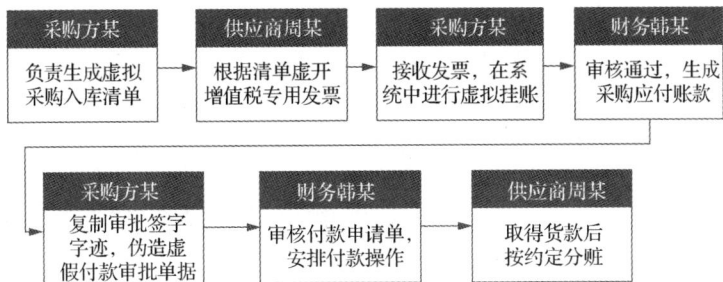

图 4-30 操作流程

【思考】

1. 该公司在管理上的内部控制缺陷有哪些?
2. 该公司可采取哪些有针对性的内部控制补救措施?

销售业务数智化控制

1. 理解企业销售业务的内部控制目标
2. 了解企业销售业务的基本环节
3. 熟悉企业销售业务的潜在风险及防范措施

■ **能力目标**

1. 具备对企业销售管理风险进行识别的能力
2. 具备对销售计划进行风险评估的能力
3. 具备对销售产品定价报价进行风险评估的能力
4. 具备对客户信用管理风险进行评估的能力
5. 具备对销售合同管理风险进行评估的能力

■ **素养目标**

1. 增强社会责任感，树立品牌强企理念
2. 践行社会主义核心价值观，具备诚实守信的职业素养

■ **导入案例**

富华机械销售业务内部控制与风险管理

富华机械的主要产品包括面包片油炸机、圆筒式撒粉机、提升机以及漂洗机等食品机械。销售业务类型主要包括标准销售、寄售销售和现销三种，其中多采用标准销售模式。每种销售业务类型会涉及无退货、部分退货、全部退货和换货等情况。产成品的销售附带相应的服务费用，企业实施信息化之前，销售费用未进行细分，以"维修包"形式附加，实施后企业将销售费用进一步细分为包装费用、服务费用和物流费用。

为促进公司销售稳定增长、扩大市场份额、强化销售业务的管理，富华机械对销售业务流程进行全面梳理，制定相关管理制度，规范业务处理流程。销售业务流程如图 5-1 所示。

1. 销售计划

富华机械根据产品生命周期对产品进行定位，基于产品定位并参考历史数据、市场需求和生产能力制订销售年度计划，参考历史数据的季度波动性将计划分解到月。表 5-1 所示为富华机械主要产品所在生命周期及预期市场份额增长率。

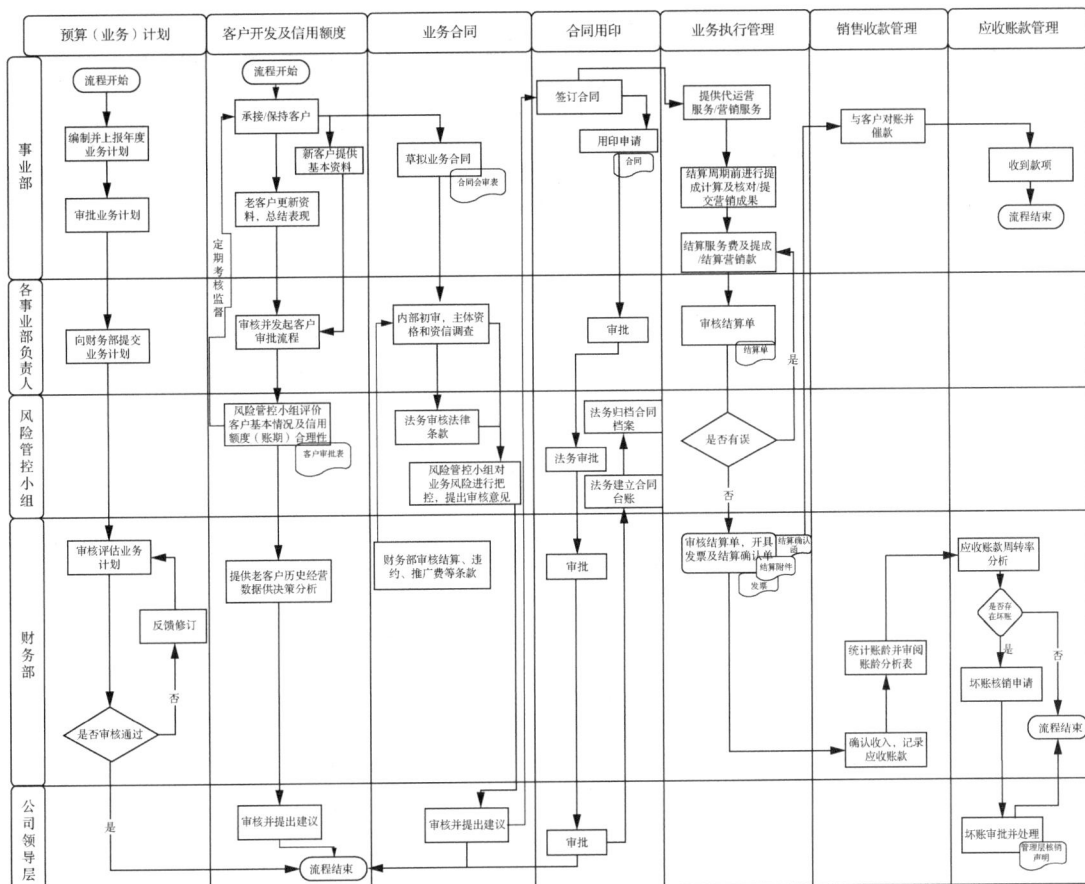

图 5-1　富华机械销售业务流程

表 5-1　　　　　　　　富华机械主要产品所在生命周期及预期市场份额增长率

产品	所在生命周期	预期市场份额增长率
面包片油炸机	导入期	20%
漂洗机	成熟期	5%
提升机	衰退期	0%
无锈宽网带传送机（机架可拆）	成熟期	5%
圆筒式撒粉机	成长期	10%
中级油油炸机（20#电）	成熟期	5%

2. 产品定价和报价

销售部向有购买意向的客户报价，报价系统基于产品定位，参考产品成本、市场同类产品价格制定价格，并根据不同订购量制定销售折扣标准。

3. 客户信用管理

富华机械对客户进行信用管理，设置了相关指标对客户进行信用评级（见表 5-2），并根据评级结果给予一定的信用额度及账期。通过对客户进行信用评级，富华机械可在兼顾销售效率的同时将账款回收风险降低至可接受水平。客户信用政策包括信用额度、信用标准（不同信用等级的客户所取得的具体信用额度、账期等）、账款回收等几个方面，如表 5-3 所示。

表 5-2 客户信用评级标准

一级评级指标	二级评级指标	评分标准
企业基本评价（10%）	公司经营资质（60%）	具备：10 分。不具备：0 分
	行业地位（5%）	市场占有率处于前三位：9 分。市场占有率处于前十位：7 分。有一定销售规模，但排名靠后：5 分。处于起步阶段：3 分
	企业关系持续期（10%）	与我司业务关系持续 5 年以上：9 分。持续 2~5 年：7 分。持续 6 个月~2 年：5 分。业务关系小于 6 个月：3 分
	业务关系强度（10%）	以本公司为主供应商：9 分。以本公司为次供应商：6 分。偶尔合作：3 分
	合作诚意度（15%）	合作态度好，愿意向本公司提供必要资料：9 分。合作态度一般，向其索要必要资料有一定难度：5 分。合作态度差，不愿向本公司提供必要资料：0 分
企业资本状况（10%）	注册资本（30%）	注册资本≥1 000 万元：9 分。500 万元≤注册资本＜1 000 万元：7 分。100 万元≤注册资本＜500 万元：5 分。注册资本＜100 万元：3 分
	年营业额（30%）	年营业额≥5 000 万元：9 分。1 000 万元≤年营业额＜5 000 万元：7 分。500 万元≤年营业额＜1 000 万元：5 分。年营业额＜500 万元：3 分
	营业额增长率（40%）	营业额增长率≥10%：9 分。5%≤营业额增长率＜10%：6 分。营业额增长率＜5%：3 分
企业管理能力（10%）	员工学历（30%）	硕士及以上学历人数占比≥50%：9 分。本科学历人数占比≥50%：6 分。专科学历人数占比≥50%：3 分。高中及以下学历人数占比≥50%：1 分
	员工人数规模（20%）	员工人数≥10 000 人：9 分。5 000 人≤员工人数＜10 000 人：7 分。1 000 人≤员工人数＜5 000 人：5 分。500 人≤员工人数＜1 000 人：3 分。员工人数＜500 人：1 分
	员工流动性（20%）	弱：9 分。中：6 分。强：3 分
	管理层水平及素质（30%）	工作 10 年以上且品德、管理素质好：9 分。工作 5 年以上且品德、管理素质一般：6 分。工作 3 年以上且品德、管理素质差：3 分
信用履约评价（40%）	企业信用公示情况（20%）	信用好且无信用不良记录：9 分。信用一般且有较少、金额小的违约记录：5 分。信用差且信用不良记录较多：1 分。存在强制执行且限制消费记录：0 分
	呆坏账次数（10%）	无呆坏账记录：10 分。有呆坏账记录：0 分
	逾期应收比率（15%）	0≤逾期应收比率＜10%：9 分。10%≤逾期应收比率＜20%：7 分。20%≤逾期应收比率＜30%：5 分。30%≤逾期应收比率＜40%：3 分。逾期应收比率≥40%：0 分
	逾期金额（10%）	0≤逾期金额＜10 万元：9 分。10 万元≤逾期金额＜40 万元：7 分。40 万元≤逾期金额＜70 万元：5 分。70 万元≤逾期金额＜100 万元：3 分。逾期金额≥100 万元：0 分
	逾期频次（15%）	0 次≤逾期频次＜3 次：9 分。3 次≤逾期频次＜5 次：7 分。5 次≤逾期频次＜7 次：5 分。7 次≤逾期频次＜10 次：3 分。逾期频次≥10 次：0 分
	账期（10%）	0 天≤账期＜10 天：9 分。10 天≤账期＜20 天：7 分。20 天≤账期＜30 天：5 分。30 天≤账期＜40 天：3 分。账期≥40 天：0 分
	付款能力（10%）	高：9 分。中：6 分。低：3 分
	贷款偿还期限（10%）	提前还款：9 分。按揭还款：6 分。拖欠：3 分
偿债能力评价（15%）	应收账款周转天数（30%）	0 天≤应收账款周转天数＜45 天：9 分。45 天≤应收账款周转天数＜90 天：6 分。应收账款周转天数≥90 天：3 分
	流动比率（40%）	流动比率≥200%：9 分。100%≤流动比率＜200%：6 分。流动比率＜100%：3 分
	资产负债率（30%）	资产负债率≤50%：9 分。50%＜资产负债率≤100%：7 分。100%＜资产负债率≤150%：5 分。资产负债率＞150%：3 分
盈利能力评价（15%）	销售毛利率（50%）	销售毛利率≥30%：9 分。10%≤销售毛利率＜30%：7 分。5%≤销售毛利率＜10%：5 分。销售毛利率＜5%：3 分
	销售净利率（50%）	销售净利率≥10%：9 分。5%≤销售净利率＜10%：6 分。0%≤销售净利率＜5%：3 分。销售净利率＜0%：0 分

表5-3　　　　　　　　　　　　　　　　客户信用政策

客户信用等级	评分范围	信用等级说明	信用额度/元	账期/天
AA	>9	信用极好,企业信用程度高,清偿能力与支付能力强	1 500 000	90
A	8(不包含)~9(包含)	信用优良,企业信用程度较高,有较强的清偿能力与支付能力	1 000 000	60
BB	7(不包含)~8(包含)	信用较好,企业信用程度良好,清偿能力与支付能力尚可	500 000	30
B	6(不包含)~7(包含)	信用一般,企业信用程度一般,有一定风险	200 000	10
CC	4(不包含)~6(包含)	信用欠佳,企业信用程度较低,清偿能力与支付能力欠佳,有一定偿债风险	50 000	3
C	≤4	信用较差,企业信用程度低,偿债能力较弱,尚有能力偿还债务	0	0

　　富华机械的销售部和财务部收集相关销售人员手中的资料,结合以往的交易情况对现有客户进行评级,按公司规定的信用政策执行一段时间,进行跟踪反馈后发现,仍有部分客户存在坏账情况,并且应收账款的回款率并未得到明显提升。经过对比发现,部分客户的实际履约情况,与其信用评级并不相符,深入调查发现销售人员还存在徇私行为。如某销售人员私下收受客户礼金,擅自更改客户信用等级,给予其更多的信用额度及更长的账期,最终该客户自身资金链断裂,无法偿还欠本公司的大量货款,导致公司利益受损。

　　4. 销售合同管理

　　在客户接受报价后,销售部根据协商内容拟定合同文本,相关部门及人员对合同内容审核无误后签订合同。根据签订的合同及要货需求接收客户订单并录入系统,相关人员需要对订单内容进行审核。订单被接收并审核无误后,由物流部安排发货。客户需要退货的,根据合同约定处理。财务部根据客户信息、合同及销售出库资料开具发票,并根据发货及账期对应收款项进行催收和管理。

　　富华机械关于销售合同规章制度的制定,虽然在理论上从各方面规避了风险,但却忽略了实际执行过程中的偏差性,与客户企业信息的不对等、公司内部信息传递不及时、销售人员个人因素等原因,都有可能使实际合同的管理无法按规定执行,最终导致公司利益受损。如在2021年1月,某客户与富华机械签订了购买15台面包片油炸机的合同,销售人员按规定给予16.21%的折扣,并和生产部、仓储部确定在交货日期前有充足库存可以满足这笔合同数量,同时由销售经理、财务部、法务部从各个角度审核通过了该笔合同。后来客户由于经营问题,取消了6台,销售人员按规定制成合同变更单记录了变更数量,但销售人员与客户私下达成交易,依旧让该客户享受了之前的销售折扣,由销售经理直接审批通过。月底财务人员在进行合同抽查复核时,发现了这一问题。

　　【思考】

　　1. 富华机械在销售活动过程中存在哪些风险?

　　2. 能够用哪些方法评估企业销售环节的风险?

第一节　销售业务概述

　　销售业务是指企业出售商品、提供劳务、收取货款等行为,是企业实现生产成果的活动,是企业实现盈利和资金周转的必要环节。企业的成长过程,在相当程度上就是不断加大销售力度、拓宽销售渠道、扩大市场占有率的过程。但企业的销售业务不是简单的交易过程,从收到客户订单、洽谈交易事宜、依据订单安排发货，再到货款的支付，其间可能发生退货和折让，也可能发生货款不能足额收回或不能及时收回等情况，导致企业持续经营受阻、难以为继。因此，销售业务的风险很大，企业需要加强销售业务的内部控制管理。

一、销售业务的主要流程

企业销售业务主要包括制订销售计划、客户开发与信用管理、销售定价、销售合同订立、销售发货、收款等环节，具体流程如图 5-2 所示。

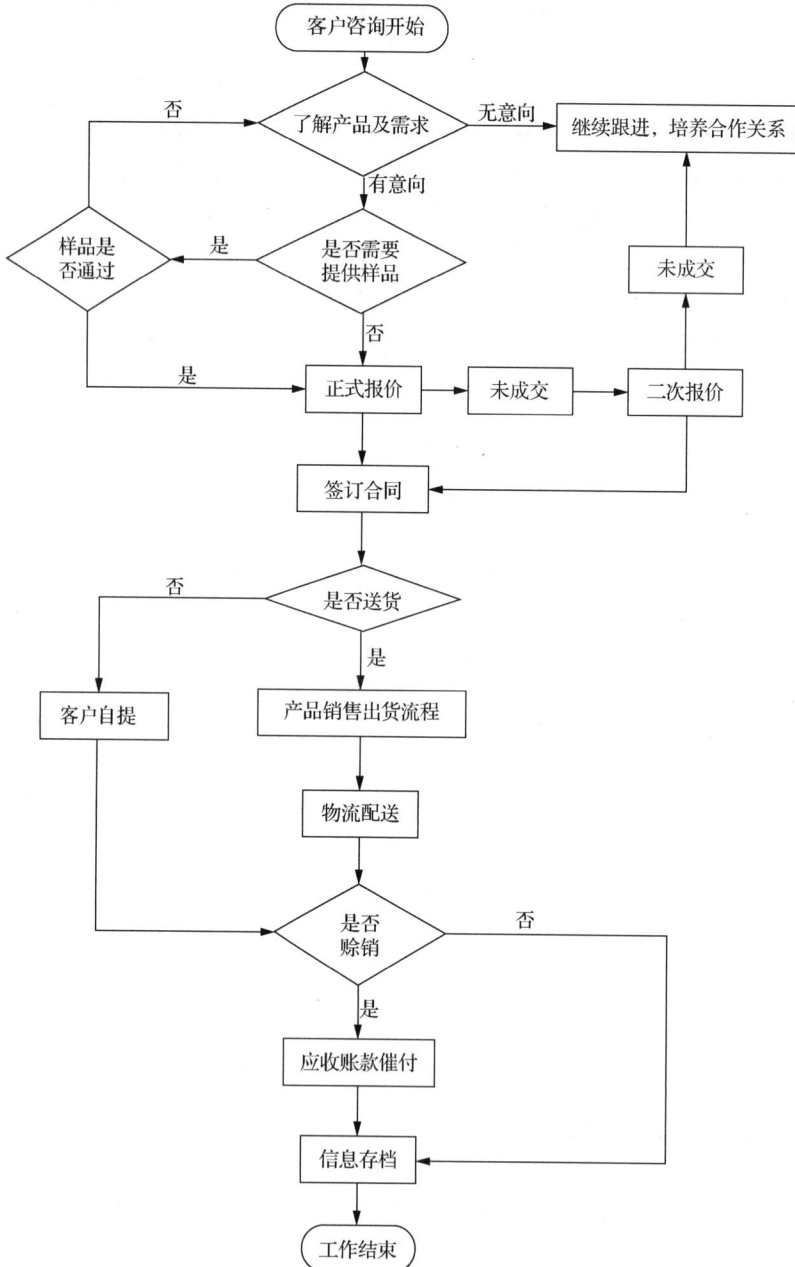

图 5-2　销售业务流程

1. 制订销售计划

公司销售部门应制订销售计划，明确销售目标，以促进公司销售收入及销售回款，做好销售费用的有效管理和控制。

2. 客户开发与信用管理

客户开发是销售的开始。为了促进销售、扩大销量，公司应加强客户的信用管理。对于信用较好的客户，可采取较为宽松的信用政策；对于信用较差或者现金流较差的客户，应采取较为保守的信用政策。信用政策的制定应既促进销售，又适度控制客户的赊销。

3. 销售定价

销售定价是公司销售业务的一个重要环节。销售价格的制定应结合市场行情、客户采购量、客户信用等因素，并经公司内部充分讨论、审核、审批。合理的定价策略，能促进销售收入和利润的增长；不合理的定价，可能造成存货积压，或者造成企业销量虽增加，利润却减少。

4. 销售合同订立

销售合同是销售业务发生的重要凭证。销售合同中的责任条款、交货期、质量验收、付款条件、退换货等重要条款均应经过严格的审核把关，以避免造成损失。

5. 销售发货

销售部门应当按照经批准的销售合同，开具相关销售通知单/发货通知单。销售通知单/发货通知单应详细注明货物名称、规格、型号、数量、客户名称、地址、联系方式等必要信息。发货通知单应经销售部门负责人审核，以确保与销售合同一致。

6. 收款

公司应加强销售的收款管理工作。一方面，严格按照合同条款收取款项，达到收款条件的，销售人员应提醒客户及时付款。另一方面，财务人员要及时与客户进行结算、对账，并催收欠款。对于客户付款不积极、拖欠货款的，应及时向公司相关领导汇报欠款情况，并建议暂缓发货。另外，当客户已达到或接近信用限额时，财务人员应及时提醒销售部及仓储管理人员，客户已达信用限额，在未接到财务人员"允许发货"的通知前，不得再向客户发货。

二、销售业务的内部控制目标

销售业务内部控制是指通过制定合理的销售制度和销售策略，以确保产品销售顺畅不积压，货款顺利回收，避免赊销款收不回来。

（一）业务目标

（1）保证销售业务均经审批。
（2）防止定价或调价不符合价格政策。
（3）防止现有客户管理不足、潜在市场需求开发不够，导致客户丢失或市场拓展不力。
（4）确保销售合同信息完整、内容合规。
（5）保证销货退回能正确处理。

（二）财务目标

（1）保证销售收入的真实性、完整性和会计处理的合理性。

（2）保证应收账款的真实性、可收回性及会计处理的合理性。

（3）保证应收票据的真实性、合法性、完整性及会计处理的合理性。

（4）保证应收账款收回货币资金的完整性及相关处理的及时性、合理性。

（5）保证坏账准备提取的充分性及坏账处理的合理性。

（三）合规性目标

（1）确保销售合同或协议符合国家法律法规的要求，按规定流程和有效授权进行，实现销售目标。

（2）建立健全合规管理体系，助力企业内部控制制度落地，确保销售经营管理活动符合现有法律法规的要求。

三、销售业务的内部控制要求

企业要设置合理的销售流程，明确各流程不同岗位的职责，规范各流程的行为。

（1）建立并完善销售管理制度，从制度上规范销售全过程的管理，包括销售定价策略、销售信用政策、销售收款考核、销售费用控制、客户管理等环节。

（2）明确销售各业务环节人员的职责，确保不相容岗位相分离。

（3）制订合理的营销计划，通过目标管理，实现营销收入和费用的有效管控。

（4）加强对发货的管理和控制，确保所有销售发货通知单都已签订合同/协议，并经审核通过，符合销售政策且相关领导已审批同意。

（5）合理控制销售费用，避免因过于严苛影响销售业务的开展，也避免过于宽松造成销售费用失控。

（6）加大销售对账和催收的考核力度，及时核对和回收销售款项。

（7）加强销售审计监督，及时发现存在或潜在的风险，以减小风险损失。

第二节　风险分析

在企业的销售活动中，可能因为销售计划不合理、产品定价或报价不合理、客户信用管理不善、销售合同审核不严等问题，导致产品结构和生产安排不合理，难以实现企业生产经营的良性循环。

一、风险识别

（一）销售计划的风险

一般来说，在销量预测中常用的定性预测方法主要有高级经理意见法、销售人员意见法、购买者期望法和德尔菲法等，定量预测方法主要有时间序列分析法、回归分析法等。

【课堂讨论】

① 为什么销量预测不准会是富华机械面临的一大问题？

② 销量预测不准会给企业带来哪些风险？如何提高销售预测的准确性？

1. 计划销量与预测销量偏离度

该指标旨在判断计划销量偏离基于大数据技术预测的销量的程度。

计划销量与预测销量偏离度（Y）＝（计划销量－预测销量）/预测销量×100%

计划销量与预测销量偏离度预警如表 5-4 所示。

表 5-4　　　　　　　　　　　　　计划销量与预测销量偏离度预警

评分	1分	2分	3分	4分	5分
指标值（Y）	$-5\% \leqslant Y \leqslant 5\%$	$5\% < Y \leqslant 10\%$或 $-10\% \leqslant Y < -5\%$	$10\% < Y \leqslant 20\%$或 $-20\% \leqslant Y < -10\%$	$20\% < Y \leqslant 30\%$或 $-30\% \leqslant Y < -20\%$	$Y > 30\%$或 $Y < -30\%$
预警级别	绿色预警	蓝色预警	黄色预警	橙色预警	红色预警
计划销量偏离预测销量的程度	不严重	略严重	较严重	严重	很严重

2. 计划销量与最大产能偏离度

该指标用于判断计划销量偏离企业最大生产能力的程度。

计划销量与最大产能偏离度（Y）＝（计划销量－最大生产量－库存量）/（最大生产量＋库存量）×100%

计划销量与最大产能偏离度预警如表 5-5 所示。

表 5-5　　　　　　　　　　　　　计划销量与最大产能偏离度预警

评分	1分	2分	3分	4分	5分
指标值（Y）	$-5\% \leqslant Y \leqslant 5\%$	$5\% < Y \leqslant 10\%$或 $-10\% \leqslant Y < -5\%$	$10\% < Y \leqslant 20\%$或 $-20\% \leqslant Y < -10\%$	$20\% < Y \leqslant 30\%$或 $-30\% \leqslant Y < -20\%$	$Y > 30\%$或 $Y < -30\%$
预警级别	绿色预警	蓝色预警	黄色预警	橙色预警	红色预警
计划销量偏离最大产能的程度	不严重	略严重	较严重	严重	很严重

（二）产品定价和报价的风险

影响定价的因素主要有产品成本、市场需求、同类产品的价格、产品定位。常见的定价策略主要有新产品定价、折扣定价、地区定价、心理定价、差别定价、组合定价。

报价是销售过程中至关重要的一个环节，报价报得好，可能直接促成整个交易。企业常用的报价方法主要有顺向报价方法、逆向报价方法、先报价方法和尾数报价方法。其中，顺向报价方法是一种传统的报价方法，即卖方首先报出最高价格或买方报出最低价格。这种报价方法，价格中的虚报成分一般较多，为买卖双方的进一步磋商留下了空间。逆向报价方法是一种反传统的报价方法，具体做法是，卖方首先报出低价或买方报出高价，以达到吸引客户或引发卖方谈判兴趣的目的，然后再从其他交易条件寻找突破口，逐步抬高或压低价格，最终在预期价位成交。先报价方法是指争取己方首先报价。这种报价方法使己方掌握主动，为双方提供了一个价格谈判范围。如当买方先报出低价时，则双方的预期成交价格在买方价格与卖方预期价格之间；相反，当卖方先报出高价时，双方的预期成交价格则会在卖方所报价格与买方预期价格之间。尾数报价方法即利用具有某种特殊意义的尾数或人们的心理尾数定价，尽量避免整数报价。

为防止销售人员为完成业绩而进行低价多销、恶意低价竞争等，影响企业利润和正常经营，企业需要定期抽查各销售人员的报价是否合规。若抽查样本存在不合规的情况，应进一步评估销售报价与销售政策价格偏离风险和影响。

【课堂讨论】

① 假如你是富华机械的财务人员，你会如何评估公司的产品定价风险和报价风险？

② 如何计算富华机械 2021 年下半年定价与历史平均售价、市场价格的偏离度？需要用到哪些数据？

③ 计算销售报价合规性的风险概率需要用到哪些数据？要评估销售报价风险，该如何计算报价不合规的销售报价单的损失金额？

1. 定价与同类产品市场价格偏离度

该指标用于判断产品定价偏离同类产品市场价格的程度。

定价与同类产品市场价格偏离度（Y）=（产品定价–市场同类产品价格）/市场同类产品价格×100%

定价与同类产品市场价格偏离度预警如表 5-6 所示。

表 5-6　　　　　　　　　定价与同类产品市场价格偏离度预警

评分	1分	2分	3分	4分	5分
指标值（Y）	$-5\% \leq Y \leq 5\%$	$5\% < Y \leq 10\%$或 $-10\% \leq Y < -5\%$	$10\% < Y \leq 15\%$或 $-15\% \leq Y < -10\%$	$15\% < Y \leq 20\%$或 $-20\% \leq Y < -15\%$	$Y > 20\%$或 $Y < -20\%$
预警级别	绿色预警	蓝色预警	黄色预警	橙色预警	红色预警
定价偏离同类产品市场价格的程度	不严重	略严重	较严重	严重	很严重

2. 销售报价与销售政策价格偏离风险

该指标用于判断销售人员每笔订单是否按照销售政策进行报价。

销售报价与销售政策价格偏离度（Y）=（每笔订单总报价–该笔订单销售政策总价）/该笔订单销售政策总价×100%

报价不低于销售折扣表中销售数量对应的价格，即销售人员报价时遵守了销售政策，为绿色预警。

报价低于销售折扣表中销售数量对应的价格，即销售人员报价时未遵守销售政策，销售报价不合规。相关公式如下。

销售政策单价=每个产品基准定价×（1–折扣率）

销售政策总价=销售政策单价×销售数量

3. 销售报价合规性的风险

（1）判断销售报价不合规事件的发生概率。

销售报价合规性的风险概率（Y）=报价不合规的报价单数量/销售报价单总数量×100%

销售报价合规性的风险概率预警如表 5-7 所示。

表 5-7　　　　　　　　　销售报价合规性的风险概率预警

评分	1分	2分	3分	4分	5分
指标值（Y）	$Y \leq 10\%$	$10\% < Y \leq 30\%$	$30\% < Y \leq 70\%$	$70\% < Y \leq 90\%$	$Y > 90\%$
预警级别	绿色预警	蓝色预警	黄色预警	橙色预警	红色预警
销售报价不合规事件的发生概率	一般不会发生	在极少情况下才发生	在某些情况下发生	在较多情况下发生	常常会发生

（2）判断销售报价不合规的损失金额对企业运行的影响。

销售报价合规性的风险影响（Y）=销售报价不合规的损失金额/该期间的税前利润×100%

销售报价合规性的风险影响预警如表5-8所示。

表5-8　　　　　　　　　　　　　销售报价合规性的风险影响预警

评分	1分	2分	3分	4分	5分
指标值（Y）	$Y \leq 1\%$	$1\% < Y \leq 5\%$	$5\% < Y \leq 10\%$	$10\% < Y \leq 20\%$	$Y > 20\%$
预警级别	绿色预警	蓝色预警	黄色预警	橙色预警	红色预警
销售报价不合规的损失金额对企业运行的影响	基本无影响	有轻度影响	有中度影响	有严重影响	有重大影响

（三）客户信用管理的风险

客户信用管理风险是指客户因为违约而导致产生损失的可能性，或者因评级变动和履约能力变化导致其偿债能力变化而产生损失的可能性。风险一旦发生，企业必将因为未能得到预期的收益而承担财务上的损失。

【课堂讨论】

① 客户信用评级需要从哪些方面对客户进行综合评价和信用等级确定？常用的方法有哪些？

② 富华机械对客户的信用管理为什么没有达到很好的效果？在制定相关制度标准、实际执行过程中可能存在哪些问题？可以采取哪些解决措施？

③ 根据导入案例的客户信用评级标准（见表5-2），思考客户信用评级的二级评级指标数据该如何获取？除此之外，还有哪些指标可以衡量客户信用等级？

1. 客户信用管理的风险概率

该指标通过信用等级、信用额度、账期不准确的客户数占客户总数的比例判断客户信用管理风险的发生概率。

信用等级、信用额度、账期不准确的客户数占客户总数的比例（Y）

=（信用等级、信用额度、账期不准确的客户数）/客户总数×100%

客户信用管理的风险概率预警如表5-9所示。

表5-9　　　　　　　　　　　　　客户信用管理的风险概率预警

评分	1分	2分	3分	4分	5分
指标值（Y）	$Y \leq 10\%$	$10\% < Y \leq 30\%$	$30\% < Y \leq 70\%$	$70\% < Y \leq 90\%$	$Y > 90\%$
预警级别	绿色预警	蓝色预警	黄色预警	橙色预警	红色预警
客户信用管理风险的发生概率	一般不会发生	在极少情况下才发生	在某些情况下发生	在较多情况下发生	常常会发生

2. 客户信用管理的风险影响

该指标用于判断客户信用等级、信用额度、账期不准确的可能损失金额对企业运行的影响。

客户信用等级、信用额度、账期不准确的可能损失总金额占税前利润的比例（Y）

=（信息不准确的客户在正确信用等级下的信用额度-信息不准确的客户现有的信用额度）/税前利润×100%

客户信用管理的风险影响预警如表5-10所示。

表 5–10 　　　　　　　　　　　　客户信用管理的风险影响预警

评分	1分	2分	3分	4分	5分
指标值（Y）	$Y \leqslant 1\%$	$1\% < Y \leqslant 5\%$	$5\% < Y \leqslant 10\%$	$10\% < Y \leqslant 20\%$	$Y > 20\%$
预警级别	绿色预警	蓝色预警	黄色预警	橙色预警	红色预警
客户信用管理风险对企业运行的影响	基本无影响	有轻度影响	有中度影响	有严重影响	有重大影响

（四）销售合同管理的风险

销售合同管理需要建立销售合同管理制度，明确销售合同的审批权限，规范销售合同的管理措施，规避合同条款风险。

【课堂讨论】

① 根据上述案例背景，如何评估公司的销售合同完整性风险？销售合同的信息不完整，可能会给公司带来哪些风险？

② 如何计算销售合同完整性的风险概率？如要计算风险概率，需要用到哪些数据？

③ 根据上述案例背景，如何评估公司的销售合同内容合规性风险？

④ 若从销售合同主体合规性、数量变更后折扣的合规性两个方面综合评估销售合同内容合规性风险，该如何计算两个指标的风险概率？需要用到哪些数据？

⑤ 若从销售合同主体合规性、数量变更后折扣的合规性两个方面综合评估销售合同内容合规性风险，该如何计算主体不合规合同的损失金额、折扣不合规合同的损失金额？需要用到哪些数据？

1. 销售合同信息完整性的风险

（1）判断销售合同信息不完整风险的发生概率。

信息不完整的合同数量占合同总数量的比例（Y）=信息不完整的合同数量/合同总数量×100%

销售合同信息完整性的风险概率预警如表 5-11 所示。

表 5–11 　　　　　　　　　　　　销售合同信息完整性的风险概率预警

评分	1分	2分	3分	4分	5分
指标值（Y）	$Y \leqslant 10\%$	$10\% < Y \leqslant 30\%$	$30\% < Y \leqslant 70\%$	$70\% < Y \leqslant 90\%$	$Y > 90\%$
预警级别	绿色预警	蓝色预警	黄色预警	橙色预警	红色预警
销售合同信息不完整事件的发生概率	一般不会发生	在极少情况下才发生	在某些情况下发生	在较多情况下发生	常常会发生

（2）判断信息不完整的销售合同金额对企业运行的影响。

销售合同信息完整性的风险影响（Y）=一定期间内信息不完整的合同总金额/一定期间的税前利润×100%

销售合同信息完整性的风险影响预警如表 5-12 所示。

表 5–12 　　　　　　　　　　　　销售合同信息完整性的风险影响预警

评分	1分	2分	3分	4分	5分
指标值（Y）	$Y \leqslant 1\%$	$1\% < Y \leqslant 5\%$	$5\% < Y \leqslant 10\%$	$10\% < Y \leqslant 20\%$	$Y > 20\%$
预警级别	绿色预警	蓝色预警	黄色预警	橙色预警	红色预警
销售合同信息不完整对企业运行的影响	基本无影响	有轻度影响	有中度影响	有严重影响	有重大影响

2. 销售合同内容合规性的风险

（1）判断销售合同主体不合规风险的发生概率。

主体不合规的合同数量占合同总数量的比例（Y）=主体不合规的合同数量/合同总数量×100%

销售合同主体合规性的风险概率预警如表 5-13 所示。

表 5-13　　　　　　　　　　　　销售合同主体合规性的风险概率预警

评分	1分	2分	3分	4分	5分
指标值（Y）	$Y \leq 10\%$	$10\% < Y \leq 30\%$	$30\% < Y \leq 70\%$	$70\% < Y \leq 90\%$	$Y > 90\%$
预警级别	绿色预警	蓝色预警	黄色预警	橙色预警	红色预警
销售合同主体不合规事件的发生概率	一般不会发生	极少情况下才发生	在某些情况下发生	在较多情况下发生	常常会发生

（2）判断销售合同数量变更后折扣不合规风险的发生概率。

销售数量变更后折扣不合规的合同数量占合同总数量的比例（Y）=销售数量变更后折扣不合规的合同数量/合同总数量×100%

销售合同折扣合规性的风险概率预警如表 5-14 所示。

表 5-14　　　　　　　　　　　　销售合同折扣合规性的风险概率预警

评分	1分	2分	3分	4分	5分
指标值（Y）	$Y \leq 10\%$	$10\% < Y \leq 30\%$	$30\% < Y \leq 70\%$	$70\% < Y \leq 90\%$	$Y > 90\%$
预警级别	绿色预警	蓝色预警	黄色预警	橙色预警	红色预警
销售合同销售数量变更后折扣不合规事件的发生概率	一般不会发生	在极少情况下才发生	在某些情况下发生	在较多情况下发生	常常会发生

（3）计算主体不合规、销售数量变更后折扣不合规的销售合同金额总数对企业运行的影响，以此来判断销售合同内容合规性的风险影响。

销售合同内容合规性的风险影响（Y）=（主体不合规、销售数量变更后折扣不合规的销售合同总金额）/税前利润×100%

销售合同内容合规性的风险影响预警如表 5-15 所示。

表 5-15　　　　　　　　　　　　销售合同内容合规性的风险影响预警

评分	1分	2分	3分	4分	5分
指标值（Y）	$Y \leq 1\%$	$1\% < Y \leq 5\%$	$5\% < Y \leq 10\%$	$10\% < Y \leq 20\%$	$Y > 20\%$
预警级别	绿色预警	蓝色预警	黄色预警	橙色预警	红色预警
主体不合规和销售数量变更后折扣不合规的销售合同金额对企业运行的影响	基本无影响	有轻度影响	有中度影响	有严重影响	有重大影响

二、风险评估

结合上述风险识别模型，下面将对富华机械销售业务中销售计划、产品定价和报价、客户信用管理、销售合同管理的风险进行评估分析。

（一）评估过程

本书将依托金蝶云星空教学版软件中的轻分析平台对富华机械销售业务中可能涉及的风险事项进行评估。

应用实践 1

分析富华机械 2021 年下半年的预计广告投放次数、线下市场活动次数、退货率以及各产品市场需求量信息，计算 2021 年下半年各产品的计划销量与预测销量的偏离度。

【操作过程】

第一步，对历史数据进行清洗处理。

第二步，利用线性回归技术分析市场需求量、广告投放次数、线下市场活动次数、退货率等因素对销量的影响，建立关联模型，预测 2021 年下半年各月的销量。

第三步，做出各产品计划销量与预测销量偏离度预警图。

（1）在轻分析平台执行相关操作，得到面包片油炸机计划销量与预测销量的偏离度为-7.04%，如图 5-3 所示，表示面包片油炸机的计划销量偏离预测销量略严重。

图 5-3　面包片油炸机的计划销量与预测销量的偏离度

（2）使用同样的方法，可得到漂洗机计划销量与预测销量的偏离度为-16.12%，如图 5-4 所示，表示漂洗机的计划销量偏离预测销量的情况较严重。

图 5-4　漂洗机的计划销量与预测销量的偏离度

（3）得到提升机计划销量与预测销量的偏离度为-1.80%，如图 5-5 所示，表示提升机的计划销量偏离预测销量的情况不严重。

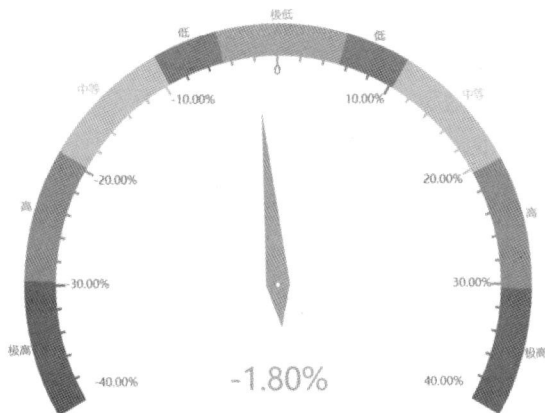

图 5-5　提升机的计划销量与预测销量的偏离度

（4）得到无锈宽网带传送机计划销量与预测销量的偏离度为 0.82%，如图 5-6 所示，表示无锈宽网带传送机的计划销量偏离预测销量的情况不严重。

图 5-6　无锈宽网带传送机的计划销量与预测销量的偏离度

（5）得到圆筒式撒粉机计划销量与预测销量的偏离度为 22.45%，如图 5-7 所示，表示圆筒式撒粉机的计划销量偏离预测销量的情况严重。

图 5-7　圆筒式撒粉机的计划销量与预测销量的偏离度

（6）得到中级油油炸机计划销量与预测销量的偏离度为-23.06%，如图 5-8 所示，表示中级油油炸机的计划销量偏离预测销量的情况严重。

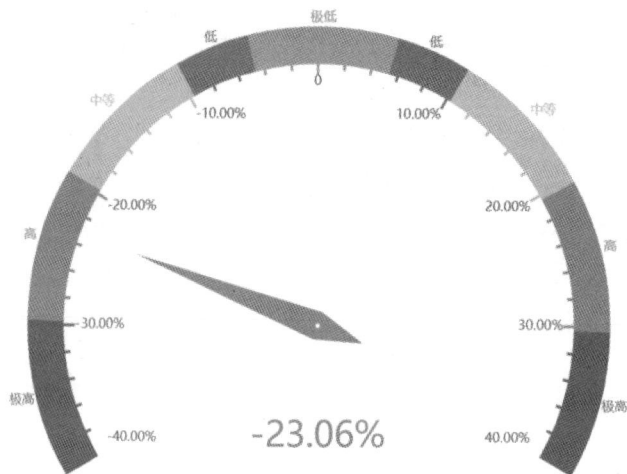

图 5-8　中级油油炸机的计划销量与预测销量的偏离度

应用实践 2

根据富华机械下半年的预计广告投放次数、线下市场活动次数、退货率以及各产品市场需求量信息，分析 2021 年下半年各产品的计划销量与最大产能的偏离度。

【操作过程】

（1）在轻分析平台执行相关操作，得到面包片油炸机计划销量与最大产能的偏离度为-12.66%，如图 5-9 所示，表示面包片油炸机的计划销量偏离企业最大产能的情况较严重。

图 5-9　面包片油炸机的计划销量与最大产能的偏离度

（2）使用同样的方法，得到漂洗机计划销量与最大产能的偏离度为-8.00%，如图 5-10 所示，表示漂洗机的计划销量偏离企业最大产能的情况略严重。

（3）得到提升机计划销量与最大产能的偏离度为-11.46%，如图 5-11 所示，表示提升机的计划销量偏离企业最大产能的情况较严重。

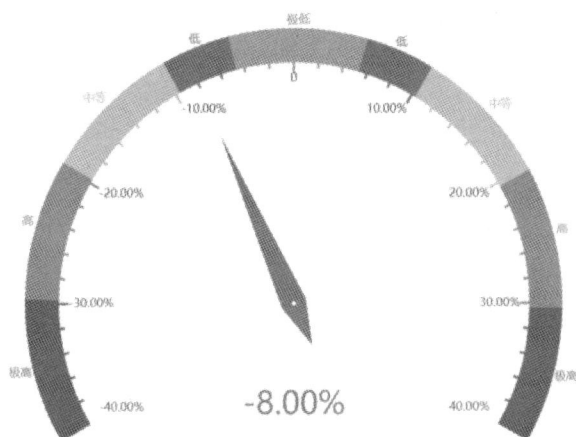

图 5-10 漂洗机的计划销量与最大产能的偏离度

图 5-11 提升机的计划销量与最大产能的偏离度

（4）得到无锈宽网带传送机计划销量与最大产能的偏离度为-8.07%，如图 5-12 所示，表示无锈宽网带传送机的计划销量偏离企业最大产能的情况略严重。

图 5-12 无锈宽网带传送机的计划销量与最大产能的偏离度

（5）得到圆筒式撒粉机计划销量与最大产能的偏离度为-2.51%，如图 5-13 所示，表示圆筒式撒粉机的计划销量偏离企业最大产能的情况不严重。

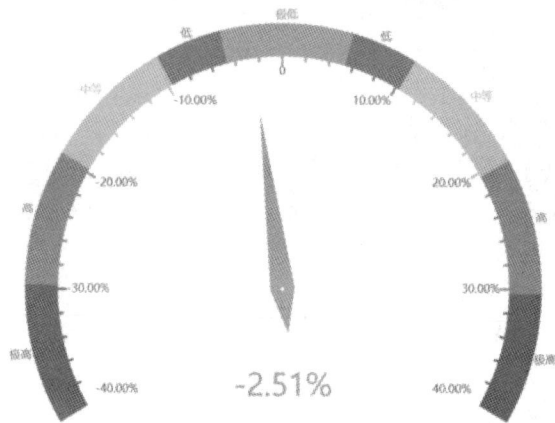

图 5-13　圆筒式撒粉机的计划销量与最大产能的偏离度

（6）得到中级油油炸机计划销量与最大产能的偏离度为-3.23%，如图 5-14 所示，表示中级油油炸机的计划销量偏离企业最大产能的情况不严重。

图 5-14　中级油油炸机的计划销量与最大产能的偏离度

应用实践 3

根据各产品的计划销量与预测销量偏离度、计划销量与最大产能偏离度数据，综合评估 2021年下半年销售计划的风险。

【操作过程】

计划销量与预测销量偏离度对销售计划风险的影响占 60%，计划销量与最大产能偏离度对销售计划风险的影响占 40%。最终以所有产品销售计划风险得分的平均数，作为评估富华机械 2021年下半年销售计划风险的依据，具体评估标准如表 5-16 所示。

表 5-16　　　　　　富华机械 2021 年下半年销售计划风险评估标准

综合评分（X）	$1 \leqslant X < 2$	$2 \leqslant X < 4$	$4 \leqslant X < 5$
风险等级	低	中	高

根据应用实践1、应用实践2的结果，以及上述权重设定，可得风险评估得分，如表5-17所示。

表5-17　　　　　　　富华机械2021年下半年销售计划风险评估得分

风险点	指标	数据结果	风险指标评分	影响权重	风险评估综合得分
面包片油炸机销售计划风险	计划销量与预测销量的偏离度	-7.04%	2分	60%	2.4分
	计划销量与最大产能的偏离度	-12.66%	3分	40%	
漂洗机销售计划风险	计划销量与预测销量的偏离度	-16.12%	3分	60%	2.6分
	计划销量与最大产能的偏离度	-8.00%	2分	40%	
提升机销售计划风险	计划销量与预测销量的偏离度	-1.80%	1分	60%	1.8分
	计划销量与最大产能的偏离度	-11.46%	3分	40%	
无锈宽网带传送机（机架可拆）销售计划风险	计划销量与预测销量的偏离度	0.82%	1分	60%	1.4分
	计划销量与最大产能的偏离度	-8.07%	2分	40%	
圆筒式撒粉机销售计划风险	计划销量与预测销量的偏离度	22.45%	4分	60%	2.8分
	计划销量与最大产能的偏离度	-2.51%	1分	40%	
中级油油炸机（20#电）销售计划风险	计划销量与预测销量的偏离度	-23.06%	4分	60%	2.8分
	计划销量与最大产能的偏离度	-3.23%	1分	40%	

根据上述计算结果及任务要求中富华机械对销售计划风险的评估标准，富华机械2021年下半年销售计划风险评估得分=（2.4+2.6+1.8+1.4+2.8+2.8）÷6=2.3（分），具有中风险。

应用实践4

要求分别在轻分析平台做出各产品2021年下半年定价与市场价格偏离风险的预警图。

【操作过程】

（1）在轻分析平台执行相关操作，得到面包片油炸机定价与同类产品市场价格的偏离度为0.29%，显示其定价风险级别为极低（如图5-15所示），表示面包片油炸机的定价与同类产品市场价格相比是合理的。

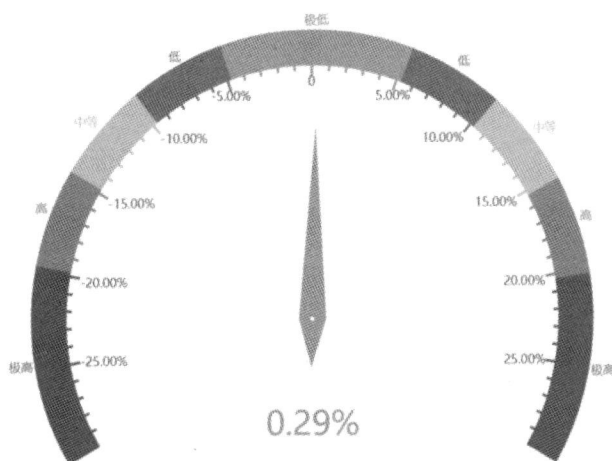

图5-15　面包片油炸机定价与同类产品市场价格的偏离度

（2）使用同样的方法，得到漂洗机定价与同类产品市场价格的偏离度为-11.02%，显示其定价风险级别为中等（如图5-16所示），表示漂洗机的定价偏离同类产品市场价格的情况较严重。

图5-16　漂洗机定价与同类产品市场价格的偏离度

（3）得到提升机定价与同类产品市场价格的偏离度为0.10%，显示其定价风险级别为极低（如图5-17所示），表示提升机的定价与同类产品市场价格相比是合理的。

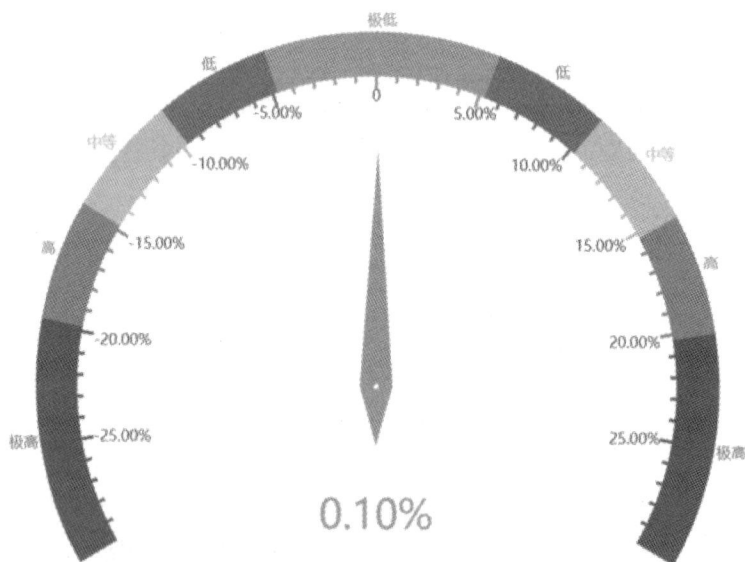

图5-17　提升机定价与同类产品市场价格的偏离度

（4）得到无锈宽网带传送机定价与同类产品市场价格的偏离度为0.04%，显示其定价风险级别为极低（如图5-18所示），表示无锈宽网带传送机的定价与同类产品市场价格相比是合理的。

图 5-18 无锈宽网带传送机的定价与同类产品市场价格的偏离度

（5）得到圆筒式撒粉机定价与同类产品市场价格的偏离度为 7.37%，显示其定价风险级别为低（如图 5-19 所示），表示圆筒式撒粉机的定价偏离同类产品市场价格的情况略严重。

图 5-19 圆筒式撒粉机定价与同类产品市场价格的偏离度

（6）得到中级油油炸机定价与同类产品市场价格的偏离度为-2.36%，显示其定价风险级别为极低（如图 5-20 所示），表示中级油油炸机的定价与同类产品市场价格相比是合理的。

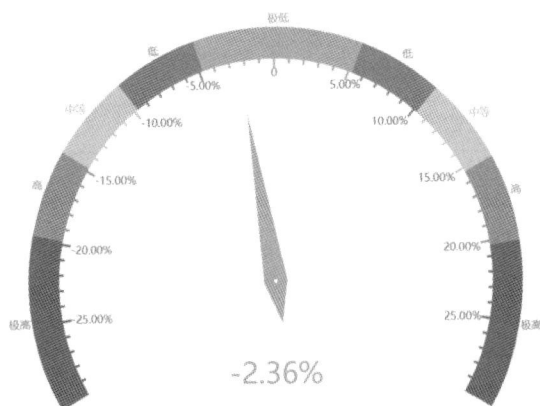

图 5-20 中级油油炸机定价与同类产品市场价格的偏离度

应用实践 5

2021 年 6 月底，销售部在进行业绩统计时发现，销售员王华的业绩完成情况居部门前列，但是进一步分析发现，王华的销售总金额排名处于部门中下位置，存在低价多销嫌疑，所以对王华当月的销售报价进行抽查，重点检查其对长期负责的大客户北京桃李食品公司、鸿泰食品公司、绿悠源食品公司的报价是否合规。

若抽查结果表明王华对其负责的大客户的报价与销售政策价格偏离较大，则须进一步评估王华 2021 年上半年整体报价的风险概率和影响。

$$风险概率 = （实际报价低于销售政策价格的单据数 ÷ 公司总报价单据数）× 100\%$$

$$风险影响 = （\sum |不合规报价单的实际总报价 - 不合规报价单的销售政策总价| ÷ 上半年度税前利润额）× 100\%$$

注：评估风险概率与影响的相关数据见本书配套案例数据"2021 年上半年销售报价情况-王华.xlsx"。

公司 2021 年产品定价和销售折扣信息分别如表 5-18 和表 5-19 所示。

表 5-18　　　　　　　　　　　　2021 年产品定价信息

产品编码	产品名称	计价单位	价格/元
7.30.MBQ	面包片油炸机	台	19 696.00
7.13.PX	漂洗机	台	21 960.00
7.27.02	提升机	台	20 640.00
7.07.01.DBWS200/60-B	无锈宽网带传送机（机架可拆）	台	23 100.00
7.08.DBTW78/80	圆筒式撒粉机	台	22 321.60
7.02.DBBZ100LD-JB-C	中级油油炸机（20#电）	台	16 374.00
8.10.ZKYZJ	真空油炸机	台	31 188.00

表 5-19　　　　　　　　　　　　2021 年销售折扣信息

产品名称	折扣依据	（折扣明细）从	（折扣明细）至	计算方式	折扣率
中级油油炸机（20#电）	数量折扣	2	5	折扣率	2.00%
无锈宽网带传送机（机架可拆）	数量折扣	2	5	折扣率	2.00%
圆筒式撒粉机	数量折扣	2	5	折扣率	2.00%
漂洗机	数量折扣	2	5	折扣率	2.00%
提升机	数量折扣	2	5	折扣率	2.00%
面包片油炸机	数量折扣	2	5	折扣率	2.00%
真空油炸机	数量折扣	2	5	折扣率	2.00%
中级油油炸机（20#电）	数量折扣	6	10	折扣率	6.90%
无锈宽网带传送机（机架可拆）	数量折扣	6	10	折扣率	6.90%
圆筒式撒粉机	数量折扣	6	10	折扣率	6.90%

续表

产品名称	折扣依据	（折扣明细）从	（折扣明细）至	计算方式	折扣率
漂洗机	数量折扣	6	10	折扣率	6.90%
提升机	数量折扣	6	10	折扣率	6.90%
面包片油炸机	数量折扣	6	10	折扣率	6.90%
真空油炸机	数量折扣	6	10	折扣率	6.90%
中级油油炸机（20＃电）	数量折扣	11	999 999	折扣率	16.21%
无锈宽网带传送机（机架可拆）	数量折扣	11	999 999	折扣率	16.21%
圆筒式撒粉机	数量折扣	11	999 999	折扣率	16.21%
漂洗机	数量折扣	11	999 999	折扣率	16.21%
提升机	数量折扣	11	999 999	折扣率	16.21%
面包片油炸机	数量折扣	11	999 999	折扣率	16.21%
真空油炸机	数量折扣	11	999 999	折扣率	16.21%

【操作过程】

（1）在轻分析平台执行相关操作，得到给北京桃李食品公司的实际报价与销售政策价格的偏离度为-26.19%，如图 5-21 所示。2021 年 6 月，王华给北京桃李食品公司的报价低于销售政策价格 26.19%，其报价存在较高风险。

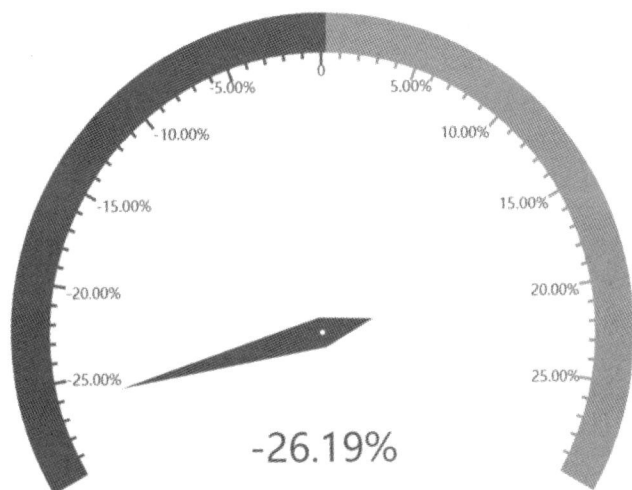

图 5-21　给北京桃李食品公司的实际报价与销售政策价格的偏离度

（2）使用同样的方法，得到给鸿泰食品公司的实际报价与销售政策价格的偏离度为-0.15%，如图 5-22 所示。2021 年 6 月，王华给鸿泰食品公司的报价低于销售政策价格 0.15%，表明其报价存在风险。

（3）得到给绿悠源食品公司的实际报价与销售政策价格的偏离度为-2.80%，如图 5-23 所示。2021 年 6 月，王华给绿悠源食品公司的报价低于销售政策价格 2.80%，表明其报价存在风险。

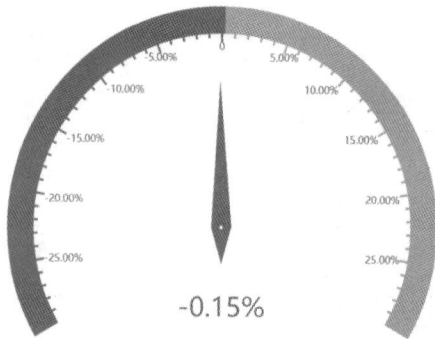

图 5-22　给鸿泰食品公司的实际报价与销售政策价格的偏离度

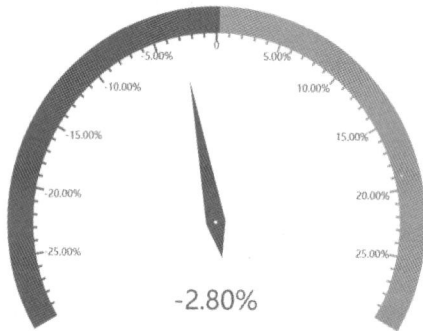

图 5-23　给绿悠源食品公司的实际报价与销售政策价格的偏离度

（4）从抽查结果看，王华给其负责的三个大客户 2021 年 6 月的产品报价均低于基准定价。根据公司规定，须进一步评估王华 2021 年上半年的报价风险概率与影响。

在“2021 年上半年销售报价情况-王华.xlsx”中直接计算或将数据导入轻分析平台，计算每单报价与销售政策价格偏离度、风险概率和风险影响（见图 5-24），最终可得王华 2021 年上半年报价存在风险的单数共 22 单，占 2021 年上半年公司报价总单数（569 单）的 3.87%；王华的不合规报价单实际总报价与销售政策总报价的差额共计 133 689 元，占上半年税前利润（11 000 000 元）的 1.22%。

I	J	K	L	M	N	O	P	Q	R
价税合计	基准价	折扣率	销售政策价格	销售政策价税合计	每单价税合计总额	每单销售政策价税合计总额	每单报价与销售政策价格偏离度	存在风险项	价格差额
67421.52	22321.60	2.00%	21875.17	65625.50	434734.08	423164.78	2.73%	0	0.00
116295.60	23100.00	2.00%	22638.00	113190.00					
66034.56	16374.00	2.00%	16046.52	64186.08					
59479.68	19696.00	2.00%	19302.08	57906.24					
88460.16	21960.00	2.00%	21520.80	86083.20	353185.76	343735.00	2.75%	0	0.00
99132.80	19696.00	2.00%	19302.08	96510.40					
82543.20	16374.00	2.00%	16046.52	80232.60					
83049.60	20640.00	2.00%	20227.20	80908.80					
79306.24	19696.00	2.00%	19302.08	77208.32	321737.44	313231.52	2.72%	0	0.00
66345.12	21960.00	2.00%	21520.80	64562.40					
83049.60	20640.00	2.00%	20227.20	80908.80					
93036.48	23100.00	2.00%	22638.00	90552.00					
149880.00	19696.00	6.90%	18336.98	146695.81	669954.08	655942.44	2.14%	0	0.00
103812.00	20640.00	2.00%	20227.20	101136.00					
116295.60	23100.00	2.00%	22638.00	113190.00					
169638.40	22321.60	6.90%	20781.41	166251.28					
22644.00	21960.00	0.00%	21960.00	21960.00					
107684.08	16374.00	6.90%	15244.19	106709.36					
103812.00	20640.00	2.00%	20227.20	101136.00	691602.68	685798.00	0.85%	0	0.00
148433.60	22321.60	6.90%	20781.41	145469.87					
93036.48	23100.00	2.00%	22638.00	90552.00					
187373.88	21960.00	6.90%	20444.76	184002.84					
158946.72	16374.00	16.21%	13719.77	164637.30					
16968.00	16374.00	0.00%	16374.00	16374.00	412105.36	400996.19	2.77%	0	0.00
89895.36	22321.60	2.00%	21875.17	87500.67					
116295.60	23100.00	2.00%	22638.00	113190.00					
88460.16	21960.00	2.00%	21520.80	86083.20					
21180.00	20640.00	0.00%	20640.00	20640.00					
79306.24	19696.00	2.00%	19302.08	77208.32					
				合计				22	133689.00
				风险概率				3.87%	
				风险影响					1.22%

图 5-24　评估结果

应用实践 6

根据风险评估模型，计算 2021 年上半年客户信用管理的风险概率，并做出预警图，得出 2021 年上半年客户信用管理风险评估结果。

【操作过程】

（1）基于收集好的客户信用评级指标数据（见本书配套案例数据"2021 年 6 月底最新客户信用评级数据.xlsx"，其中包括企业经营资质、资本状况、信用履约评价等信息），利用 K-means 聚类算法按六级评级标准对客户进行准确评级，得到的信用评级结果如图 5-25 所示。

	U	V	W	X	Y	Z
1	偿债能力评价-应收账款周转天数	偿债能力评价-流动比率	偿债能力评价-资产负债比率	盈利能力评价-销售毛利润	盈利能力评价-销售净利润	label
2	9	9	9	9	9	AA
3	6	6	7	7	6	B
4	9	9	9	9	9	A
5	9	9	9	9	9	A
6	9	9	9	9	9	A
7	9	9	9	9	9	A
8	9	9	9	7	6	BB
9	9	9	9	9	9	A
10	9	9	9	9	9	A
11	9	9	9	9	9	A
12	9	9	9	9	9	A

图 5-25 信用评级结果

（2）在轻分析平台执行相关操作，得到客户信用管理的风险概率预警图，如图 5-26 所示。2021 年 6 月底评估后得出信用管理信息不准确的客户数占总数的 8.33%。

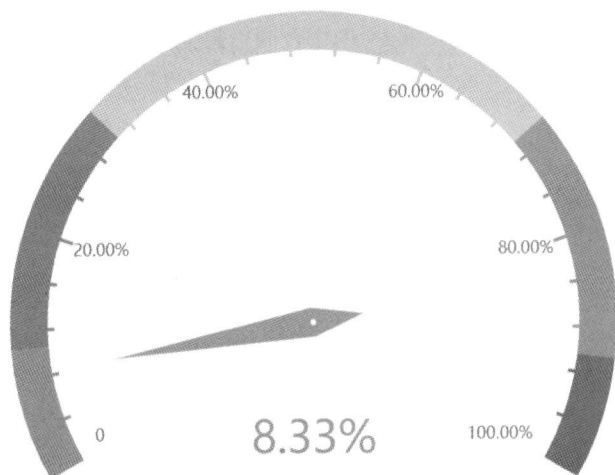

图 5-26 客户信用管理的风险概率

应用实践 7

根据风险评估模型，计算 2021 年上半年客户信用管理的风险影响，并做出预警图，得出 2021 年上半年客户信用管理风险评估结果。

【操作过程】

根据风险评估模型，客户信用管理的风险影响=|信息不准确的客户在正确信用等级下的信用额度-信息不准确的客户现有的信用额度|/2021 年上半年的税前利润×100%。在轻分析平台执行相

关操作，得到客户信用管理的风险影响预警图，如图 5-27 所示。2021 年 6 月底评估后得出信用管理信息不准确的客户可能损失的金额占上半年税前利润的 26.82%。

图 5-27　客户信用管理的风险影响

应用实践 8

请分别计算 2021 年 6 月信息不完整的销售合同数量、总金额，并进一步评估富华机械销售合同信息完整性的风险，包括风险概率和风险影响。

【操作过程】

（1）在轻分析平台执行相关操作，得到销售合同信息完整性的风险概率，如图 5-28 所示。2021 年 6 月信息不完整的合同数量占合同总数量的 4.82%，可判断销售合同信息不完整的事件一般不会发生。

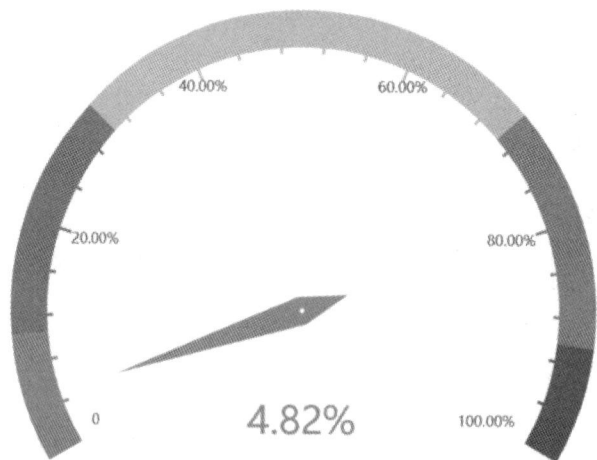

图 5-28　销售合同信息完整性的风险概率

（2）根据评估模型，销售合同信息完整性的风险影响=一定期间内信息不完整的合同总金额/一定期间的税前利润×100%。继续创建计算字段，得到销售合同完整性的风险影响，如图 5-29 所示。2021 年 6 月信息不完整的合同总金额占税前利润的 31.47%，可判断信息不完整的销售合同金额对企业运行有重大影响。

图 5-29　销售合同信息完整性的风险影响

（3）在轻分析平台执行相关操作，得到 2021 年 6 月签订销售合同的客户主体均合规，所以无须再计算不合规合同的损失金额。

应用实践 9

（1）分别计算 2021 年 6 月主体不合规的销售合同数量，以及 2021 年 6 月进行销售数量变更后折扣不合规的合同数量，并按评估模型进一步评估销售合同主体合规性、折扣合规性的风险概率。

（2）分别计算 2021 年 6 月主体不合规的销售合同总金额（若不合规数量为 0，则无须考虑风险影响），以及 2021 年 6 月进行销售数量变更后折扣不合规的合同总金额，并按评估模型进一步评估销售合同内容合规性的风险概率。

（3）结合上述信息和销售合同主体合规性、折扣合规性的风险评估结果，综合评估销售合同内容合规性风险。其中，销售合同内容合规性风险受合同主体合规性、折扣合规性两个指标影响，合同主体合规性的风险概率影响权重为 60%，折扣合规性的风险概率影响权重为40%。

销售合同内容合规性的风险概率=合同主体合规性风险概率评估得分×0.6+

销售数量变更后折扣合规性风险概率评估得分×0.4

销售合同内容合规性的风险影响=（主体不合规、销售数量变更后折扣不合规的销售合同

总金额）/税前利润（即 1 833 333.33 元）×100%

【操作过程】

（1）根据查询结果，已知 2021 年 6 月签订销售合同的客户主体均合规，其不合规的概率为 0，所以无须再计算不合规合同的损失金额。

（2）在轻分析平台执行相关操作，得到销售合同内容合规性的风险概率，如图 5-30 所示。折扣不合规的合同数量占合同总数的 1.20%，可判断销售合同信息不完整的事件一般不会发生。

图 5-30　销售合同内容合规性的风险概率

（3）使用同样的方法，得到销售合同内容合规性的风险影响，如图 5-31 所示。合同主体不合规和折扣不合规的合同总金额占税前利润的 0.08%，可判断合同主体和折扣不合规的合同总金额对企业基本无影响。

图 5-31　销售合同内容合规性的风险影响

（4）根据上述计算结果及富华机械的评估标准，销售合同主体合规性的风险概率得分为 1 分，销售合同折扣合规性的风险概率得分为 1 分，销售合同折扣合规性的风险影响得分为 1 分。由此计算得出销售合同内容合规性的风险概率得分为 1×0.6+1×0.4=1（分），风险影响得分为 1 分，落在低风险区域。可知销售合同完整性风险发生的可能性很小，风险影响也很小。

（二）评估结果

风险管控审计部和财务部根据前述评估过程汇总各风险指标的结果如表 5-20 所示。

表 5-20　　　　　　　　　　　　销售业务风险评价汇总

风险环节	风险事项			指标结果	风险评价
销售活动	销售计划	计划销量与预测销量偏离风险	面包片油炸机	-7.04%	偏离略严重
			漂洗机	-16.12%	偏离较严重
			提升机	-1.80%	偏离不严重
			无锈宽网带传送机（机架可拆）	0.82%	偏离不严重
			圆筒式撒粉机	22.45%	偏离严重
			中级油油炸机（20#电）	-23.06%	偏离严重
		计划销量与最大产能偏离风险	面包片油炸机	-12.66%	偏离较严重
			漂洗机	-8.00%	偏离略严重
			提升机	-11.46%	偏离较严重
			无锈宽网带传送机（机架可拆）	-8.07%	偏离略严重
			圆筒式撒粉机	-2.51%	偏离不严重
			中级油油炸机（20#电）	-3.23%	偏离不严重
		销售计划不合理的综合风险	面包片油炸机	2.4 分	中风险
			漂洗机	2.6 分	中风险
			提升机	1.8 分	低风险
			无锈宽网带传送机（机架可拆）	1.4 分	低风险
			圆筒式撒粉机	2.8 分	中风险
			中级油油炸机（20#电）	2.8 分	中风险
	产品定价和报价	定价与同类产品市场价格偏离风险	面包片油炸机	0.29%	偏离不严重
			漂洗机	-11.02%	偏离较严重
			提升机	0.10%	偏离不严重
			无锈宽网带传送机（机架可拆）	0.04%	偏离不严重
			圆筒式撒粉机	7.37%	偏离略严重
			中级油油炸机（20#电）	-2.36%	偏离不严重
		销售报价与销售政策价格偏离风险	北京桃李食品公司	-26.19%	存在较高风险
			鸿泰食品公司	-0.15%	存在风险
			绿悠源食品公司	-2.80%	存在风险
	客户信用管理	客户信用管理的风险概率		8.33%	一般不会发生
		客户信用管理的风险影响		26.82%	有重大影响
	销售合同管理	销售合同完整性的风险概率		4.82%	一般不会发生
		销售合同完整性的风险影响		31.47%	有重大影响
		销售合同内容合规性的风险概率		1.20%	一般不会发生
		销售合同内容合规性的风险影响		0.08%	基本无影响

第三节 风险应对

一、销售业务总体风险管控措施

企业销售的业务流程较多，风险发生的概率也比较大。针对其主要业务环节，概括总结几点管控措施，如表 5-21 所示。

表 5-21 企业销售业务环节主要管控措施

主要环节	主要管控措施
制订销售计划	应当根据发展战略和年度生产经营计划，结合企业实际情况制订年度销售计划，结合客户订单情况制订年度、月度销售计划，并按规定的权限和程序审批后执行。计划执行过程中，需要定期对各业务的销售计划与实际销售情况等进行分析，及时报请审批调整，避免造成决策失误
产品定价报价	应当在进行充分市场调查的基础上，合理细分市场并确定目标市场，根据不同目标群体的需求、定价机制、价格政策等，综合考虑企业财务目标、营销目标、成本、市场状况及竞争对手情况等多方面因素，确定产品基准定价，报批后予以执行，并定期测评价格的合理性以适时调整。 在执行基准定价的基础上，可进一步根据审批权限，制定销售折扣、销售折让等政策，以此授予销售部门一定限度的价格浮动权，以确保灵活运用销售折扣、销售折让、信用销售、代销和广告宣传等多种策略和营销方式，促进销售目标实现。但若涉及具体客户的销售折扣、销售折让授予的实际金额、数量、原因及对象，应予以正式记录备查
客户信用管理	企业销售部门应会同客户信用管理部门或财务部门等相关部门，根据客户档案情况以及交易记录等，共同完善客户分级，划定授信额度和期限等，并报批执行。如在合作过程中，需要对个别客户的信用等级和政策进行调整，需报批后予以调整
销售合同管理	应当建立健全销售合同订立及审批管理制度，明确必须签订合同的范围，规范合同订立程序，确定具体的审核、审批程序和所涉及的部门人员及相应权责。同时，应针对不同销售业务，由销售部门会同公司法务、财务等风险管控部门，制定销售合同模板，报批后使用。 销售部门在订立具体销售合同前，应当指定专门人员与客户进行业务洽谈、磋商或谈判，关注客户信用状况，明确销售定价、结算方式、权利与义务条款等相关内容。确定相应条件后，按照审批流程审批后方能签署合约。合同审批过程中，相关人员根据各自权责，对销售合同中提出的销售价格、信用政策、发货及收款方式等进行审核

二、中风险事项应对措施

（一）销售计划风险

富华机械销售业务风险评估结果显示，其 2021 年下半年的销售计划具有中风险，可以采用风险降低的应对策略，具体包括持续采用大数据技术科学准确地预测销量；定期进行销售计划执行分析；建立销售计划调整规范制度，能够合理准确地进行计划调整。销售计划风险的具体管控措施如下。

◆ 预警机制：在销售合同、订单签订等流程中嵌入自动风险预警判断点，自动识别实际销量与计划销量的偏离程度，做出预警，并制定后续风险预案，在源头处规避风险。

◆ 预算控制：完善销售预算管理制度，明确责任单位在预算管理中的职责权限，依据预测数据及企业生产能力对下属单位上报的销售计划进行审核，在流程关键节点中引入预算参考或决策依据。

◆ 分析/反馈：对销售计划执行情况进行跟踪记录，通过建立完善的分析及反馈机制，明确信息反馈的具体内容和接收环节，及时反馈风险及问题，避免其重复出现。

（二）客户信用管理风险

富华机械销售业务风险评估结果显示，某客户信用管理风险影响大，可以采用风险降低的处理策略，具体包括采用大数据算法准确地对客户进行信用评级；强化部门合作，加强客户资信调查；提升信用风险应变能力，及时跟踪客户的履约情况，一旦发现潜在的不良风险，则应采取有效策略，将企业损失降至最低。具体管控措施如下。

◆ 预警机制：可以在系统中设置预警指标，出现客户履约不及时等情况时设置预警提醒，呈现给相关人员。

◆ 组织优化：针对企业客户信用风险管理，应建立部门合作机制，形成全员参与的局面，同时成立信用管理部门，各司其职。特别是对销售部门与财务部门，应加强沟通，明确权责，通力合作。销售部门应转变以往重业绩、轻账款收回的状况，加强应收账款管理；财务部门应加强人才队伍建设，定期进行人员培训，更新财务人员的管理理念，规范业务操作，增强信用风险管理意识。

◆ 绩效/奖惩：确立客户信用奖惩机制，可针对不同客户的信用情况予以政策奖惩。

◆ 分析/反馈：定期对客户信用规则实际执行情况进行分析，警示客户履约的风险问题，并反馈给相关责任人。

巩固与提高

一、多选题

1. 销售业务应当关注的风险有（　　　）。
   A. 销售不畅　　　　B. 销售收款　　　　C. 销售舞弊　　　　D. 销售价格
2. 企业根据市场变化可以灵活应用的销售策略有（　　　）。
   A. 广告宣传　　　　B. 销售折扣　　　　C. 销售退回　　　　D. 销售折让
   E. 代销　　　　　　F. 信用销售

二、实践应用题

结合富华机械案例资料，对2021年上半年销售订单合规性风险进行分析。

三、案例分析题

刘某大学一毕业就应聘进入×公司，长期以来工作兢兢业业，从基层销售人员一直做到分公司经理。

2020年刘某借用亲戚的身份证注册成立了一家名叫"旭日"的空壳公司，通过旭日给采购人员输送利益。为了打破公司限制，刘某在公司的引入客户申请中虚构旭日拥有厂房价值约200万元、机器设备5台价值约300万元，将旭日包装成一家生产企业。同时，刘某利用自身职务便利，批准给予旭日货到30天付款的信用期限以及200万元信用额度。

成功将旭日引入后，刘某将×公司产品低价卖给旭日，再通过旭日将产品转卖给自己在×公司拓展的客户。赚取的差价一部分用于贿赂下游客户采购人员，一部分用于个人挥霍。欲望总是难填的，刘某开始不满足仅仅赚取一小部分差价。刘某将旭日在×公司的信用额度调增到2 000万元，信用期限也变成了货到120天付款。短短6年，旭日的生意规模从每年200万元迅速拓展到每年2 000万元，6年间旭日从×公司购买物料高达8 000万元。

有时旭日资金周转不灵，超期没有向×公司支付货款，刘某多次指示下属业务员申请特批出货，然后自己审批。在×公司，客户超期没有支付货款时，经常有业务员申请要求放货，财务部门负责信用管控的人员对此已见怪不怪。

刘某的上司何某在2022年年末收到信件，有人举报刘某开立公司倒卖×公司产品。而何某未重视旭日的经营情况，只简单询问刘某关于引入旭日购买×公司材料的经过，后续便不了了之。直至2024年年中，市场监督管理部门查到旭日利润率异常，反馈至×公司，在审计部门展开调查后，何某才转交自己收到的举报信。

经审计部门检查确认，×公司销售给旭日60%的产品均为负毛利销售，4年间，×公司损失近1000万元。

【思考】在此案例中，×公司需从哪些方面加强销售和收款的内部控制？

第六章
资金管理数智化控制

知识目标

1. 熟悉企业资金管理主要业务及流程
2. 了解数据挖掘的分析和应用

能力目标

1. 具备对筹资活动进行风险识别与分析的能力
2. 具备对营运活动进行风险识别与分析的能力
3. 具备对投资活动进行风险识别与分析的能力

素养目标

1. 培养资金管理风险意识
2. 养成严谨认真的工作态度

导入案例

富华机械资金管理业务内部控制与风险管理

富华机械每年编制资金计划，包括资金的筹集、营运和投资计划。富华机械管理层倾向于采用平衡型资产结构，即非流动资产的资金需求依靠长期资金满足，流动资产的资金需求依靠短期资金满足。富华机械的外部融资渠道主要有商业银行贷款、发行企业债券、现有股东新增出资以及引入新的外部投资者。富华机械的筹资业务流程如图6-1所示。

富华机械2022年预计的税前利润为2 500万元。2022年富华机械拟在四川投资新的生产基地，总投资额为2 000万元。通过对项目所在地的政策、环境等因素的分析，以及对证件办理、物资和施工采购招标进度的预估，预计的项目用款时间及概率如表6-1所示。

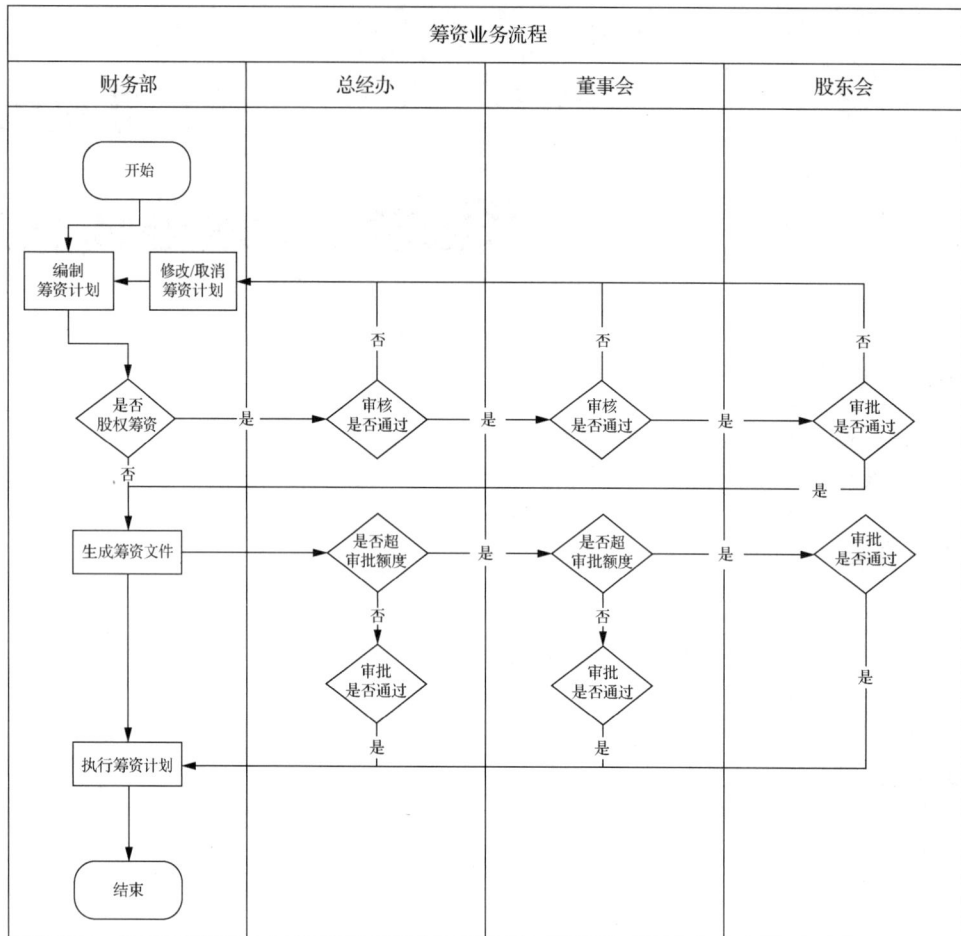

图 6-1　富华机械筹资业务流程

表 6-1　　　　　　　　　　　　　富华机械预计项目用款时间及概率

用款时间	概率
2022 年 5 月	30%
2022 年 6 月	55%
2022 年 7 月	15%

根据富华机械编制的 2022 年资金预算表，通过发行企业债券筹集资金，计划提交发债申请的时间为 2022 年 3 月。根据以往经验，预计收款时间及概率如表 6-2 所示。

表 6-2　　　　　　　　　　　　　富华机械预计收款时间及概率

收款时间	概率
2 个月	35%
3 个月	45%
4 个月	15%
5 个月	5%

如果上述项目资金出现延迟发放情况，预计发生的损失金额如表 6-3 所示。

表6-3　　　　　　　　　　　富华机械预计放款时间延迟的损失金额　　　　　　　　　　单位：元

放款延迟时间	损失金额
1个月	1 000 000
2个月	5 000 000
3个月	10 000 000

富华机械集团下辖12家子公司，实行账户集中管理。资金营运管理目标是通过"收支两条线"管理，加强对下属公司资金的监控，盘活企业存量资金，提高资金使用效率和使用效果，并降低资金运作成本和风险，保证资金安全。子公司的银行账户管理，需要区分收入账户和支出账户，收入账户的资金按时上划到集团账户。一般支出由集团公司按资金计划把资金下拨到子公司的支出账户，由子公司对外进行付款结算；超过标准的大额支出或计划外支出由子公司专门请款，由集团公司进行划拨。

富华机械资金营运管理的主要流程如下。

（1）银行账户管理流程如图6-2所示。

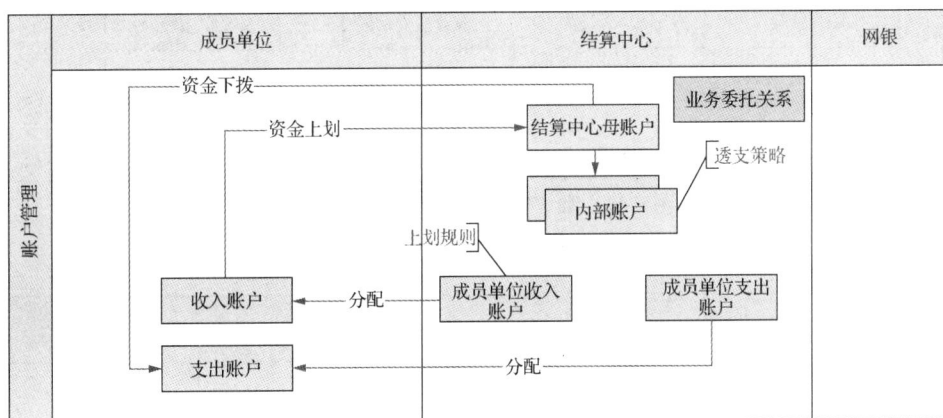

图6-2　富华机械银行账户管理流程

（2）资金的收款与上划流程如图6-3所示。

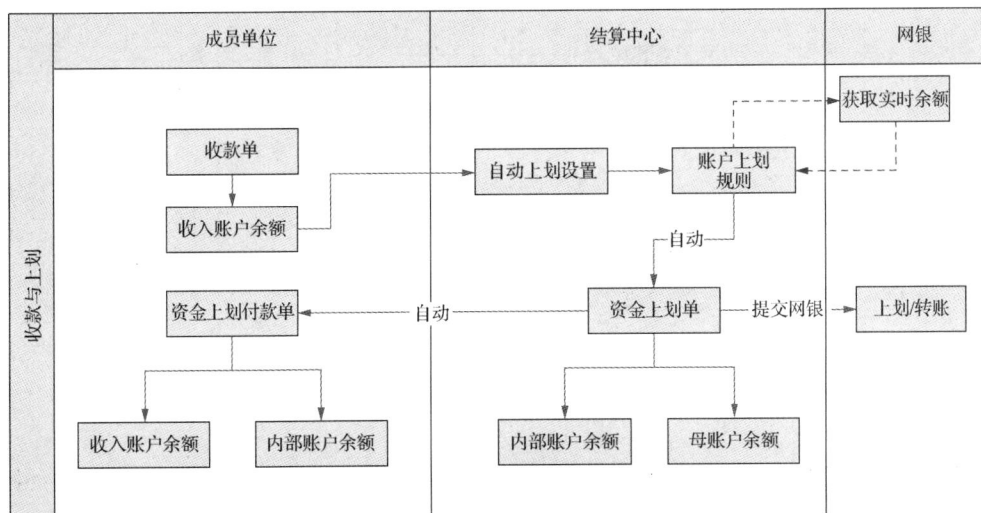

图6-3　富华机械资金收款与上划流程

（3）资金的下拨与付款流程如图 6-4 所示。

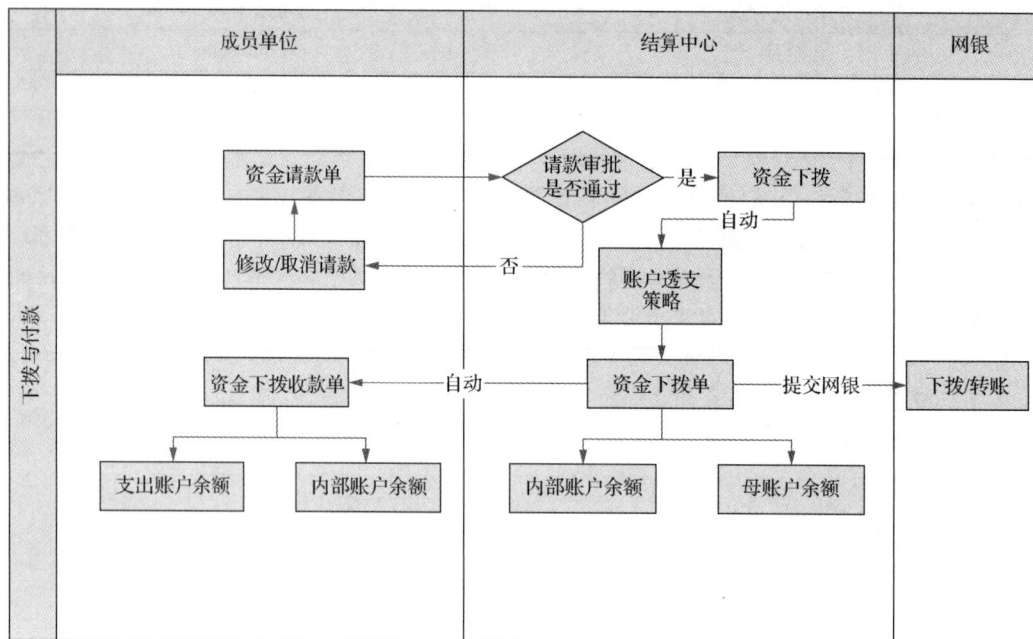

图 6-4　富华机械资金下拨与付款流程

（4）票据管理流程如图 6-5 所示。

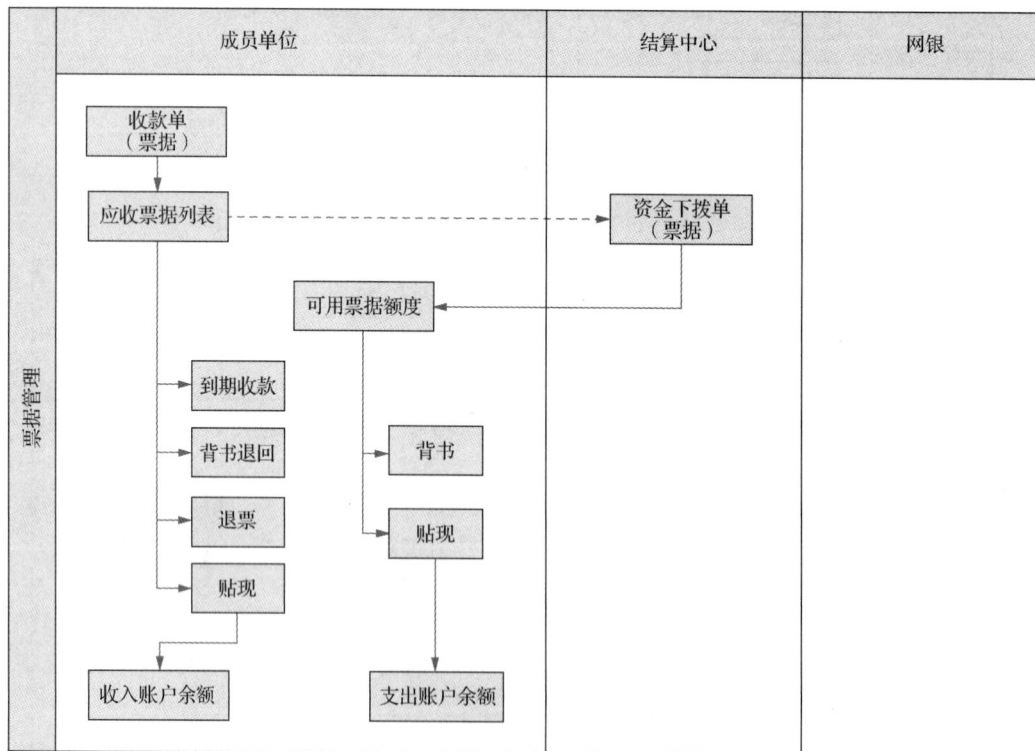

图 6-5　富华机械票据管理流程

富华机械主要的投资项目包括现有产品的生产基地建设、新产品生产线投入、外部公司的收购或参股等。另外，富华机械近期计划将一些短期的股票、基金等投资作为交易性金融资产。富华机械主要的投资项目均需要经过董事会审批，以确保与公司战略相匹配。

富华机械重要投资项目的主要流程节点如图6-6所示。

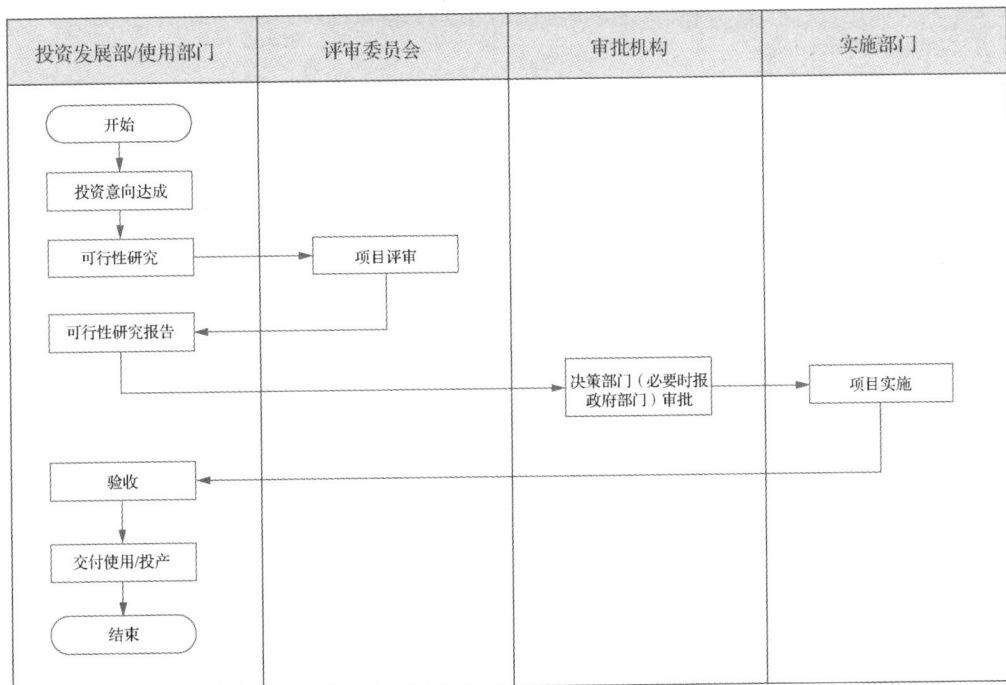

图6-6　富华机械投资项目流程

【思考】

1. 在对筹资活动进行风险识别时，需要收集哪些信息，可以从哪些地方获得这些信息？如何才能计算出投资资金延迟的发生概率？

2. 在对资金营运活动进行风险识别时，需要收集哪些信息，可以从哪些地方获得这些信息？

3. 在对资金投资活动进行风险识别时，需要收集哪些信息，可以从哪些地方获得这些信息？

第一节　资金管理活动概述

资金就是企业的血液，做好资金管理事关企业生存死亡。企业资金管理，管的就是三个活动：筹资活动、营运活动和投资活动。其中，筹资是通过一定渠道、采取适当方式筹措资金的财务活动，是企业资金活动的起点，也是企业整个经营活动的基础。投资是货币转化为资本的过程，是筹资活动的延续，也是筹资的重要目的之一。

在具体执行过程中，主要抓好两个端口：现金流入、现金流出。每一个端口又主要遵循三个原则：安全、流动、获利。

一、资金管理活动的主要流程

资金管理活动内部控制设计的基本程序包括以下内容：确定资金管理活动关键控制点；明确

资金管理活动控制目标；提出资金管理活动控制措施；设计资金管理活动控制证据；完善资金管理活动相关制度；绘制资金管理活动控制流程图；编制资金管理活动控制矩阵。

资金管理活动控制要点涉及资金管理活动业务的全过程，实际工作中应重点对关键控制点进行控制。资金管理活动的关键控制点，应根据资金管理活动风险评估的结果，结合企业具体情况来确定。实际操作中，资金管理活动关键控制点要分别从筹资活动、营运活动、投资活动等具体业务流程和管理环节中确定。

（1）确定筹资活动关键控制点。筹资活动内部控制内容包括筹资业务活动的全过程，内部控制关键是对末级流程的控制，并将控制嵌入业务流程之中。一般来说，企业在建立与实施筹资活动内部控制时，至少应当强化筹资决策控制、筹资执行控制、筹资监控控制。拟定筹资方案、论证筹资方案、审批筹资方案、签订筹资协议、使用筹集的资金、支付利息或股利为筹资活动关键控制点。

（2）确定营运活动关键控制点。协调资金需求、综合平衡资金、协调资金调度、会计系统控制为营运活动关键控制点。当然，营运活动内部控制内容及其关键控制点因企业的不同而不同，要与具体企业营运业务相结合。

（3）确定投资活动关键控制点。一般来说，企业在建立与实施投资活动内部控制时，至少应强化投资决策控制、投资实施控制、投资收回或处置控制、投资监督控制等。拟定投资方案、论证投资方案、审批投资方案、签订投资协议、跟踪管理投资项目、进行投资项目会计系统控制、投资收回或处置控制为投资活动关键控制点。

二、资金管理活动的内部控制目标

（一）筹资活动的内部控制目标

筹资活动的业务目标主要包括：保证筹措企业生产经营和发展所需的资金；保证筹资活动的审批与办理程序明确合理；建立职责分工、权限划分明确、人员配备合理的组织管理体系；保证资金安全与合理使用，按合同规定偿还企业的债务。

筹资活动的财务目标主要包括：保证筹资核算真实、准确、完整；建立筹资决策、执行与偿付控制体系；保持合理的负债水平和负债结构，降低筹资成本；保证筹资信息的披露准确可靠。

（二）营运活动的内部控制目标

资金营运活动的内部控制目标主要包括：保证营运活动合法、安全、完整、有效、可靠，从而有效控制因资金调度不合理、营运不畅可能导致的企业陷入财务困境或产生资金冗余，以及因资金活动管控不严可能导致的资金被挪用、侵占、抽逃或遭受欺诈等方面的风险。

（三）投资活动的内部控制目标

投资活动的内部控制目标主要包括：维护对外投资资产的安全完整；确保投资法规和内部规章制度的执行；保证对外投资在报表中合理反映。

三、资金管理活动的内部控制要求

资金管理作为企业运营的核心环节，其内部控制要求至关重要。它不仅关乎企业的生存和发展，更直接影响企业的经济效益和市场竞争力。

（一）资金的安全管理

对企业而言，资金管理的首要任务就是确保资金的安全。资金安全是企业稳定运营的基础，也是企业持续发展的前提。因此，企业应采取有效措施，防止资金流失和损失。这包括但不限于建立健全的内部控制体系，加强资金监管，规范操作流程，提高员工资金安全意识，建立完善的资金风险管理机制，及时发现和应对潜在的资金风险，确保企业资金安全。

（二）资金的收益管理

资金是企业运营的重要资源，只有将其有效利用起来，才能创造更多的价值。因此，企业应根据自身的经营特点和市场环境，制定合理的投资策略，提高资金的使用效率，并加强资金的风险管理，避免盲目投资和过度冒险，确保资金收益的稳定性和可持续性。

（三）资金的效率管理

提高资金使用效率是企业资金管理的重要目标之一。通过优化资金配置，加快资金周转速度，企业可以提高自身的经营效率和市场竞争力。企业应采取多种措施进行资金的效率管理，如加强资金预算管理、优化资金审批流程等。

第二节　风险分析

一、风险识别

（一）筹资活动的风险

1. 筹资时间风险

风险概率评估：以到款时间晚于用款时间的概率评估筹资时间的风险概率。

风险影响评估：以损失可能发生的概率与损失金额的期望值占年度税前利润的比例对风险的影响进行评估，即风险影响=$\sum$（损失金额×发生概率）/年度税前利润。

2. 筹资金额风险

线性回归分析（Linear Regression Analysis）是确定两种或两种以上变量间相互依赖的定量关系的一种统计分析方法。本质上说，这种变量间的依赖关系就是一种线性相关性，线性相关性是线性回归模型的理论基础。例如，影响房价的因素可能包括地段、面积、配套设施等。

根据财务人员的经验判断，形成以下风险评估模型，如表6-4所示。

表6-4　　　　　　　　　　　　筹资金额风险评估模型

风险等级	低风险	中风险	高风险
筹资金额相符率	(90%,100%]	(70%,90%]	(0,70%]

3. 贷款利率风险

在大数据时代，人们可以自由获取海量信息。例如，在百度搜索引擎中，随意搜索某个关键词便可得到上亿条信息。在海量的信息碎片中，我们需要筛选出对自己有用的信息。对大多数企业而言，合理地利用网络爬虫来获取数据并从中提取出有价值的信息是至关重要的。

假设外部因素对企业贷款利率的影响可以从中国银行同业拆借利率得到反映。富华机械管理层将计划的贷款利率与预测的贷款利率之差大于等于1%认定为存在风险，风险的影响以年利息的差额（绝对值）占年度税前利润的比例进行评估。

$$风险概率=计划贷款利率与预测贷款利率之差大于等于1\%的贷款项/当年计划贷款项×100\%$$

$$风险影响=贷款额×|计划贷款利率-预测贷款利率|/年度税前利润×100\%$$

注：风险影响公式中，仅计算计划贷款利率与预测贷款利率差超过1%的贷款项的利息差。

（二）营运活动的风险

1. 现金持有风险

现金是企业中流动性最强的资产。属于现金内容的项目，包括企业的库存现金、各种形式的银行存款和银行本票、银行汇票。

企业置存现金的原因，主要是满足交易性需要、预防性需要和投机性需要。交易性需要是指置存现金以用于日常业务的支付；预防性需要是指置存现金以防发生意外支付；投机性需要是指置存现金用于不常见的购买机会，比如遇到廉价原材料，便可用手头现金大量购入。

现金管理除了做好日常收支、加快现金流转速度外，还应控制好现金持有规模，即确定适当的现金持有量。对企业来讲，现金需求量往往波动大且难以预知，但企业可以根据历史经验和现实需要，测算出现金持有量的控制范围。当现金持有量达到控制上限时，用现金购入有价证券，使现金持有量下降；当现金持有量降到控制下限时，则抛售有价证券换回现金，使现金持有量回升。若现金持有量在控制的上下限之内，便不必进行现金与有价证券的转换，保持其各自的现有存量。这种对企业现金持有量的随机模式控制如图6-7所示。

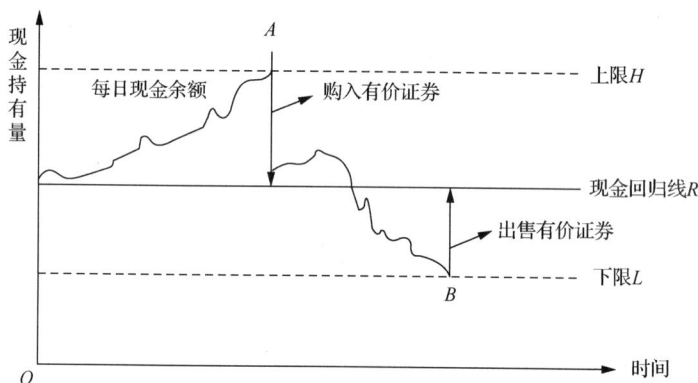

图6-7　企业现金持有量随机模式控制

在图6-7中，虚线H为现金持有量的上限，虚线L为现金持有量的下限，实线R为现金回归线。从图6-7可以看到，企业的现金持有量（表现为现金每日余额）是随机波动的，当其达到A点时，即达到了现金控制的上限，企业应用现金购买有价证券，使现金持有量回落到现金回归线（R线）的水平；当现金持有量降至B点时，即达到了现金控制的下限，企业应出售有价证券换回现金，使现金持有量回升至现金回归线的水平。现金持有量在上下限之间的波动属于控制范围内的变化，是合理的。上限H、现金回归线R可按下列公式计算。

$$R=\sqrt[3]{\frac{3b\delta^2}{4i}}+L$$

$$H=3R-2L$$

其中：b 表示每次有价证券的固定转换成本；i 表示有价证券的日利息率；δ 表示预期每日现金余额波动的标准差（需根据历史资料计算）。

现金持有风险概率=实际现金余额超出计算的合理持有量的天数/总天数×100%

现金持有风险影响=实际现金余额超出计算的合理持有量的金额×有价证券日利率/

税前利润总额×100%

2. 资金营运效率风险

现金周转期指从购买原材料、支付现金到收回现金这一期间的天数。现金循环周期过程为：现金流出购买原材料，现金变为原材料及库存停留在企业内部，再变为销售的应收账款，最终回款又变回现金。其计算公式如下。

现金周转期=应收账款周转期-应付账款周转期+存货周转期

现金周转期计算示意如图 6-8 所示。

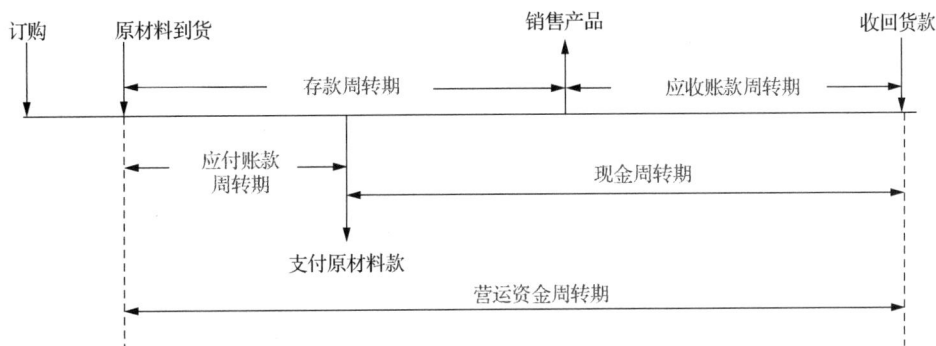

图 6-8　现金周转期计算示意

图 6-8 从企业业财一体化角度很好地展示了现金周转期公式的计算逻辑。通过对现金周转期计算公式的理解，不难看出，存货周转期和应收账款周转期越长，应付账款周转期越短，现金周转期就越长，营运效率越低；相反，存货周转期和应收账款周转期越短，应付账款周转期越长，现金周转期就越短，营运效率越高。

在分析营运资金的指标中，现金周转期指标考虑了时间要素。在信息技术和网络技术飞速发展的时代，时间已成为现代企业竞争中的战略要素。基于时间的竞争模式不只是考虑成本因素，更重要的是关注时间与成本之间的有效均衡，在有效均衡中寻找实现企业价值最大化的有效途径。

现金周转模式将现金流量与采购管理、存货管理、销售管理连接起来，将流动资金投入与流动负债融资结合起来，为企业价值创造提供了战略线索。现金周转模式不仅适用于企业的总体分析和评价，也适用于企业单一产品的分析和评价。如果能够准确地测算出单一产品的存货周转率、应收账款周转率以及应付账款周转率，就不难发现哪些产品占用了企业大量资金，哪些产品很少占用甚至在为其他产品提供资金支持和为企业创造可观的利润。

资金营运风险概率=现金周转天数大于对标企业现金周转天数的年份数÷3（年报期数）×100%

资金营运风险影响=（累计现金周转天数-对标企业累计现金周转天数）÷360×营业收入×

税前利润率÷年度税前利润

如果该指标得分小于 0，则判断不存在风险。

注：假设计算应收账款周转天数时只考虑应收账款，不考虑应收票据等其他项目（计算应付账款周转天数时同样如此）。

3. 虚列支出风险

风险概率评估指标：差旅费付款差错率。

差旅费付款差错率=存在差错的差旅费付款笔数/差旅费付款总笔数×100%

风险影响评估指标：差旅费付款差错额占年度税前利润的比例。

差旅费付款差错额占税前利润之比=存在差错的差旅费付款额/年度税前利润×100%

存在差错的差旅费付款项目如下：没有出差申请的报销单；没有报销单的付款；员工出差时间存在重叠的报销单；住宿费超标的报销单；出差补助计算有误的报销单；乘坐飞机非经济舱的报销单；乘坐高铁非二等座的报销单；发票时间超出出差时间范围的报销单；发票地点与出差地点不符的报销单。

4. 资金挪用/侵占风险

通过以上分析，设置以下 4 个指标来评估资金挪用/侵占的风险。

违规用户操作次数=用户名称为授权用户之外的操作次数

用户违规操作次数=用户名称和操作名称与付款流程不匹配的操作次数

非工作时间操作次数=时间不在 8:00—19:00 范围内的操作次数

非常用设备操作次数=机器名称为非常用设备名称的操作次数

若操作项中上述指标的和不为零，即存在上述任一违规操作，便认为该付款单存在违规或非常规操作。可以使用以下公式计算资金挪用/侵占的风险概率和风险影响。

资金挪用/侵占风险概率=存在违规或非常规操作的付款单项数/此期间付款单总项数×100%

资金挪用/侵占风险影响=存在违规或非常规操作的付款单金额/年度税前利润×100%

> !!!**注意**
>
> 资金挪用/侵占风险概率与风险影响是以存在违规或非常规操作的付款单项数来计算的，而非统计总的次数，因此需要进行聚合计算。

（三）投资活动的风险

1. 投资项目选择风险

K 近邻算法，即 K-Nearest Neighbor Algorithm，简称"KNN 算法"，即给定一个训练数据集，对新的输入实例，在训练数据集中找到与该实例最邻近的 K 个实例，这 K 个实例的多数属于某类，就把该输入实例分类到该类中。KNN 算法示意如图 6-9 所示。

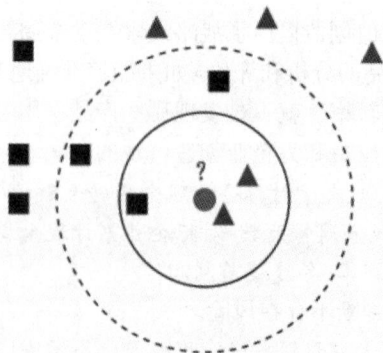

图 6-9　KNN 算法示意

图 6-9 中有两类不同的样本数据，分别用正方形和三角形表示，正中间的圆形表示的数据则是待分类的数据。也就是说，现在不知道中间的圆形表示的数据属于哪一类（正方形或三角形），KNN 就是解决这个问题的。

如果 $K=3$，距离圆形最近的 3 个"邻居"是 2 个三角形和 1 个正方形，少数从属于多数，基于统计的方法，判定圆形这个待分类点属于三角形一类。

如果 $K=5$，距离圆形最近的 5 个"邻居"是 2 个三角形和 3 个正方形，还是少数从属于多数，基于统计的方法，判定圆形这个待分类点属于正方形一类。

所以，当无法判定当前待分类点从属于已知分类中的哪一类时，我们可以依据统计学的理论看它所处的位置特征，衡量它周围"邻居"的权重，而把它归（或分配）到权重更大的那一类。这就是 K 近邻算法的核心思想。

第一步，距离度量。

距离度量包括欧氏距离、曼哈顿距离等，其中欧氏距离主要用于衡量两点间的直线距离，曼哈顿距离主要用于衡量路径距离。

第二步，K 值选择。

如果选择较小的 K 值，就相当于用较小领域中的训练实例进行预测，学习近似误差会减小，只有与输入实例较近或相似的训练实例才会对预测结果起作用，与此同时带来的问题是学习的估计误差会增大。换句话说，K 值的减小就意味着整体模型变得复杂，容易发生过拟合。

如果选择较大的 K 值，就相当于用较大领域中的训练实例进行预测，其优点是可以减少学习的估计误差，但缺点是学习的近似误差会增大。这时，与输入实例较远（不相似）的训练实例也会对预测起作用，使预测发生错误，且 K 值的增大意味着整体模型变得简单。

第三步，评估模型。

富华机械 2022 年拟投资项目 20 项，投资总额达 3.55 亿元，各项目均已通过评审。由于涉及的金额巨大，董事会要求根据历史投资数据对项目风险做进一步评估。战略投资部在财务部的协助下，整理了近十年来投资项目的可研报告和实际投资效果，形成六项指标，并根据专家意见予以量化。

战略投资部将所有投资项目分为四个级别。

◆ A 类投资项目：取得了高于或基本符合预期的投资回报。

◆ B 类投资项目：未实现收益，基本盈亏平衡。

◆ C 类投资项目：亏损项目，平均亏损额约为投资额的 50%。

◆ D 类投资项目：失败项目，给公司造成严重损失。

风险概率以预测的 C、D 类项目占总项目的比例计算；风险影响评估以 D 类项目投资额占年度税前利润的比例计算。

投资项目选择风险概率=（预测的 C 类项目数+预测的 D 类项目数）/总项目数×100%

投资项目选择风险影响=（预测的 C 类项目投资额×50%+D 类项目投资额）/年度税前利润×100%

2. 投资收益不达预期风险

在计算投资收益不达预期风险前，我们需要先理解几个概念或指标。

（1）净现值相关概念或指标。

① 净现值（Net Present Value，NPV）。净现值是指特定项目未来现金净流量现值与原始投资额现值的差额，它是评价项目是否可行的重要指标。如果净现值为正数，表明投资报酬率大于资本成本率，该项目可以增加股东财富，应予采纳。如果净现值为 0，表明投资报酬率等于资本成

本率，该项目不改变股东财富，可选择采纳或不采纳。如果净现值为负数，表明投资报酬率小于资本成本率，该项目将减少股东财富，应予放弃。

净现值法所依据的原理是：假设原始投资额是按资本成本率借入的，当净现值为正数时偿还本息后该项目仍有剩余的收益，当净现值为0时偿还本息后一无所获，当净现值为负数时该项目收益不足以偿还本息。资本成本率是投资人要求的必要报酬率，净现值为正数表明项目可以满足投资人的要求。净现值的计算公式如下。

净现值=未来现金净流量现值-原始投资额现值

② 现金流量。在估算投资项目现金流量时，因该项目而产生的税后增量现金流量是相关现金流量。一般来讲，项目现金流量可分为三部分：项目建设期现金流量、项目经营期现金流量、项目寿命期末现金流量。

③ 货币时间价值。货币时间价值，是指货币经历一定时间的投资和再投资所增加的价值。在商品经济中，有这样一种现象：即现在的1元和1年后的1元的经济价值不相等，或者说其经济效用不同。现在的1元，比1年后的1元的经济价值要大一些，即使不存在通货膨胀也是如此。例如，将现在的1元存入银行，1年后可得到1.1元（假设存款利率为10%）。1元经过1年时间的投资增加了0.1元，这0.1元就是货币时间价值。在实务中，人们习惯使用相对数字表示货币时间价值，即用增加价值占投入货币的百分数来表示。例如，前述货币时间价值为10%。

④ 复利现值。复利是计算利息的一种方法。按照这种方法，每经过一个计息期，要将所生利息加入本金再计利息，逐期滚算，俗称"利滚利"。这里所说的计息期，是指相邻两次计息的时间间隔，如年、月、日等。除非特别指明，计息期为1年。与复利相对的是单利。单利是指只对本金计算利息，而不将以前计息期产生的利息累加到本金中去计算利息的一种计息方法，即利息不再生息。

复利现值是指未来一定时间的特定资金按复利计算的现在价值，或者说是为取得将来一定本利和现在所需要的本金。复利现值的计算公式如下。

$$P = \frac{F}{\left(1+i\right)^{n}} = F \cdot \left(1+i\right)^{-n}$$

其中：P 指现值；F 指终值；i 为折现率；n 指经历的期数；$(1+i)^{-n}$ 是把终值折算为现值的系数，称为复利现值系数，用符号$(P/F,i,n)$来表示。例如，（$P/F,10\%,5$）表示利率为10%时5期的复利现值系数。

⑤ 普通年金现值。普通年金现值是指为在每期期末收付相同金额的款项，现在需要投入或收取的金额。计算普通年金现值的公式如下。

$$P = A \cdot \frac{1-\left(1+i\right)^{-n}}{i}$$

其中，$\dfrac{1-\left(1+i\right)^{-n}}{i}$ 是普通年金为1元、利率为i、经过n期的年金现值，记作$(P/A,i,n)$。

（2）投资收益不达预期风险评估模型。

风险概率=NPV为负值的概率

风险影响=NPV的测算最小值/预计年度税前利润×100%

该评估模型以NPV为负值的概率为风险概率，以NPV的测算最小值（即最坏的结果）占预计年度税前利润的比例为风险影响。

二、风险评估

结合上述风险识别模型，下面将对富华机械资金管理业务中资金筹集、营运、投资活动进行评估分析。

（一）评估过程

应用实践 1

以 Excel 表格分析风险概率，并计算风险影响；编写 Python 代码分析风险概率，并计算风险影响；针对该风险绘制风险评价矩阵。

【操作过程】

（1）用 Excel 分析风险概率和风险影响。将表 6-1 和表 6-2 的相关数据按图 6-10 所示的格式填入 Excel 表格中，然后将用款时间的概率与收款时间的概率相乘，得到在该种情况下发生的概率。例如，5 月收款的概率为 35%，5 月用款的概率为 30%，则 5 月收款且 5 月用款的概率为 35%×30%=10.50%，该种情况下不会延迟。而如果 6 月收款且 5 月用款，资金会延迟一个月；7 月收款且 5 月用款，资金会延迟两个月。

用款时间	概率	收款时间及概率			
		2022 年 5 月	2022 年 6 月	2022 年 7 月	2022 年 8 月
		35%	45%	15%	5%
2022 年 5 月	30%	10.50%	13.50%	4.50%	1.50%
2022 年 6 月	55%	19.25%	24.75%	8.25%	2.75%
2022 年 7 月	15%	5.25%	6.75%	2.25%	0.75%

图 6-10 富华机械筹资时间风险的评估

因此，收款时间出现延迟的概率=13.50%+8.25%+0.75%+4.50%+2.75%+1.50%=31.25%。

根据表 6-3，放款时间出现延迟的损失额期望值=（13.50%+8.25%+0.75%）×1 000 000+（4.50%+2.75%）×5 000 000+1.50%×10 000 000=737 500（元）。

筹资时间风险的影响=737 500÷25 000 000×100%=2.95%。

（2）编写 Python 代码分析风险概率和风险影响。

```
rtime = {5:0.35,6:0.45,7:0.15,8:0.05}
ptime = {5:0.3,6:0.55,7:0.15}
x1 = []
x2 = []
x3 = []
for r in rtime.keys():
    r_r = rtime[r]
    for p in ptime.keYs():
        p_r = ptime[p]
        s = round(r_r*p_r, 4)
        if r-p == 1:
            x1.append(s)
        elif r-p == 2:
            x2.append(s)
        elif r-p == 3:
            x3.append(s)
```

```
Y = format(sum(x1)+sum(x2)+sum(x3),'.2%')
z = format((sum(x1)*1000000+sum(x2)*5000000+sum(x3)*10000000)/25000000,'.2%')
print('风险概率: ',Y)
print('风险影响: ',z)
```

将上述代码写入代码区，然后运行代码，即可得到风险概率和风险影响指标的数值分别为31.25%和2.95%，如图 6-11 所示。

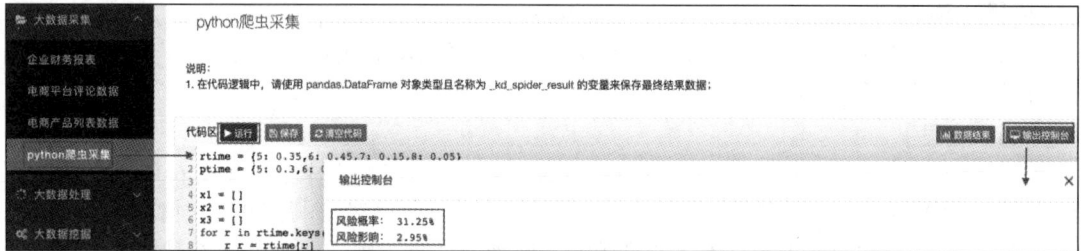

图 6-11　Python 代码运行结果

根据上述计算结果及富华机械的评分标准[1]，筹资时间风险概率的评分为 3 分，筹资时间风险影响的评分为 2 分，落在中风险区间，其风险评价矩阵如图 6-12 所示。

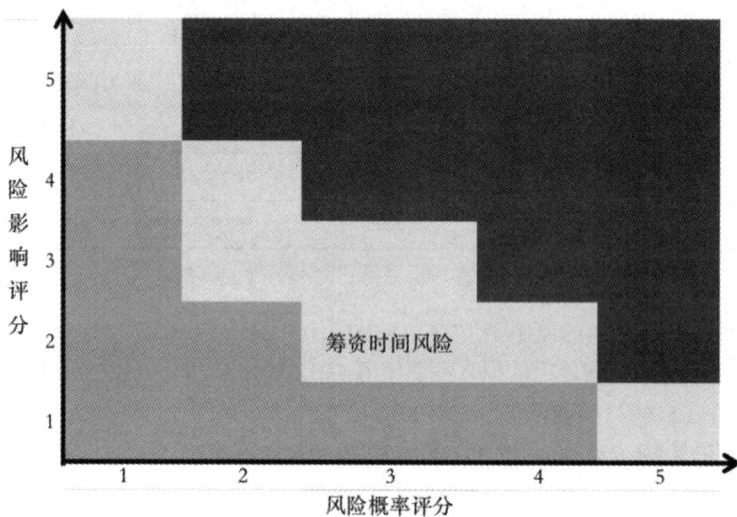

图 6-12　筹资时间风险评价矩阵

应用实践 2

富华机械 2021 年 9 月 1 日可用的筹资额度、当年预计总支出、筹资周期、预计的筹资计划准确率和用款计划准确率如表 6-5 所示，评估富华机械的筹资金额风险。

表 6-5　　　　　　　　　　　　富华机械筹资金额相关信息

可用筹资额度	预计总支出	筹资周期	筹资计划准确率	用款计划准确率
50 000 000 元	450 000 000 元	63 天	0.99	0.98

---

1 本章所指富华机械的评分标准包括两部分，风险概率评分标准可参考表 5-7，风险影响评分标准可参考 5-8，以下不再重复说明。

【操作过程】

对这些因素进行分析并予以量化，根据历史数据，利用线性回归技术建立与筹资金额准确性的关联模型，用于对目前的筹资金额相符率做出预测。

操作步骤大致如下。

（1）获取历史数据并进行数据处理。

（2）建立预测模型。

（3）预测目前的筹资金额相符率。

操作结果如图 6-13 所示。

```
----------------------------------------------------------
正在进行算法模型准确度评估……
该数据模型在测试数据集中的准确度为：0.869728835745092
正在进行数据预测……
预测结果如下：
```

下载表格	可用筹资额度占支出比	筹资周期	筹资计划准确率	用款计划准确率	筹资金额相符率
0	0.111111	63	0.99	0.98	0.970172

图 6-13　筹资金额相符率

将计算结果保留两位小数，可得该预测模型的准确度为 86.97%，预测结果为 97.02%。根据风险评估模型，筹资金额风险落在低风险区间。

应用实践 3

爬取中国银行同业拆借利率；将爬取的利率数据按日期并入富华机械统计数据，构建线性回归数据模型并预测 2022 年计划的贷款利率；对比富华机械筹资计划中的贷款利率，评估贷款利率的偏离风险概率与影响；针对该风险绘制风险评价矩阵。

【操作过程】

（1）获取同业拆借利率。

（2）获取历史贷款数据。

（3）数据处理。

（4）建立预测模型。

（5）预测贷款利率。

最终结果如图 6-14 所示。

风险概率	风险影响
22.22%	2.03%

图 6-14　贷款利率风险概率

根据上述计算结果及富华机械的评分标准，贷款利率风险概率的评分为 2 分，贷款利率风险影响的评分为 2 分，落在低风险区间，其风险评价矩阵如图 6-15 所示。

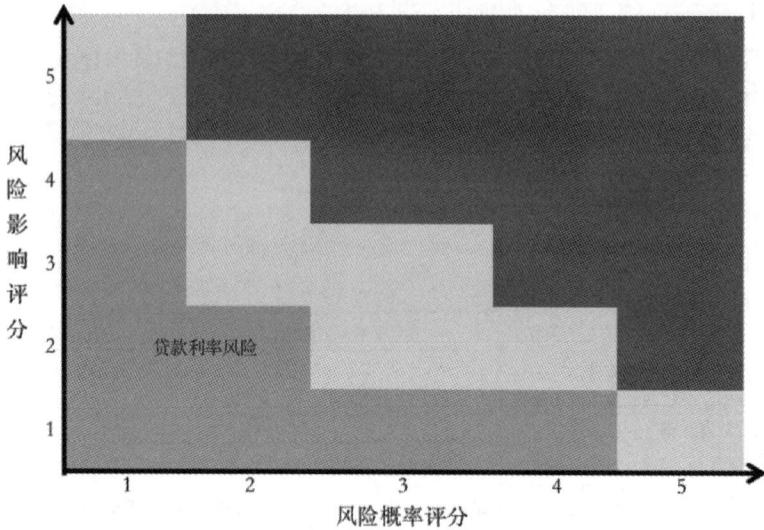

图6-15 贷款利率风险评价矩阵

应用实践4

评估富华机械现金持有风险。提示：计算风险的概率和影响均需要先求出现金持有的上限，才能将现金余额与现金的合理范围进行对比。

【操作过程】

经过数据建模和数据分析，最终结果如图6-16所示。现金持有风险概率落在低风险区间，为17%。

图6-16 现金持有风险概率

现金持有风险影响为0.23%，落在极轻微区间，如图6-17所示。

现金持有风险概率评分为2分，风险影响评分为1分，落在低风险区间，其风险评价矩阵如图6-18所示。

图 6-17　现金持有风险影响

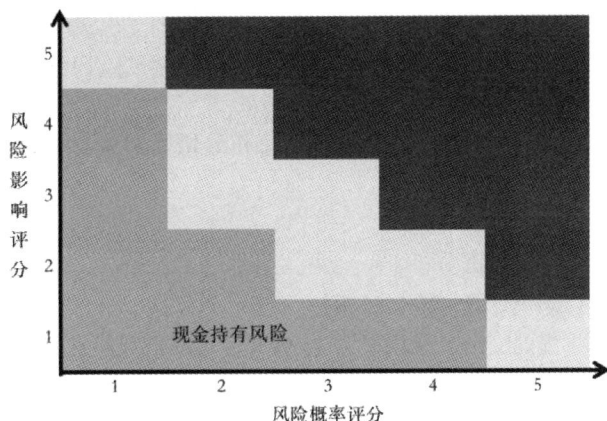

图 6-18　现金持有风险评价矩阵

应用实践 5

计算富华机械现金周转天数；爬取对标企业（华源控股 SZ002787）的利润表和资产负债表，计算其现金周转天数并与富华机械进行对比；计算风险概率和影响，评估是否存在风险；如果存在风险，针对该风险绘制风险评价矩阵。

【操作过程】

（1）计算富华机械现金周转天数。

（2）横向对比现金周转天数。

（3）风险评估。

操作结果如图 6-19 所示。

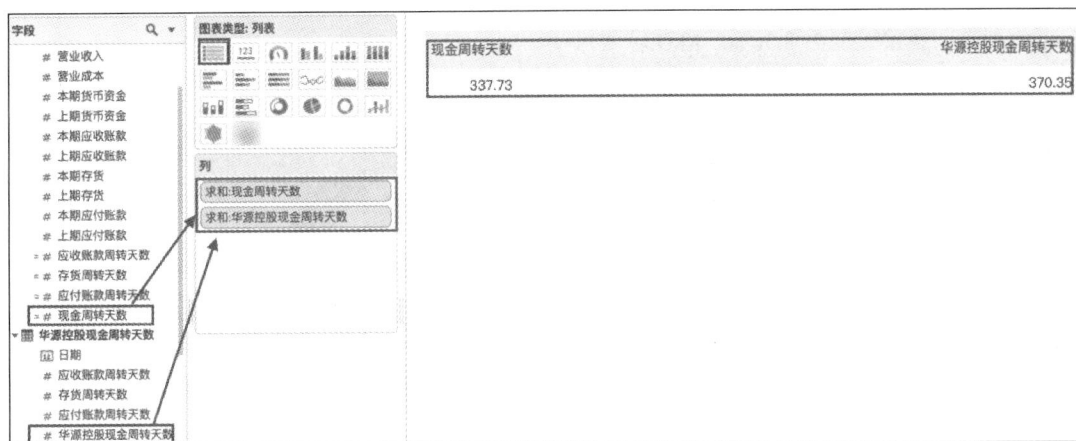

图 6-19　现金周转天数对比

根据图 6-19，富华机械的现金周转效率要高于对标企业，不存在股东所提到的营运资金使用效率不高的风险。当然，选择的数据有限，设定的指标也建立在一系列假设之上，在企业实践中，考虑的环境因素可能会更复杂。

应用实践 6

以差旅费用报销支出为例，计算虚列支出风险概率和影响；使用合适的图形可视化展示虚列支出风险的概率和影响；针对该风险绘制风险评价矩阵。

【操作过程】

对该风险的分析需要逐一分析差错类型涉及的数据和字段，以找出其数量及金额。

（1）数据调取。

（2）建立关系。

（3）数据分析。

（4）计算风险概率指标。

虚列支出风险概率为 15.91%，落在低风险区间，如图 6-20 所示。

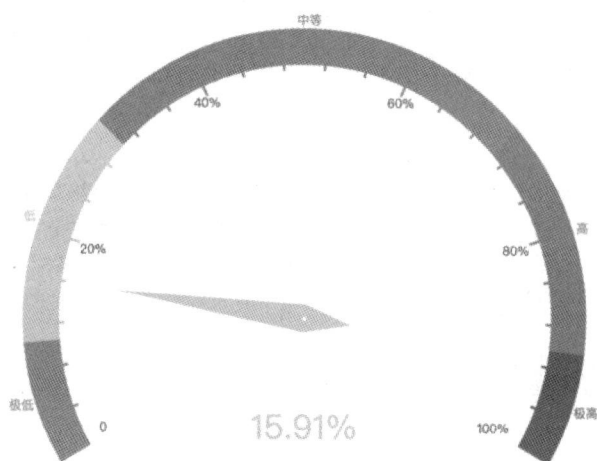

图 6-20　虚列支出风险概率

虚列支出风险影响为 3.56%，落在轻微风险区间，如图 6-21 所示。

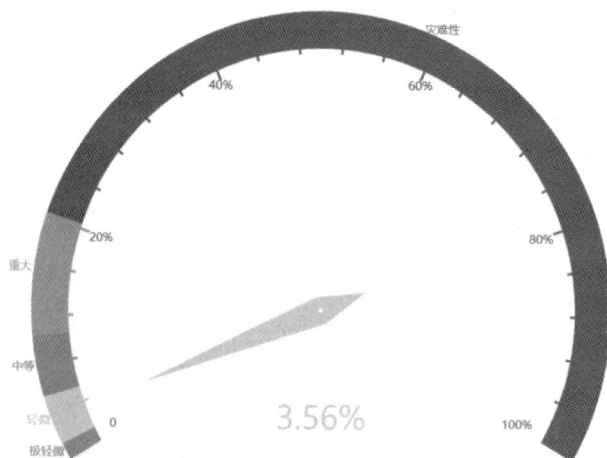

图 6-21　虚列支出风险影响

虚列支出风险概率的评分为 2 分，虚列支出风险影响的评分为 2 分，该风险事项落在低风险区间，其风险评价矩阵如图 6-22 所示。

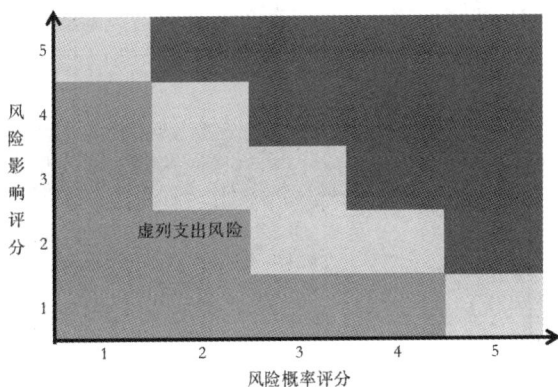

图 6-22　虚列支出风险评价矩阵

应用实践 7

计算资金挪用/侵占风险概率和影响；使用合适的图形可视化展示风险的概率和影响；针对该风险绘制风险评价矩阵。

【操作过程】

经过数据建模和数据分析，得到资金挪用/侵占风险概率为 6.96%，落于极低风险区间，如图 6-23 所示。

图 6-23　资金挪用/侵占风险概率

资金挪用/侵占风险影响为 50.09%，落于灾难性风险区间，如图 6-24 所示。

图 6-24　资金挪用/侵占风险影响

根据上述计算结果及富华机械的评分标准，资金挪用/侵占风险概率的评分为 1 分，资金挪用/侵占风险影响的评分为 5 分，落在中风险区间，其风险评价矩阵如图 6-25 所示。

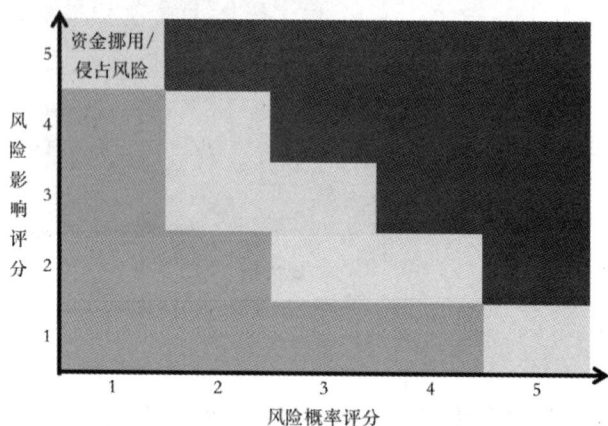

图 6-25　资金挪用/侵占风险评价矩阵

应用实践 8

计算 2022 年拟投资项目的风险概率和风险影响；使用合适的图形可视化展示风险的概率和影响；针对该风险绘制风险评价矩阵。

【操作过程】

计算投资项目选择风险概率=5÷20×100%=25%。

计算投资项目选择风险影响=（1 810×50%+1 250）÷8 000×100%=26.94%。

根据计算结果和评分标准，投资项目选择风险概率评分为 2 分，投资项目选择风险影响评分为 5 分，落在高风险区域，其风险评价矩阵如图 6-26 所示。

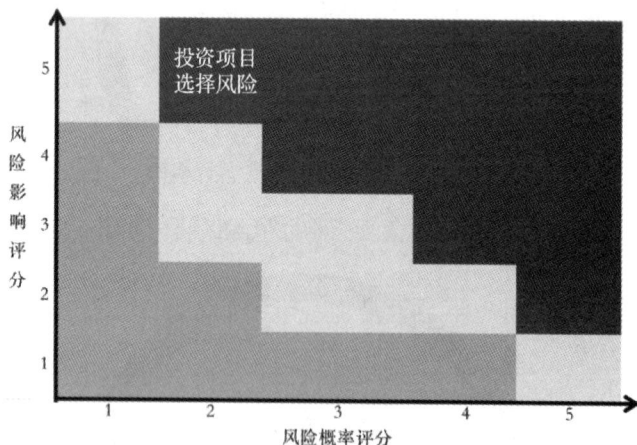

图 6-26　投资项目选择风险评价矩阵

应用实践 9

根据项目各因素的范围和规则，通过 Python 语言编写蒙特卡罗模拟模型，随机生成 3 000 条模拟数据；根据评估模型计算建设项目工期管控的风险概率和影响；使用合适的图形可视化展示风险的概率和影响；针对该风险绘制风险评价矩阵。

【操作过程】

登录金蝶大数据处理平台，单击"大数据采集"目录下的"Python 爬虫采集"，输入以下 Python
代码。

```python
import numpy as np
import pandas as pd
import matplotlib.pyplot as plt
import seaborn as sns

'''
绘制正态分布图
'''
def plot_normal(values, mu, sigma):
    count, bins, ignored = plt.hist(values, 30, density=True)
    plt.plot(bins, 1/(sigma * np.sqrt(2 * np.pi)) *
                    np.exp( - (bins - mu)**2 / (2 * sigma**2) ),
        linewidth=2, color='r')
    plt.show()

'''
绘制直方图
'''
def plot_hist(values):
    plt.hist(values, bins=200, density=True)
    plt.show()

'''
绘制曲线图
'''
def plot_curve(values):
    sns.distplot(values, hist=False)
    plt.show()

# 定价-正态分布
print('正在生成【定价】数据（正态分布）: ')
mu, sigma = 28000, 1000                    # 均值为 28000, 方差为 1000
price = np.random.normal(mu, sigma, 10000)
price = price[price>=25000]
price = price[price<=32000]
price = price[:3000]
plot_normal(price, mu, sigma)
print('count:', len(price), '\t', 'min:', np.min(price), '\t', 'max:', np.max(price))

# 销量-正态分布
print('正在生成【销量】数据（正态分布）: ')
mu, sigma = 600, 100                        # 均值为 600, 方差为 100
sales = np.random.normal(mu, sigma, 10000)
sales = sales[sales>=300]
sales = sales[sales<=1000]
sales = sales[:3000]
plot_normal(sales, mu, sigma)
```

```
print('count:', len(sales), '\t', 'min:', np.min(sales), '\t', 'max:', np.max(sales))

# 固定成本-三角分布
print('正在生成【固定成本】数据（三角分布）: ')
cost = np.random.triangular(3500000, 5000000, 7500000, 10000)
cost = cost[cost>=3500000]
cost = cost[cost<=7500000]
cost = cost[:3000]
plot_hist(cost)
print('count:', len(cost), '\t', 'min:', np.min(cost), '\t', 'max:', np.max(cost))

# 变动成本-正态分布
print('正在生成【变动成本】数据（正态分布）: ')
mu, sigma = 15000, 1000                    # 均值为15000，方差为1000
change_cost = np.random.normal(mu, sigma, 10000)
change_cost = change_cost[change_cost>=12000]
change_cost = change_cost[change_cost<=20000]
change_cost = change_cost[:3000]
plot_normal(change_cost, mu, sigma)
print('count:', len(change_cost), '\t', 'min:', np.min(change_cost), '\t', 'max:',
np.max(change_cost))

# 生命周期 - 指数分布
print('正在生成【生命周期】数据（指数分布）: ')
life_cycle = np.random.exponential(scale=10, size=30000)
life_cycle = life_cycle[life_cycle>=6]
life_cycle = life_cycle[life_cycle<=15]
life_cycle = life_cycle[:3000]
plot_curve(life_cycle)
print('count:', len(life_cycle), '\t', 'min:', np.min(life_cycle), '\t', 'max:',
     np.max(life_cycle))

# 计算年金现值
print('正在计算年金现值: ')
discount_rate = 0.08        # 折现率
p=np.array((price*sales-cost-change_cost*sales)*
          (1-((1+discount_rate)**(-life_cycle)))/discount_rate)
plot_curve(p)
print('mean:', np.mean(p), '\t', 'min:', np.min(p), '\t', 'max:', np.max(p))

# 计算 NPV
print('正在计算 NPV: ')
init_money = 10000000
npv = p - init_money
plot_curve(npv)
print('mean:', np.mean(npv), '\t', 'min:', np.min(npv), '\t', 'max:', np.max(npv),
     '\t', '正比率:',
     len(npv[npv>0]) / len(npv))
```

单击"运行"，即可计算项目的 NPV 值，如图 6-27 所示。

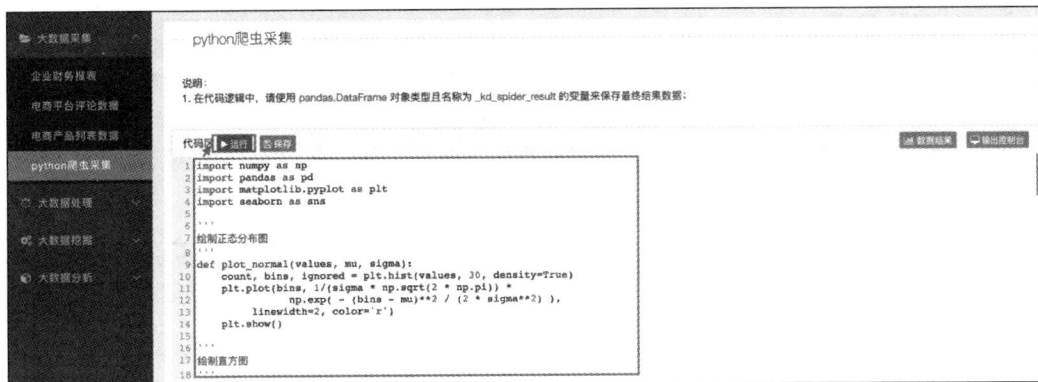

图 6-27 运行 Python 代码

根据代码运行结果，可以看到根据模拟数据计算的 NPV 呈正值的概率为 69.53%，NPV 的最小值为-26 993 252 元（见图 6-28），即风险概率=1-69.53%=30.47%，风险影响=26 993 252÷25 000 000×100%=107.97%。

投资收益不达预期风险概率的评分为 3 分，投资收益不达预期风险影响的评分为 5 分，落在高风险区间，其风险评价矩阵如图 6-29 所示。

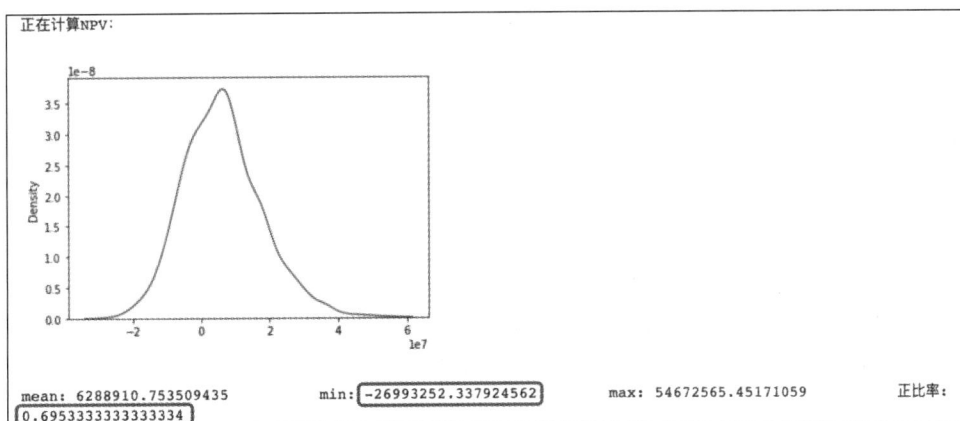

图 6-28 投资项目 NPV 值

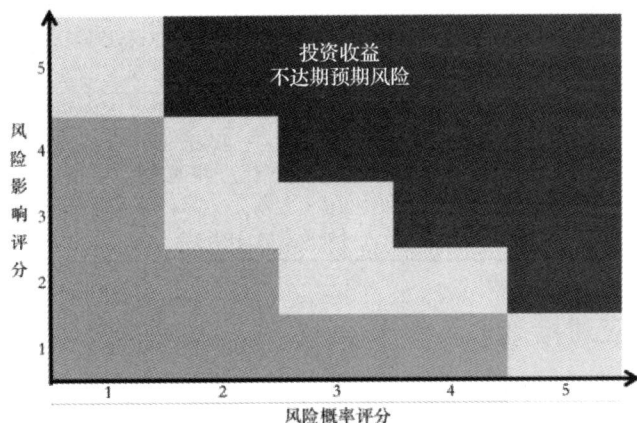

图 6-29 投资收益不达预期风险评价矩阵

（二）评估结果

风险管控审计部和财务部根据前述评估过程中各风险指标的结果，对富华机械在资金管理中存在风险的事项进行汇总陈述，纳入企业的风险库进行管理。

富华机械资金管理涉及风险事项9项，其中高风险事项2项，中风险事项2项，如表6-6所示。

表6-6 富华机械资金管理风险事项

风险环节		风险事项	风险概率评分	风险影响评分	风险程度
资金管理	1 筹资活动	筹资时间风险	3	2	中风险
		筹资金额风险	—	—	—
		贷款利率风险	2	2	低风险
	2 资金运营活动	现金持有风险	2	1	低风险
		资金运营效率风险	—	—	—
		虚列支出风险	2	2	低风险
		资金挪用/侵占风险	1	5	中风险
	3 投资活动	投资项目选择风险	2	5	高风险
		投资收益不达预期风险	3	5	高风险

第三节 风险应对

一、资金管理活动总体风险管控措施

企业资金筹集、营运、投资活动的业务流程较多，风险发生的概率也比较大。针对其主要业务环节，概括总结几点管控措施，如表6-7所示。

表6-7 企业资金管理活动各环节主要管控措施

主要环节	主要管控措施
筹资活动	进行筹资方案的战略性评估、经济性评估、风险性评估。根据筹资方案，分析不同筹资方式的资本成本，正确选择筹资方式和不同方式的筹资数量，财务部门或资金管理部门制订具体筹资计划，并根据授权审批制度报有关部门批准。根据筹资计划进行筹资，各环节和各责任人正确履行审批监督责任，实施严密的筹资程序控制和岗位分离制度。监督检查，评价筹资活动过程，保证筹集资金的有效使用，维护筹资信用
营运活动	结合企业财务管理的工作内容，重点分析企业营运资金的统筹管理和资金策略，选择恰当的营运资金管理战略。加强营运资金的内部控制和管理，正确处理流动资产和负债的关系，合理处理企业应收账款和存货问题
投资活动	在投资立项前，考虑企业自身业务发展的规模和范围，以及对外投资的品种、行业、时间、预计的投资收益，收集投资项目相关信息，对已收集到的信息进行分析讨论。在对外投资项目分析、评估的基础上，由企业决策层对投资部门上报的投资项目进行决策。在投资业务实施过程中实行职务分离，对投资资产转让进行控制。重视对外投资内部控制制度的监督检查工作，由专门机构或者指定人员具体负责对外投资项目的检查

二、高风险事项应对措施

（一）投资项目选择风险

该项风险概率较低，但风险影响极为重大，建议采取风险规避的应对策略，对很可能失败的投资项目不予投资，终止项目或进一步论证。

分析/反馈：项目立项阶段应对项目的影响因素进行深入分析，对项目难度过大、无法保证技术或资源投入、很可能失败的项目应考虑放弃或延后。在项目推进过程中，应及时跟踪项目进度，对很可能无法完成的项目应及时止损。

（二）投资收益不达预期风险

该项风险概率中等，风险影响极为重大，建议采取风险规避的应对策略，即取消四川生产基地的建设或做进一步论证。

巩固与提高

一、单选题

1. 下列情形中，不违背办理货币资金业务的不相容岗位分离、制约和监督原则的是（　　　）。

  A. 出纳人员同时负责会计档案保管工作

  B. 由出纳人员保管签发支票所需全部印章

  C. 出纳人员同时负责收入总账和明细账的登记工作

  D. 出纳人员同时负责固定资产明细账及总账的登记工作

2. 下列选项中，符合货币资金内部控制制度规定的是（　　　）。

  A. 出纳人员负责应收账款的记账　　　　B. 出纳人员负责总账的登记和保管

  C. 货币资金审批人员负责记账　　　　　D. 货币资金审批人员兼任出纳

二、实践应用题

结合富华机械案例资料，对资金筹集成本管理、备用金管理、投资项目立项风险进行评估分析。

第七章
固定资产管理数智化控制

知识目标

1. 熟悉企业固定资产管理主要业务及关键环节
2. 掌握企业固定资产管理风险识别的方法并应用

能力目标

1. 具备识别企业固定资产管理风险的能力
2. 具备评估固定资产投资风险的能力
3. 具备评估固定资产请购风险的能力
4. 具备评估固定资产验收风险的能力
5. 具备评估固定资产处置年限合规性风险的能力

素养目标

1. 培养资产管理风险意识
2. 养成严谨认真的工作态度

导入案例

富华机械固定资产管理业务内部控制与风险管理

固定资产是企业开展正常的生产经营活动必要的物质条件，其价值随着企业生产经营活动逐渐转移到产品成本中，固定资产的安全、完整直接影响到企业生产经营的可持续发展能力。富华机械对固定资产的管理运用全面与全程管理相结合的管理模式，全程管理即对固定资产从外部进入企业到最终退出企业的全过程，实行由始至终、环环相扣的管理行为，通常包含进入、存续和退出三个环节。

固定资产进入阶段包括购置预算、投资和购入验收等，其目标是满足内部需求的同时兼顾物美价廉原则，并通过验收和领用环节，将固定资产合理地分配到需求部门。固定资产的存续阶段包括登记使用、运行维护、调拨置换、出租出借和清查盘点等，其目标是保证固定资产的合理高效使用和有序流动，并通过清查盘点等环节，确保固定资产的数量、状况、分布等信息完整准确、账实相符。固定资产退出阶段包括损毁遗失、出让出售和资产清理等，其目标是保证固定资产清理收益实现最大化，防止企业资产流失，保证资产信息和会计核算的及时准确。

富华机械在固定资产管理过程中，常见的业务流程如下。

（1）固定资产购置流程如图 7-1 所示。

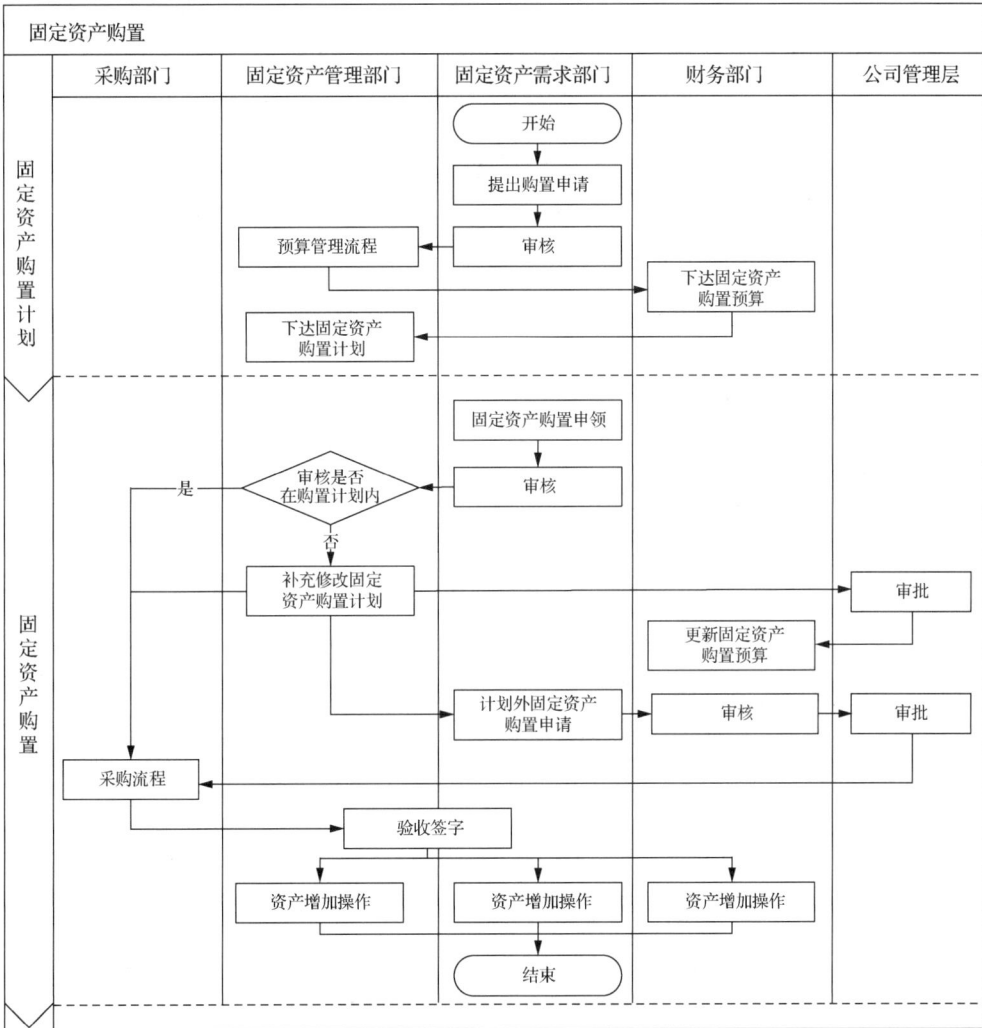

图 7-1　富华机械固定资产购置流程

富华机械规定，各固定资产需求部门需要提前提出购置申请，填写资产申请单，详细填写拟购买固定资产的名称、用途、数量及购置原因等相关内容，需求部门领导审核通过后，固定资产管理部门据此制订并下达固定资产购置预算和计划，后续拟购买固定资产必须在部门预算范围内。

（2）固定资产清查和盘点流程如图 7-2 所示。

富华机械规定，固定资产管理部门、财务部门和固定资产使用部门每半年对账一次，使账实、账卡、账账保持一致。每年对固定资产进行一次全面清查盘点，查明固定资产的实有数与账面结存数是否相符，固定资产的保管、使用、维修等情况是否正常。对清查盘点中发现的问题，应查明原因，说明情况，编制有关固定资产盘点报告，形成差异处理意见，经公司或上级主管领导批准后，调整固定资产账目。

（3）计提固定资产减值准备流程如图 7-3 所示。

固定资产清查和盘点				
固定资产管理部门	财务部门	综合管理部门	固定资产使用部门	公司或上级主管领导

开始

制定盘点计划

实地盘点 ← 对盘点监督抽查 → 清查土地房屋权属证明

签字确认

汇总盘点报告形成差异处理意见

初审会签 → 审批

根据审批意见进行相应处理

结束

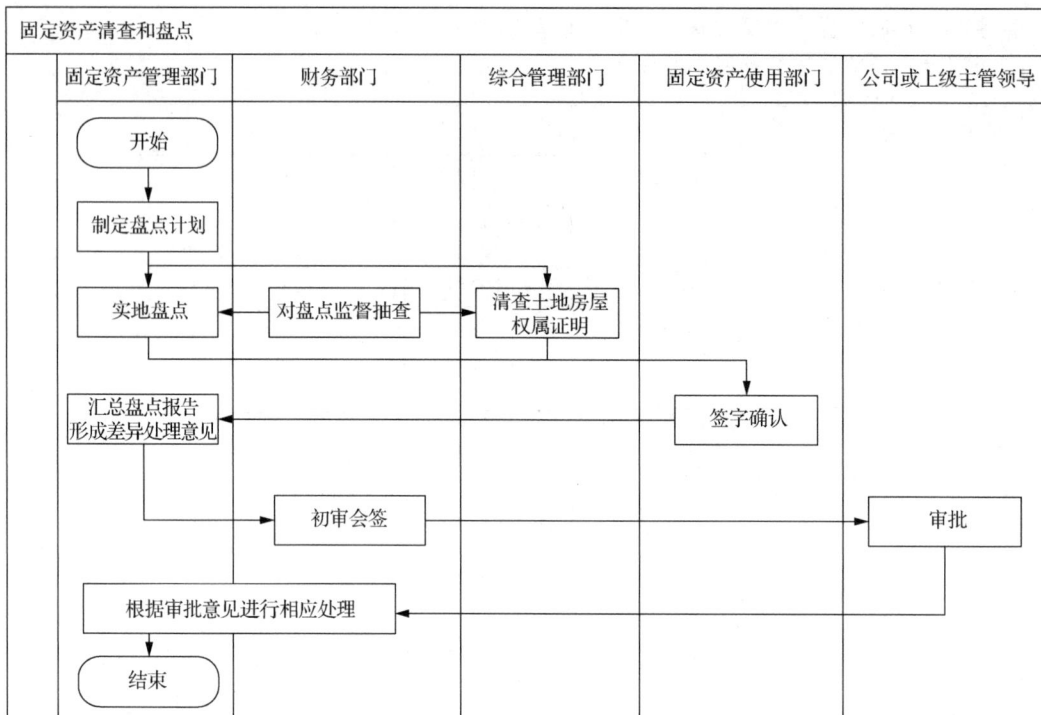

图 7-2　富华机械固定资产清查和盘点流程

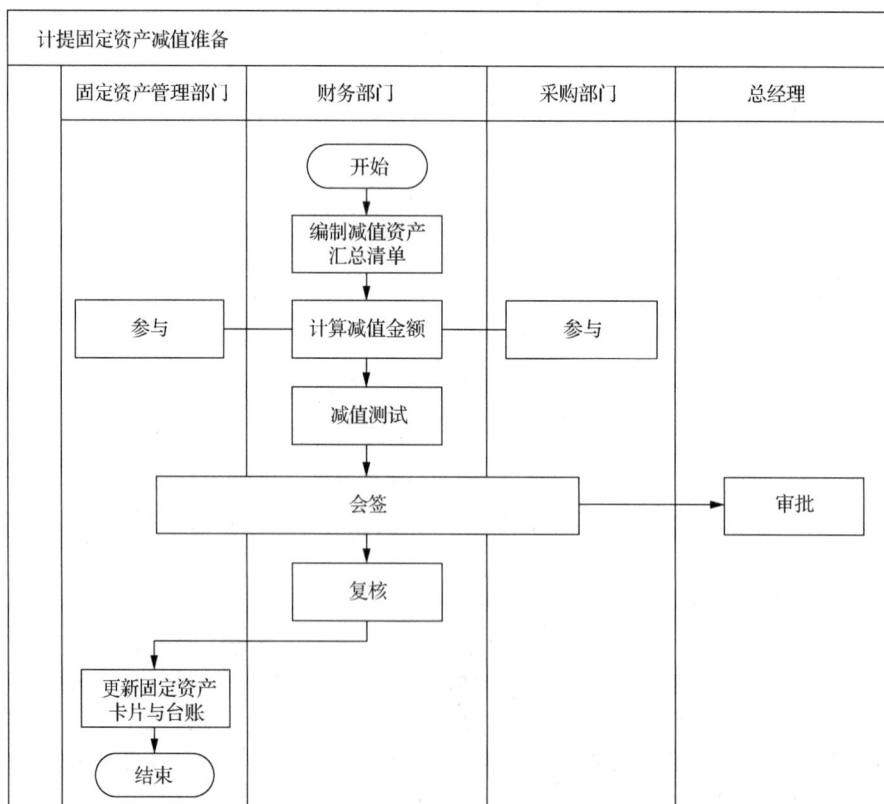

计提固定资产减值准备			
固定资产管理部门	财务部门	采购部门	总经理

开始

编制减值资产汇总清单

参与 ← 计算减值金额 → 参与

减值测试

会签 → 审批

复核

更新固定资产卡片与台账

结束

图 7-3　富华机械计提固定资产减值准备流程

富华机械规定，如果从"资产是预期的未来经济利益"的角度出发，有迹象表明固定资产可能发生减值，财务部门应当计算确定该固定资产的可收回金额，将其与相应的账面价值进行比较，据以判断是否需要确认减值损失。当可收回金额低于账面价值时，确认固定资产发生了减值，要计提固定资产减值准备，编制减值资产汇总清单，联合固定资产管理部门和采购部门计算减值金额，经测试、审批后，调整固定资产的账面价值，更新固定资产卡片与台账，以使账面价值能够真实、客观地反映该资产在当前市场上的实际价值。

（4）固定资产报废流程如图7-4所示。

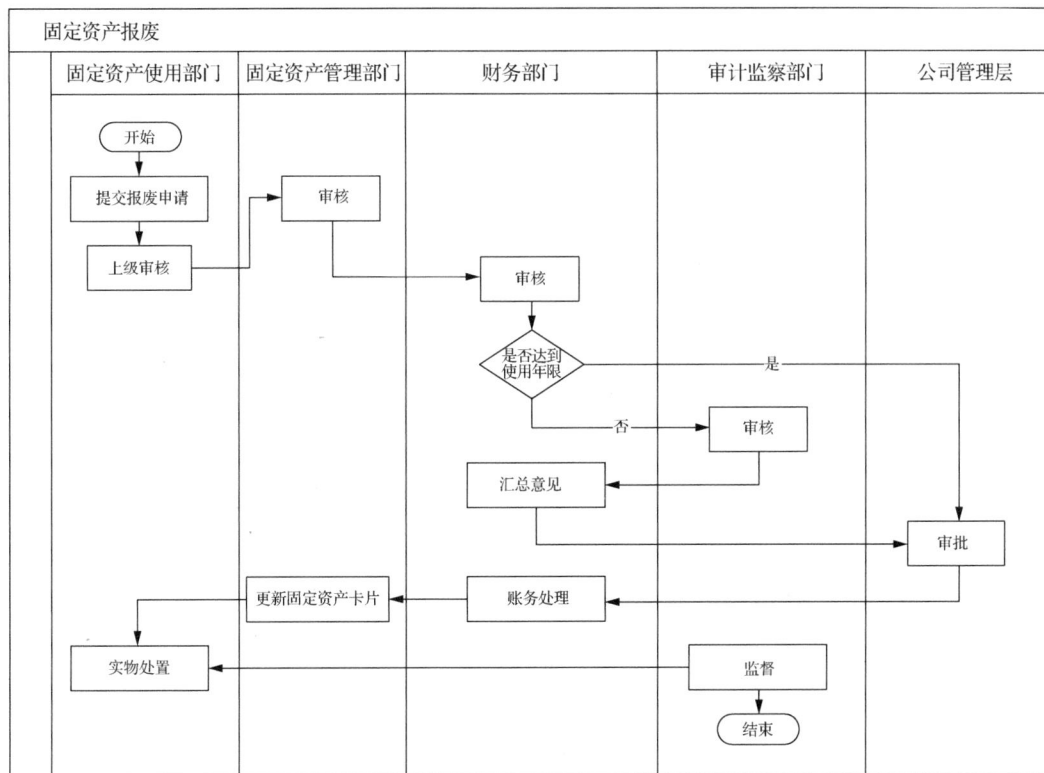

图 7-4 富华机械固定资产报废流程

固定资产使用部门要时刻掌握固定资产使用情况，可以向固定资产管理部门提出报废申请。固定资产管理部门派专业技术人员对固定资产进行检测、评估，确定符合报废条件的，向财务部门提交详细的固定资产报废清单。财务部门通过固定资产管理信息系统向审计监察部门或公司管理层提交固定资产报废报告，经审批后在审计监察部门的监督之下及时进行账务处理，固定资产管理部门应及时更新固定资产卡片，固定资产使用部门处置实物。

符合下列条件之一的固定资产可申请报废：

◆ 使用年限过长，功能丧失，完全失去使用价值，或不能使用并无修复价值的；
◆ 产品技术落后、质量差、耗能高、效率低、已经淘汰且不适合继续使用，或技术指标已达不到使用要求的；
◆ 严重损坏，无法修复或虽能修复，但累计修理费已接近或超过市场价值的；
◆ 主要附件损坏，无法修复，而主体尚可使用的，可做部分报废。

（5）固定资产出售流程如图7-5所示。

固定资产出售			
法务部门	固定资产管理部门	财务部门	公司管理层

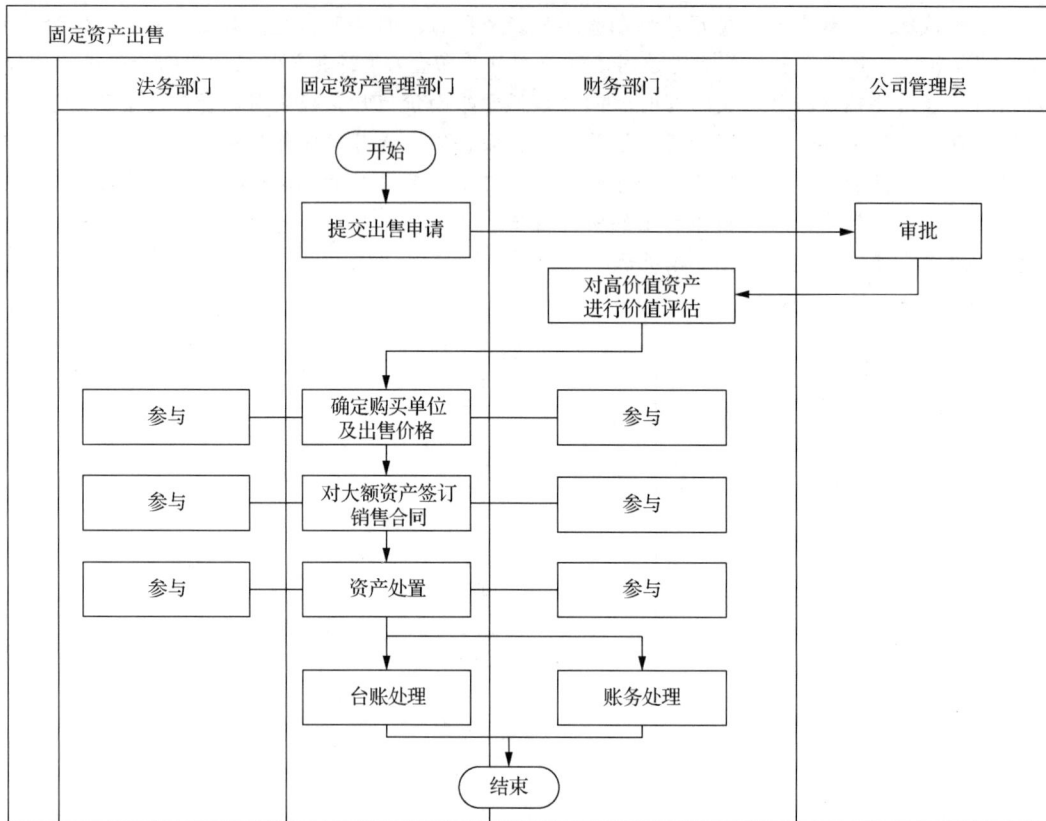

图 7-5 富华机械固定资产出售流程

富华机械规定，资产的出售应按规定程序审批，由固定资产管理部门提出出售申请，公司管理层进行审核，必要时由财务部门对高价值资产进行价值评估，固定资产管理部门在法务部门和财务部门的参与下，确定出售价格、签订合同并处置资产。

【思考】

1. 富华机械的固定资产管理存在哪些潜在风险？
2. 如何防范富华机械的固定资产管理风险？

第一节 资产管理活动概述

一、资产管理活动的关键环节

固定资产，是指为生产商品、提供劳务、出租或经营管理而持有的，使用寿命超过一个会计年度的有形资产。企业应加强对固定资产的内部控制，防止并及时发现和纠正固定资产业务中的各种差错和舞弊，保护固定资产的安全完整，提高固定资产的使用效率。

固定资产管理的关键环节如下。

（1）职责分工、权限范围和审批程序应当明确规范，机构设置和人员配备应当科学合理。

（2）固定资产取得依据应当充分适当，决策过程应当科学规范。

（3）固定资产取得、验收、使用、维护、处置和转移等环节的控制流程应当清晰严密。

（4）固定资产的确认、计量和报告应当符合国家统一的会计准则制度的规定。

二、资产管理活动的主要风险和内部控制目标

固定资产管理活动的主要风险如下。

（1）违反国家法律法规，可能遭受外部处罚、经济损失和信誉损失。

（2）未经适当审批或超越授权审批，可能因重大差错、舞弊、欺诈而导致资产损失。

（3）购买、建造决策失误，可能造成企业资产损失或资源浪费。

（4）处置不当，可能造成企业资产损失。

（5）会计处理和相关信息不合法、不真实、不完整，可能导致企业资产账实不符或资产损失。

固定资产管理的内部控制目标如下。

（1）加强对固定资产的内部控制。

（2）防止并及时发现和纠正固定资产业务中的各种差错和舞弊。

（3）保护固定资产的安全并维护其价值。

（4）提高固定资产的使用效率。

三、资产管理活动的内部控制要求

固定资产管理是指对固定资产的计划、购置、验收、登记、领用、使用、维修、报废等全过程的管理。企业应定期对固定资产管理相关活动进行分析，并关注各环节的主要风险点，采取有针对性的管控措施，不断防范风险，全面提升固定资产管理效能。

固定资产风险管理的基本程序包括：识别固定资产业务风险，并进行具体描述；评估分析固定资产业务风险，编制固定资产业务风险评估表；确定固定资产业务风险应对策略；提出固定资产业务风险的管控措施。

固定资产管理的内部控制要求如下。

（1）不相容职务分离。固定资产业务不相容岗位至少包括：固定资产投资预算的编制与审批，审批与执行，采购、验收与款项支付，投保的申请与审批，处置的审批与执行。

（2）建立授权审批制度。企业应当对固定资产业务建立严格的授权审批制度，明确授权审批的方式、权限、程序、责任和相关控制措施，规定经办人员的职责范围和工作要求，严禁未经授权的机构或人员办理固定资产业务。审批人员应根据固定资产业务授权审批制度的规定，在授权范围内审批，不得超越审批权限。经办人员在职责范围内，按照审批人员的批准意见办理固定资产业务。对于审批人超越授权范围审批的固定资产业务，经办人员有权拒绝办理，并及时向上级部门报告。

（3）明确各环节内部控制要求。企业应当制定固定资产业务流程规范，明确固定资产投资预算编制、取得与验收、使用与维护、处置等环节的内部控制要求，并设置相应的记录或凭证，如实记载各环节业务开展情况，及时传递相关信息，确保固定资产业务全过程得到有效控制。

第二节　风险分析

一、风险识别

（一）请购风险

1. 固定资产请购的风险概率

固定资产请购的风险概率指标用于判断固定资产请购导致设备出现问题发生的概率。

固定资产请购的风险概率（Y）=固定资产请购零部件导致设备出现问题的次数/
固定资产请购零部件数×100%

固定资产请购的风险概率预警如表 7-1 所示。

表 7-1　　　　　　　　　　固定资产请购的风险概率预警

评分	1分	2分	3分	4分	5分
指标值（Y）	$Y \leqslant 10\%$	$10\% < Y \leqslant 30\%$	$30\% < Y \leqslant 70\%$	$70\% < Y \leqslant 90\%$	$Y > 90\%$
预警级别	绿色预警	蓝色预警	黄色预警	橙色预警	红色预警
固定资产请购风险发生的概率	一般不会发生	极少情况下才发生	某些情况下发生	在较多情况下发生	常常会发生

2. 固定资产请购的风险影响

固定资产请购的风险影响指标用于判断固定资产请购导致的设备停机损失和加工损失的总金额对企业营业利润的影响。

固定资产请购的风险影响（Y）=（固定资产请购风险导致的设备停机损失+固定资产请购风险导致的加工损失）/营业利润×100%

固定资产请购的风险影响预警如表 7-2 所示。

表 7-2　　　　　　　　　　固定资产请购的风险影响预警

评分	1分	2分	3分	4分	5分
指标值（Y）	$Y \leqslant 1\%$	$1\% < Y \leqslant 5\%$	$5\% < Y \leqslant 10\%$	$10\% < Y \leqslant 20\%$	$Y > 20\%$
预警级别	绿色预警	蓝色预警	黄色预警	橙色预警	红色预警
固定资产请购风险对企业运行的影响	基本无影响	有轻度影响	有中度影响	有严重影响	有重大影响

（二）验收风险

验收入库是固定资产实物管理的开始，也是资产日常管理的一部分，从严格意义上讲，固定资产的验收入库实际上是两个动作，验收+入库。验收环节涉及实物清点、信息核对、数据采集，入库过程涉及资产台账的建立、资产标签的张贴、仓库位置的分配等。企业一般会组织有关人员（业务、财务、技术）对照购销合同，先核对有关数量及相关附件是否一致，技术人员对设备有关技术指标进行核对，需要调试的还要供方派员一同调试，需要安装的设备对方应来人组织安装，并出具固定资产验收单交财务部门作为入账依据。

1. 固定资产验收的风险概率

固定资产验收的风险概率指标用于判断固定资产验收不合规的发生概率。

固定资产验收的风险概率（Y）=已发生的资产验收问题次数/所有资产验收可能出问题的次数×100%

固定资产验收的风险概率预警如表 7-3 所示。

表 7-3　　　　　　　　　　固定资产验收的风险概率预警

评分	1分	2分	3分	4分	5分
指标值（Y）	$Y \leqslant 10\%$	$10\% < Y \leqslant 30\%$	$30\% < Y \leqslant 70\%$	$70\% < Y \leqslant 90\%$	$Y > 90\%$
预警级别	绿色预警	蓝色预警	黄色预警	橙色预警	红色预警
固定资产验收风险发生的概率	一般不会发生	在极少情况下才发生	在某些情况下发生	在较多情况下发生	常常会发生

2. 固定资产验收的风险影响

固定资产验收的风险影响指标用于判断验收不合规可能产生的影响。

固定资产验收的风险影响（Y）=SUM(该类资产影响权重*(该类资产验收问题的影响程度/该类资产所有验收问题的影响程度))×100%

固定资产验收的风险影响预警如表7-4所示。

表7-4　　　　　　　　　　固定资产验收的风险影响预警

评分	1分	2分	3分	4分	5分
指标值（Y）	$Y \leqslant 1\%$	$1\% < Y \leqslant 5\%$	$5\% < Y \leqslant 10\%$	$10\% < Y \leqslant 20\%$	$Y > 20\%$
预警级别	绿色预警	蓝色预警	黄色预警	橙色预警	红色预警
固定资产验收风险对企业运行的影响	基本无影响	有轻度影响	有中度影响	有严重影响	有重大影响

（三）处置风险

1. 处置年限合规性的风险概率

处置年限合规性的风险概率指标用于判断固定资产处置年限不合规的发生概率。

处置年限合规性的风险概率（Y）=处置年限不合规的固定资产数量/处置的固定资产总数量×100%

处置年限合规性的风险概率预警如表7-5所示。

表7-5　　　　　　　　　　处置年限合规性的风险概率预警

评分	1分	2分	3分	4分	5分
指标值（Y）	$Y \leqslant 10\%$	$10\% < Y \leqslant 30\%$	$30\% < Y \leqslant 70\%$	$70\% < Y \leqslant 90\%$	$Y > 90\%$
预警级别	绿色预警	蓝色预警	黄色预警	橙色预警	红色预警
处置年限不合规事件发生的概率	一般不会发生	在极少情况下才发生	在某些情况下发生	在较多情况下发生	常常会发生

2. 处置年限合规性的风险影响

处置年限合规性的风险影响指标用于判断处置年限不合规的固定资产损失总金额对企业营业利润的影响。

处置年限合规性的风险影响（Y）=处置年限不合规的固定资产损失总金额/营业利润×100%

处置年限合规性的风险影响预警如表7-6所示。

表7-6　　　　　　　　　　处置年限合规性的风险影响预警

评分	1分	2分	3分	4分	5分
指标值（Y）	$Y \leqslant 1\%$	$1\% < Y \leqslant 5\%$	$5\% < Y \leqslant 10\%$	$10\% < Y \leqslant 20\%$	$Y > 20\%$
预警级别	绿色预警	蓝色预警	黄色预警	橙色预警	红色预警
处置年限不合规的固定资产损失总金额对企业进行的影响	基本无影响	有轻度影响	有中度影响	有严重影响	有重大影响

二、风险评估

（一）评估过程

应用实践 1

根据本章导入案例所提供的固定资产请购背景信息及相关的问题记录数据，对固定资产请购环节中风险发生的概率及其可能产生的影响程度进行评估。

【操作过程】

评估固定资产请购风险时，先要了解相关信息，然后进入轻分析平台进行相关操作，得到的固定资产请购风险概率如图 7-6 所示。

图 7-6　固定资产请购风险概率

可以看到固定资产请购的风险概率为 52.80%，风险中等，应该加以重视。

应用实践 2

对固定资产请购环节中风险可能产生的影响程度进行评估。

【操作过程】

固定资产请购风险影响主要包括：生产设备停机造成的损失、因设备问题导致的生产加工过程中产生的废品损失。

$$设备停机造成的损失=设备数×设备单位时间创造价值×设备停机时间$$

固定资产请购风险影响如图 7-7 所示。

计算结果表明，固定资产请购风险的影响程度属于轻微。固定资产请购风险概率的计算结果为 52.80%，评分为 3 分。固定资产请购风险影响的计算结果为 3.07%，评分为 2 分。风险评价矩阵如图 7-8 所示。

可以看到，固定资产请购风险位于中风险区间。因此，对固定资产请购中反馈的问题应该加强重视，要想办法消除这些问题所产生的影响，避免带来更为严重的后果。

图 7-7　固定资产请购风险影响

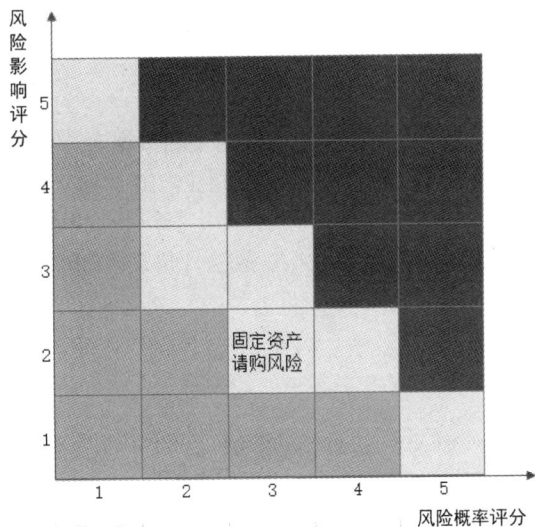

图 7-8　固定资产请购风险评价矩阵

应用实践 3

（1）根据财务部整理的数据，对固定资产验收过程中可能出现的问题和风险概率进行评估。

（2）对固定资产验收过程中出现的问题可能会产生的后果的影响程度进行评估。

（3）根据风险概率、风险影响，对固定资产验收过程中的风险进行综合评估，并给出分析结论。

【操作过程】

评估固定资产验收风险概率时，先要了解相关数据内容，然后进入轻分析平台进行相关操作，得到固定资产验收风险概率如图 7-9 所示。

图 7-9　固定资产验收风险概率

可以看到固定资产验收风险概率为 4.87%，风险极低，在风险概率范围中处于比较安全的区间。

应用实践 4

（1）根据财务部整理的数据，对固定资产验收过程中出现的问题可能导致的影响进行评估。

（2）根据风险概率、风险影响，对固定资产验收过程中的风险进行综合评估，并给出分析结论。

【操作过程】

首先查看与本应用实践相关的数据表，便于确定评估思路。然后在轻分析平台进行相关操作，得到固定资产验收风险影响如图 7-10 所示。

根据前文，可以得到：固定资产验收风险概率为 4.87%，评分为 1 分。固定资产验收风险影响为 2.34%，评分为 2 分。风险评价矩阵如图 7-11 所示，说明固定资产验收风险位于低风险区间。

图 7-10　固定资产验收风险影响

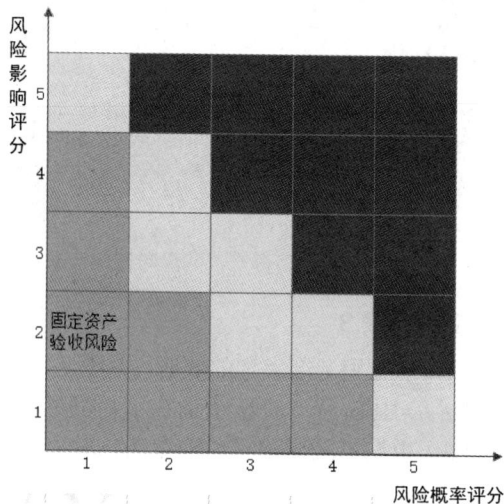

图 7-11　固定资产验收风险评价矩阵

应用实践 5

计算富华机械 2021 年固定资产处置年限的合规性风险概率。

【操作过程】

在轻分析平台进行相关操作，得到 2021 年固定资产处置年限合规性风险概率如图 7-12 所示。处置年限不合规的固定资产数量占处置的固定资产总数量比例为 24.00%，可判断固定资产处置年限不合规的事件在极少情况下才发生。

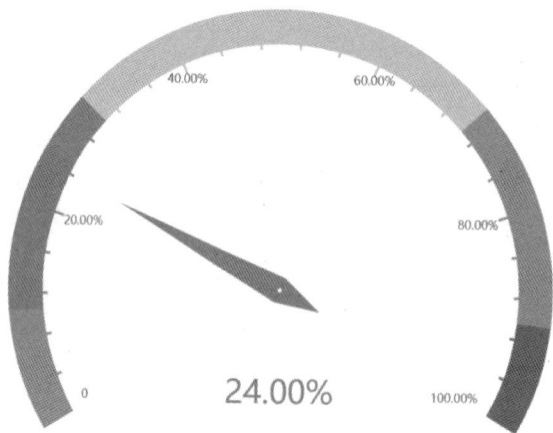

图 7-12　固定资产处置年限合规性风险概率

根据前文计算结果及富华机械的评分标准，2021 年固定资产处置年限合规性的风险概率评分为 2 分，风险影响评分为 1 分。因此，风险评价矩阵如图 7-13 所示，说明固定资产处置年限合规性风险位于低风险区间。

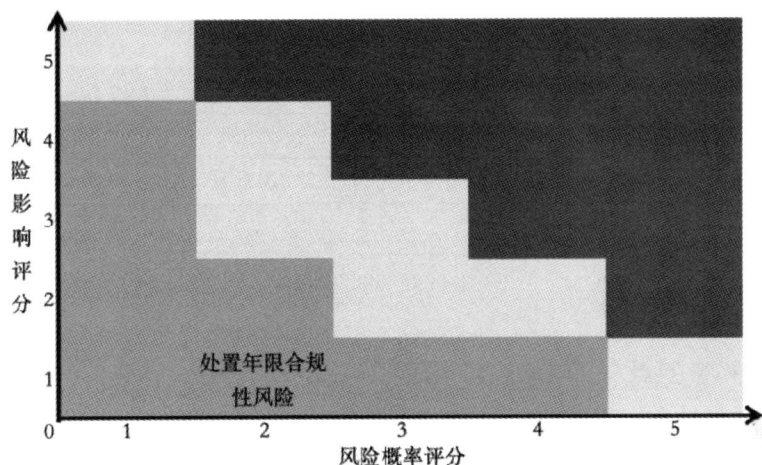

图 7-13　固定资产处置年限合规性风险评价矩阵

应用实践 6

评估富华机械 2021 年固定资产处置年限合规性风险影响。

【操作过程】

在轻分析平台进行相关操作，得到 2021 年固定资产处置年限合规性风险影响如图 7-14 所示。处置年限不合规的固定资产损失总金额占营业利润的比例为 0.09%，可判断处置年限不合规的固定资产损失总金额对企业运行基本无影响。

图 7-14　固定资产处置年限合规性风险影响

（二）评估结果

风险管控审计部和财务部根据前述评估过程中各风险指标的结果，对富华机械资产管理活动中存在风险的事项进行汇总陈述，纳入企业的风险库进行管理，如表 7-7 所示。

表 7-7 富华机械资产管理活动风险评估结果

风险环节		风险事项		概率	风险程度
资产管理	1	请购风险	固定资产请购的风险概率	52.80%	中风险
			固定资产请购的风险影响	3.07%	
	2	验收风险	固定资产验收的风险概率	4.87%	低风险
			固定资产验收的风险影响	2.34%	
	3	处置风险	处置年限合规性的风险概率	24.00%	低风险
			处置年限合规性的风险影响	0.09%	

第三节 风险应对

一、固定资产管理总体风险管控措施

本节聚焦固定资产,主要根据请购、验收、处置等主要环节提出对富华机械固定资产管理风险的管控措施,如表 7-8 所示。

表 7-8 固定资产管理风险的管控措施

主要环节	主要管控措施
请购	固定资产使用部门应根据年度固定资产预算及实际的使用需要详细列示固定资产请购单,内容应包括固定资产名称、规格、型号、预算金额、实际价格、主要制造厂商以及购置原因等。 预算外请购应详细说明购置原因。 请购审核、审批的内容包括购置目的、购置金额、购置数量、是否符合企业实际需要、请购申请是否由部门经理审核、是否属于预算外购置、是否超预算和超预算原因等
验收	项目新增固定资产在投入使用前须办理资产验收手续,项目资产归口管理部门、使用部门和财务管理部门依据采购申请、采购合同、发票等单据共同进行资产验收,对资产规格、型号及性能进行检验、测试,合格后填制资产验收单并由资产验收相关人员签字确认。资产采购人员、验收人员和使用人员要符合不相容岗位分离原则
处置	企业应当建立健全固定资产处置的相关制度。区分固定资产不同的处置方式,采取相应控制措施,确定固定资产处置的范围、标准、程序和审批权限,保证固定资产处置的科学性,使企业的资源得到有效的运用。 使用期满、正常报废的固定资产应由固定资产使用部门或管理部门填制固定资产报废单,经企业授权部门或人员批准后对该固定资产进行报废清理。 使用期限未满、非正常报废的固定资产应由固定资产使用部门提出报废申请,注明报废理由、估计清理费用和可回收残值、预计处置价格等。企业应组织有关部门进行技术鉴定,按规定程序审批后进行固定资产报废清理

二、请购活动管控措施

根据风险评估结果,富华机械 2021 年的固定资产请购零部件导致设备问题的风险概率和风险影响比较大,可以采用风险降低的应对策略,具体包括加强固定资产零部件采购环节的管控,建立零配件采购管理规范,减少请购零部件导致设备运转出现问题的事件发生。

◆ 分析/反馈:定期对固定资产零部件导致的设备运转问题进行分析,查明固定资产请购风险的问题,并反馈给相关责任人。

◆　设立绩效或奖惩制度：根据请购问题记录的分析结果，设置相关责任人的绩效考核指标。

巩固与提高

一、单选题

1. 在注册会计师看来，如果处于重要资产管理或控制岗位的员工（　　），该员工侵占资产的可能性很高。

    A. 缺少强制休假制度   B. 不重视相关控制

    C. 对企业存在敌对情绪   D. 不相容职务的分离不充分

2. 甲企业计划修建一座办公楼，工程预算总造价300万元，其中，装饰工程100万元。后该企业与建筑公司签订基建工程合同，合同及其附件写明：只将土建工程分包给建筑公司，装饰工程另行发包，而工程造价却未将装饰工程部分剥离出来，仍按300万元总额包给建筑公司。该案例说明甲企业在（　　）环节中未建立内部控制制度，或者建立了内部控制制度，却未有效执行。

    A. 对合同的签订与审批职务未分离   B. 对固定资产购建进行验收控制

    C. 对固定资产支出应进行预算制度控制   D. 对固定资产购建进行记录和入账控制

二、实践应用题

请结合富华机械案例资料，对固定资产取得、投资、账实不符的风险进行分析。

三、案例分析题

A企业是一家商品流通企业，经济效益较好，财务核算比较规范，税费缴纳正常。在审计人员对该企业进行审计时，该企业的负责人非常自信地对审计人员说："我们的企业管理严格，遵纪守法，应当没有违纪违法的大问题。"审计的第一个星期，审计人员在账面上确实没有发现什么问题。该企业真的像那位负责人说的一样没有问题吗？审计人员心里总存着一个疑问。一天，审计人员发现了一个现象，该企业的运输工具较多，车辆型号各异，而且流动性较强，其中有一种小型面包车有好几台，总是上班前开出，下班后归来。审计小组分析认为其很可能是账外资产，于是决定展开内查外调。审计人员利用休息时间，将停在院内的小型面包车的车牌号码——记下，并趁机与司机聊天，询问到该车是企业所销售产品的生产厂家提供的，专供市内销售网点送货和收款之用。审计人员在掌握此情况后，立即披露了该问题，该负责人在事实面前不得不承认账外资产的问题。

【思考】该企业固定资产管理存在哪些风险？应当如何防范这些风险？

第三篇 综合应用篇

第八章

风险动态智能预警

知识目标

1. 了解风险预警的作用与程序
2. 理解风险预警指标的公式

能力目标

1. 能够计算风险预警指标并制作风险预警图
2. 能够使用 SQL 语句完成财务报表四大能力预警指标的计算
3. 能够制作风险预警仪表板

素养目标

1. 培养数智化企业内部控制岗位风险防范的意识
2. 培养忠于职守、认真负责、精益求精的职业态度

导入案例

屡犯低级错误的银行

2017 年 2 月 20 日，德国复兴信贷银行（KFW）成功引起了全世界的注意。因为，它一个不小心就把账上的钱无缘无故地转给了其他 4 家银行，整整 50 亿欧元！

据《金融时报》报道，出现这一错误的原因是一名程序员在操作银行内部支付软件时犯了一个配置错误，导致系统重复向 4 家银行转账多次。更让人哭笑不得的是，转错账之后，居然还是先被德国央行发现的。

多亏了德国央行发现及时，KFW 表示钱已经悉数要回，并已立即开始了全面的内外部审计，以便详细掌握事件的起因，从而得出相应结论。其实，这是一件完全可以避免的乌龙事件。据知情人士称，德国联邦金融监管局之前对 KFW 进行了特别审计，发现其信息技术（Information Technology，IT）系统不完善。看来，使用过时技术带来的安全风险值得每一家银行警惕起来。

因为这件事，KFW 立马上了报纸。那个关于 KFW 是"德国最愚蠢银行"的称号又被提了出来。KFW 的这个称号究竟是怎么得来的？故事要回到 2008 年的金融危机……

2008 年 9 月 15 日上午 10 时，拥有 158 年历史的美国第四大投资银行——雷曼兄弟公司申请破产保护，消息瞬间传遍世界的各个角落，在金融界掀起了一阵惊涛骇浪。

可匪夷所思的是，在如此明朗的情况下，KFW 在当天 10 时 10 分居然按照外汇掉期协议的交

易，通过计算机自动付款系统，向雷曼兄弟公司即将冻结的银行账户转入了 3 亿欧元。

当时销量最大的《图片报》在 9 月 18 日头版的标题中，将"德国最愚蠢银行"的称号送给了 KFW。

最后的调查报告非常简单，只是记载了相关人员在那十分钟里忙了些什么。

首席执行官施罗德："我知道今天要按照协议约定转账，至于是否撤销这笔巨额交易，应该让董事会讨论决定。"

董事长保卢斯："我们还没有得到风险评估报告，无法及时作出正确的决策。"

董事会秘书史里芬："我打电话给国际业务部催要风险评估报告，可那里总是占线，我想还是隔一会儿再打吧。"

国际业务部经理克鲁克："星期五晚上准备带上全家人去听音乐会，我得提前打电话预订门票。"

国际业务部副经理伊梅尔曼："忙于其他事情，没有时间去关心雷曼兄弟公司的消息。"

负责处理与雷曼兄弟公司业务的高级经理希特霍芬："我让文员上网浏览新闻，一旦有雷曼兄弟公司的消息就立即报告，现在我要去休息室喝杯咖啡了。"

文员施特鲁克："10:03，我在网上看到了雷曼兄弟公司申请破产保护的新闻，马上就跑到希特霍芬的办公室，可是他不在，我就写了张便条放在办公桌上，他回来后会看的。"

结算部经理德尔布吕克："今天是协议规定的交易日子，我没有接到停止交易的指令，那就按照原计划转账吧。"

结算部自动付款系统操作员曼斯坦因："德尔布吕克让我执行转账操作，我什么也没问就做了。"

信贷部经理莫德尔："我在走廊里碰到了施特鲁克，他告诉我雷曼兄弟公司的破产消息，但是我相信希特霍芬和其他职员的专业素养，一定不会犯低级错误，因此也没必要提醒他们。"

公关部经理贝克："雷曼兄弟公司破产已发生，我想跟施罗德谈谈这件事，但上午要会见几个客人，等下午再找他也不迟，反正不差这几个小时。"

财政部部长施泰因布吕克看了这份报告后，在银行监管董事会会议中感叹："我一辈子都没经历过这样的事。"

【思考】为什么 KFW 会多次犯低级错误呢？

在本章，我们将通过模型建立和指标计算，对企业经营风险（涵盖销售、采购等主要业务活动）和财务报表分析风险（涵盖偿债、营运、发展等企业核心竞争力的评估）进行可视化呈现。这种直观的呈现方式能够有效地揭示企业的具体风险点，帮助相关主体更便捷、客观地开展风险分析与风险评估工作，从而为制定更科学有效的风险规避和风险应对策略提供依据。

富华机械拟建立企业的风险预警系统，跟踪监测风险关键成因的变化，通过设置风险预警指标，实现客观反映、动态监测、实时预警三项功能。富华机械风险预警系统的主要程序如图 8-1 所示。

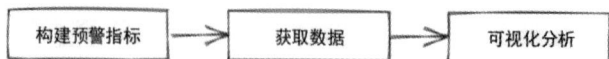

构建预警指标　→　获取数据　→　可视化分析

图 8-1　富华机械风险预警系统的主要程序

（1）构建预警指标：根据业务风险点和业务运作过程，设计风险预警具体指标，并描述指标的含义及计算方法。

（2）获取数据：获取风险预警指标计算涉及的相关数据。

（3）可视化分析：在确定指标预警值的基础上，进行可视化分析。

富华机械根据预警值设置预警线，当指标值达到预警线时触发预警；或根据指标落在的区间设置预警级别，例如设置高风险预警、中风险预警和低风险预警，分别以红、黄、蓝三色标示，直观高效地展示相关指标的风险程度。

第一节　经营风险预警

一、销售计划完成情况预警

【业务场景】

富华机械根据企业整体发展战略对销售部下发了销售任务，设定了最低值、目标值和挑战值，并将根据实际完成情况对销售部进行绩效考核，具体如下：完成销售任务的80%为最低值；完成销售任务的100%为目标值；完成销售任务的120%为挑战值。

销售总监对销售任务的完成情况十分关注，并制订了年度和月度的销售计划。为确保整体销售计划顺利完成，他要求对销售业绩进行实时监控，以降低销售任务无法达成的风险。

【任务要求】

以富华机械2021年5月的销售情况为例，绘制其销售计划完成情况预警图。

📖**拓展知识**

完成情况的表述与指标呈现

计划完成情况通常用完成率来表示，计算公式为：完成率=实际值/计划值或目标值×100%。

单个项目的完成率指标通常使用仪表图或环形进度图展示，其中仪表图更多用于事后对完成情况的评价，而环形进度图更多用于在项目实施过程中对进度的监测。

多个项目的完成率指标可以采用多系统条形图或柱形图呈现，如图8-2所示。

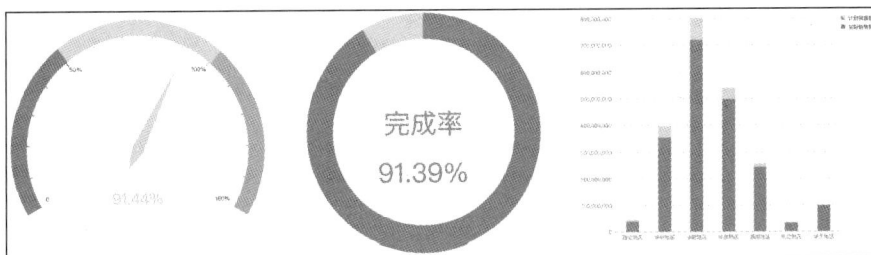

图8-2　项目完成率指标可视化展示图

【课堂讨论】

根据富华机械的销售计划和目标，如何设置销售计划完成情况的指标和预警区间？

【操作过程】

（一）构建预警指标

1. 销售计划完成情况预警指标及计算公式

销售计划完成情况的预警指标是销售计划完成率，其计算公式如下。

$$销售计划完成率=实际销售额÷计划销售额×100\%$$

$$计划销售额=数量×价格$$

其中，"数量"取自销售计划汇总表，"价格"取自 2021 年产品定价表，"实际销售额"取自 2021 年 5 月销售订单表的"价格合计"。

2．设置预警值

销售计划完成率<80%，红色预警。

销售计划完成率≥80%且<100%，黄色预警。

销售计划完成率≥100%且<120%，蓝色预警。

销售计划完成率≥120%，绿色无预警。

（二）获取数据

本实践涉及的数据表有 2021 年 5 月销售订单表、2021 年销售计划汇总表和 2021 年产品定价表，各表单字段及表单间的关系如图 8-3 所示。

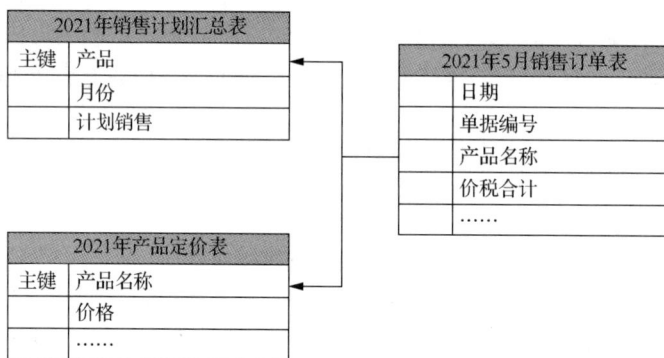

图 8-3　销售计划完成情况预警原始数据表的字段及表单间的关系

（三）可视化分析

（1）在轻分析平台新建"经营预警"分类，在该分类下新建业务主题，命名为"销售计划完成情况预警"，如图 8-4 所示。

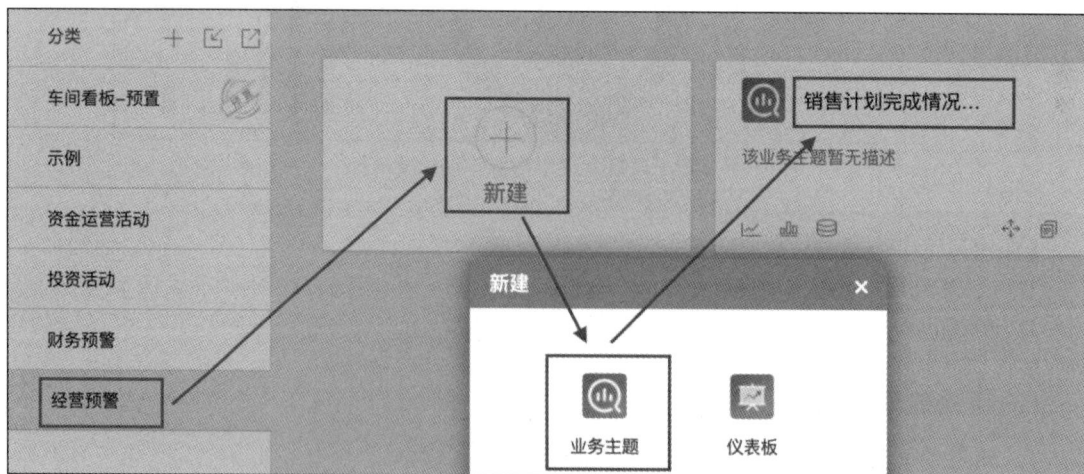

图 8-4　新建销售计划完成情况预警业务主题

（2）单击"数据建模"图标，如图 8-5 所示，进入数据建模页面。

图 8-5 单击"数据建模"图标

（3）单击"新建数据表"，在打开的"新建数据表-选择数据源"对话框中选择"当前数据中心"，单击"下一步"，如图 8-6 所示。

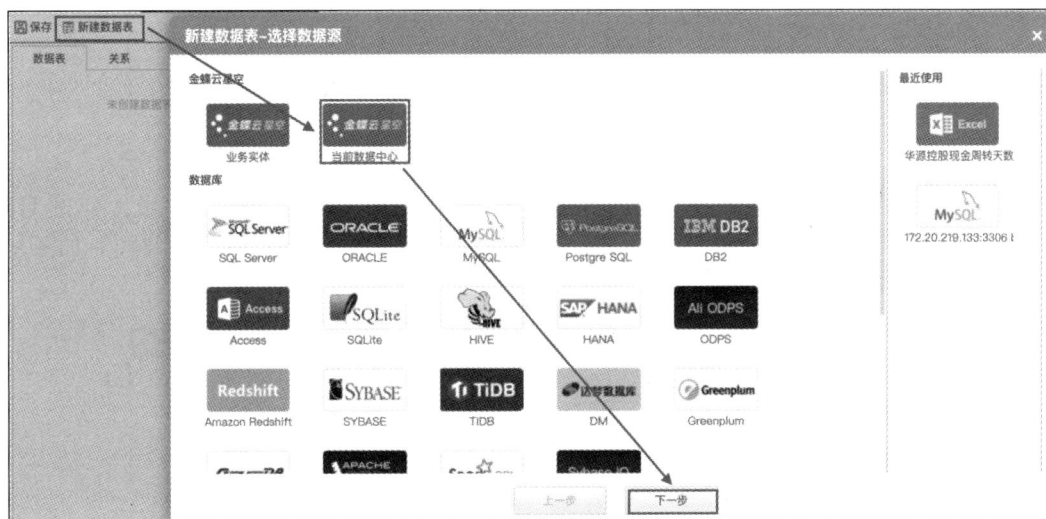

图 8-6 新建数据表

（4）在打开的"新建数据表-数据中心"对话框中选中"表"，单击"下一步"，如图 8-7 所示。

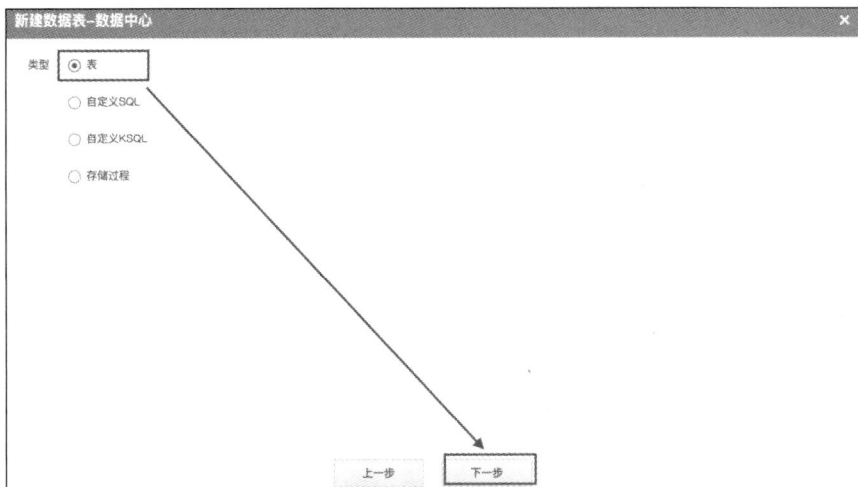

图 8-7 选择数据表类型

（5）在打开的"新建数据表-选择表"对话框中选择"2021 年 5 月销售订单表""2021 年产品定价表""2021 年销售计划汇总表"，单击"下一步"，如图 8-8 所示。

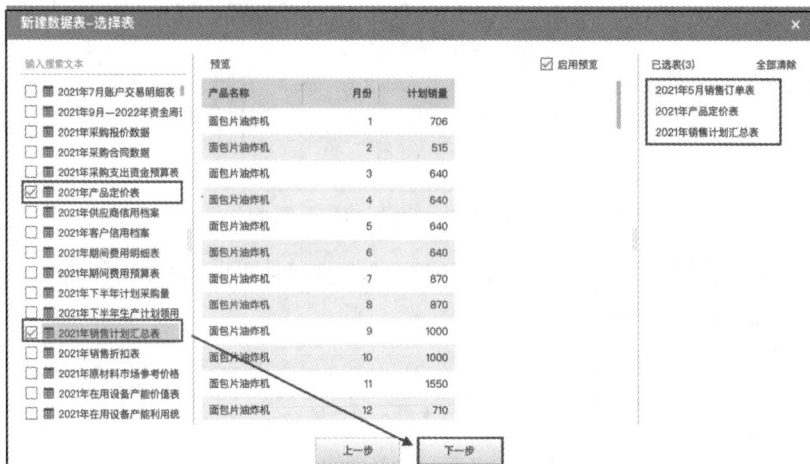

图 8-8　选择数据表

（6）在打开的"新建数据表-选择字段"对话框中选择需用的字段，例如在"2021 年 5 月销售订单表"中只需要选择"日期""产品名称""价税合计"字段，单击"完成"即可，如图 8-9 所示。

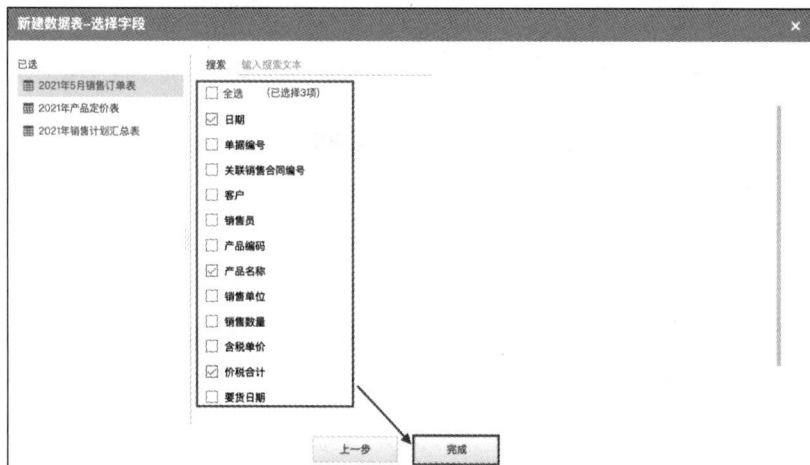

图 8-9　选择字段

（7）回到数据建模页面，在"过滤"选项卡下，筛选"2021 年销售计划汇总表"中"月份等于 5"的数据，单击上方空白处刷新预览数据，如图 8-10 所示。

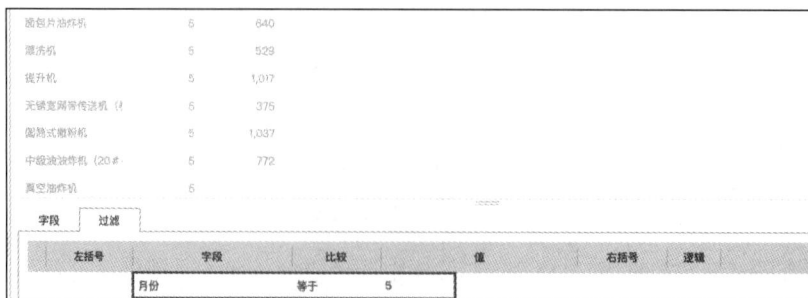

图 8-10　筛选月份

（8）在数据建模页面执行"关系"—"新建关系"命令，建立 2021 年销售计划汇总表与 2021 年产品定价表关于"产品名称"的一对一关系，单击"确定"，如图 8-11 所示。

图 8-11　新建一对一关系

（9）单击"新建关系"，建立 2021 年销售计划汇总表与 2021 年 5 月销售订单表关于"产品名称"的一对多关系，单击"确定"，如图 8-12 所示。

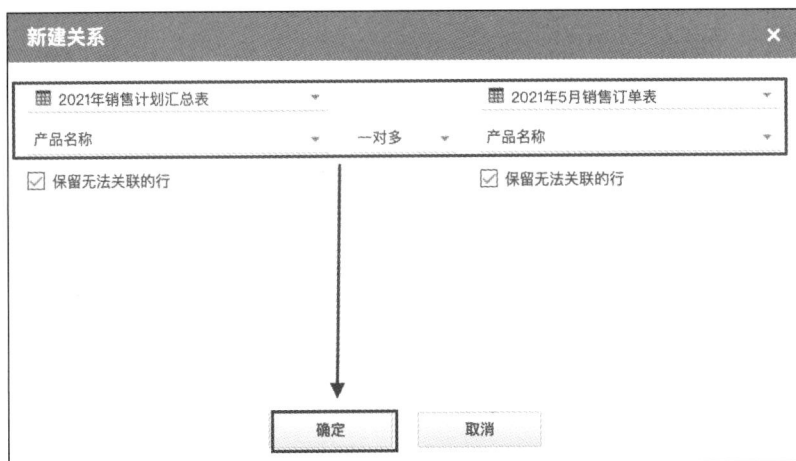

图 8-12　新建一对多关系

（10）此时各数据表之间的关系如图 8-13 所示，单击页面左上角的"保存"（见图 8-14），保存创建的关系。

图 8-13　创建数据表之间的关系

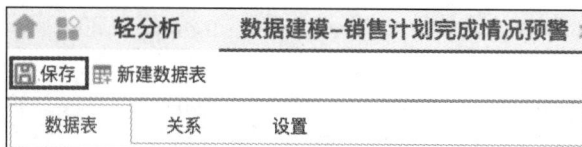

图 8-14　单击"保存"

（11）回到轻分析主页面，单击"数据斗方"图标，如图 8-15 所示。

（12）单击"字段"右侧的下拉按钮，在打开的下拉列表中选择"创建计算字段"，如图 8-16 所示。

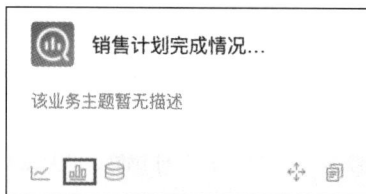

图 8-15　单击"数据斗方"图标

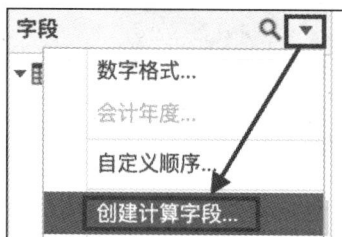

图 8-16　选择"创建计算字段"

（13）在打开的"编辑计算字段"对话框中命名新建字段为"销售计划完成率"，输入表达式 "sum([2021 年 5 月销售订单表.价税合计])/sum(([2021 年销售计划汇总表.计划销量]*[2021 年产品 定价表.价格]))"，单击"确定"，如图 8-17 所示。

图 8-17　编辑计算字段

（14）选择图表类型为"仪表图"，将计算的"销售计划完成率"拖曳至"指针值"区域，如图 8-18 所示。

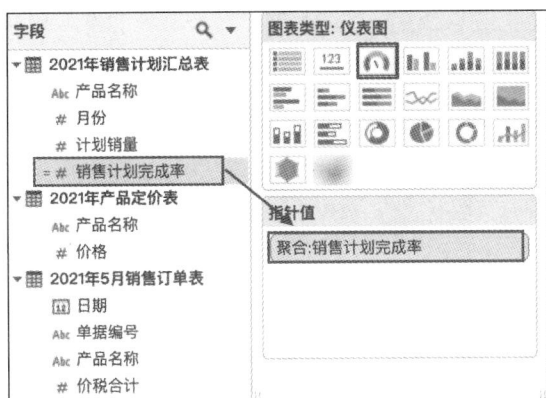

图 8-18 选择图表类型并拖曳字段

（15）在页面右侧单击"分段"编辑按钮，在"分段"对话框中将起始刻度值设为 0，结尾刻度值设为 1.5。单击"添加分刻度"按钮，根据任务要求，设置预警区间的数值及对应颜色，单击"确定"，如图 8-19 所示。表盘刻度值格式和指针的数值格式为"百分之一（%）"，并保留两位小数。

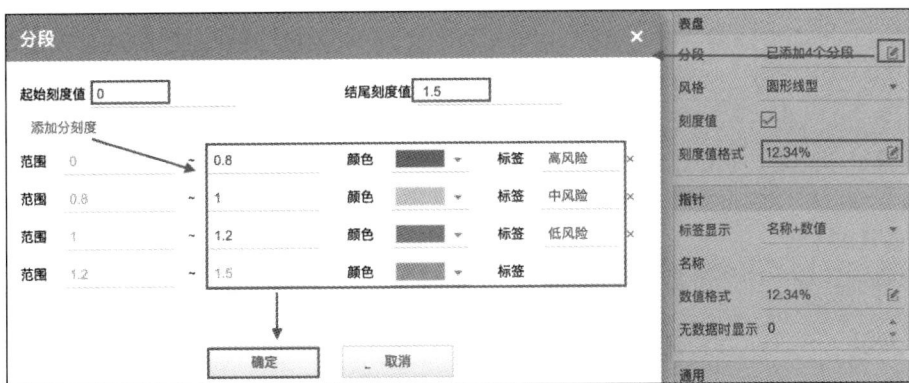

图 8-19 编辑表盘分段

（16）得到 2021 年 5 月销售计划完成率预警图，如图 8-20 所示。

图 8-20 销售计划完成率预警图

由图 8-20 可知，指针指向数值为 35.50%，明显处于高风险区域。这说明销售计划完成率过低，企业需要在接下来的时间积极进行市场拓展，提高完成率以降低风险。

（17）执行"分析方案"—"保存"命令，将方案名称命名为"销售计划完成率"，单击"确定"，如图 8-21 所示。

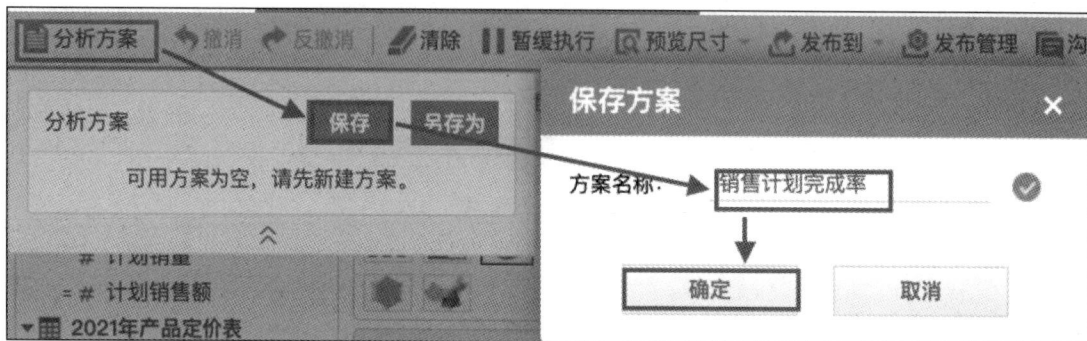

图 8-21　保存销售计划完成率分析方案

二、应收账款逾期风险预警

【业务场景】

富华机械近期拟加强对应收账款逾期风险的管理，其中一项措施是对每个发出的订单根据逾期情况进行预警，以便能够对客户应收账款进行及时管理，减少应收账款逾期和坏账风险。

销售总监对销售回款的情况同样十分关注。为确保回款顺利，他要求对应收账款进行情况总结，以降低应收账款逾期和产生呆账、坏账的风险。

【任务要求】

针对每笔订单，计算逾期天数，并根据预警模型选择合适的图表及颜色进行可视化展示。

📖拓展知识

利用 SQL Server 对两张表进行对比

（1）使用 in 和 not in 运算符。

SQL 中的 in 运算符用于判断表达式的值是否位于给定列表中；如果是，返回值为 1，否则返回值为 0。

not in 运算符的作用和 in 恰好相反，not in 用于判断表达式的值是否不存在于给定列表中；如果不是，返回值为 1，否则返回值为 0。

例如，要找出本任务未付款的订单，可以使用以下语句：

```
select 日期,订单编号,客户,订单金额
from [2021 年订单汇总表]
where 订单编号 not in
(select 订单编号 from [2021 年收款明细表])
```

（2）嵌套使用 select 语句。

在上述语句中，只能找出相符或者不相符的数据，不能同时保留字段相符和不相符的内容并将其合并在一张表中。通过 select 语句的嵌套可以实现两张或多张表的合并。

【举例】

已知 2021 年订单汇总表中的订单编号包含 2021 年收款明细表中相应的订单编号，如何从 2021 年订单汇总表与 2021 年收款明细表中查询订单编号和对应的收款单编号？

SQL 语句如下。

```
select a.订单编号,
(select 收款单编号 from [2021年收款明细表] where 订单编号 = a.订单编号) as 收款单编号
from [2021年订单汇总表]a
```

执行结果如图 8-22 所示。

订单编号	收款单编号
XSDD057513	SK2021053102
XSDD057514	SK2021063001
XSDD057515	SK2021072601
XSDD057516	SK2021070301
XSDD057517	SK2021063002
XSDD057518	SK2021070302

总共1340行数据，仅显示前10行数据

图 8-22　查询订单编号和收款单编号

（3）列表中条件样式的使用方法。

在轻分析列表的条件样式中，可以采用 setRow 函数设置行的对象样式，包括文字的颜色、背景颜色等，其语法为：

```
setRow(styleName, value, condition)。
```

其中，参数 styleName 表示样式名称，value 表示样式属性的值，condition 为条件表达式。示例如下。

示例 1：setRow("color", "#0099cc", ROW_NUM <= 3)表示设置前三行文字为蓝色。

示例 2：setRow("color", "#0099cc", and(GETVALUE("销售额")>1400000, GETVALUE("销售额")<2000000))表示将销售额大于 140 万元且小于 200 万元的行文字设为蓝色。

示例 3：setRow("bold", "true", ROW_NUM <= 3)表示将前三行文字加粗。

本任务可能用到的颜色代码为：#E15759（红色）、#FFDB4A（黄色）、#40A9FF（蓝色）、#97CE68（绿色）。

【操作过程】

（一）构建预警指标

1. 预警指标及计算公式

应收账款逾期风险的预警指标是逾期天数，其计算公式如下。

$$逾期天数=当前日期-订单日期-该客户的信用账期$$

注：上述公式仅针对截至当前日期尚未付款的订单；由于操作时的日期不确定，数据期间为 2021 年，可以选择其中任意一天操作，操作指导中假设"今天"为 2021 年 12 月 31 日。

2. 预警值

逾期天数≥30 天，红色预警。

逾期天数≥1天且<30天，黄色预警。

逾期天数≥-5天且<1天，蓝色预警。

逾期天数<-5天，绿色不预警。

（二）获取数据

本任务涉及的数据表有：2021年订单汇总表、2021年收款明细表、2021年客户信用档案，表单字段及表单间的关系如图8-23所示。

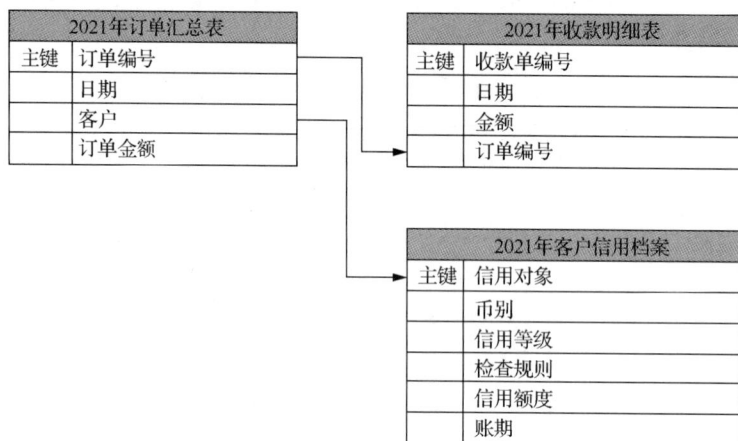

图8-23 应收账款逾期风险预警原始数据表的字段及表单间的关系

（三）可视化分析

第一步，数据建模。

（1）在轻分析主页面的"经营预警"分类项下新建业务主题，命名为"应收账款逾期预警"，如图8-24所示。

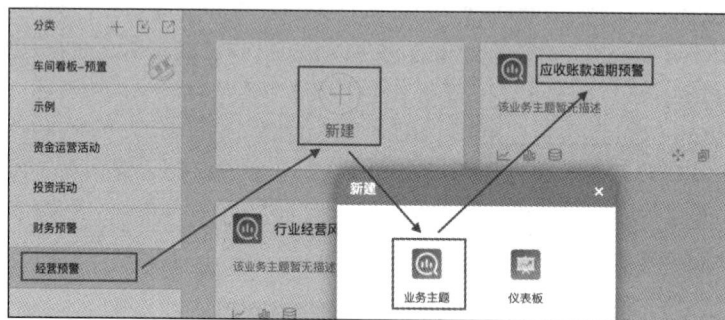

图8-24 新建应收账款逾期预警业务主题

（2）单击"数据建模"，在数据建模页面单击"新建数据表"，在打开的"新建数据表-选择数据源"对话框中选择"当前数据中心"，单击"下一步"。在打开的"新建数据表-数据中心"对话框中选中"自定义SQL"，打开"新建数据表-自定义SQL"对话框。输入名称为"应收账款逾期信息"，并输入以下SQL语句，单击"完成"，如图8-25所示。保存应收账款逾期预警数据模型。

```
select a.日期 as 订单日期,
    a.订单编号,
```

```
a.订单金额,
(select 日期 from [2021年收款明细表] where 订单编号 = a.订单编号) as 收款日期,
(select 金额 from [2021年收款明细表] where 订单编号 = a.订单编号) as 收款金额,
(select 账期 from [2021年客户信用档案] where 信用对象 = a.客户) as 账期
from
[2021年订单汇总表]a
```

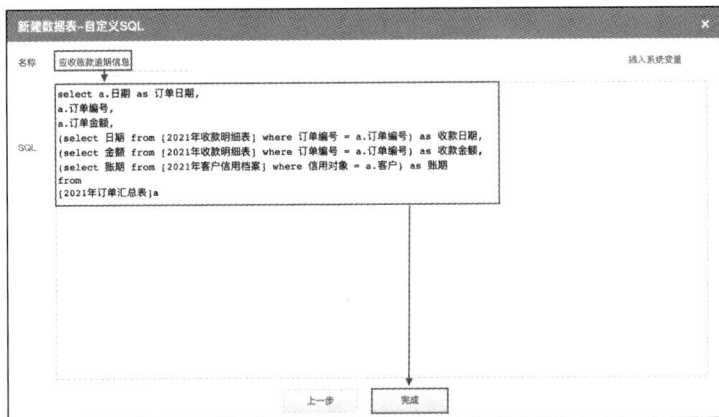

图 8-25　自定义 SQL

第二步，数据分析。

（1）回到轻分析主页面，单击"数据斗方"图标，在数据斗方页面，单击"字段"右侧的下拉按钮，在打开的下拉列表中选择"创建计算字段"。根据要求，首先确认截至当前日期，订单的货款是否已经支付，如果列表中存在已收款且收款日期在当前日期之前的，表示已经付款。在打开的"创建计算字段"对话框中将新建字段命名为"收款标识"，输入以下表达式，单击"确定"，如图8-26所示。

```
IF(AND(DATE(2021,12,31)>=ZN([应收账款逾期信息.收款日期]),ZN([应收账款逾期信息.收款日期])<>0),"已收款","未收款")
```

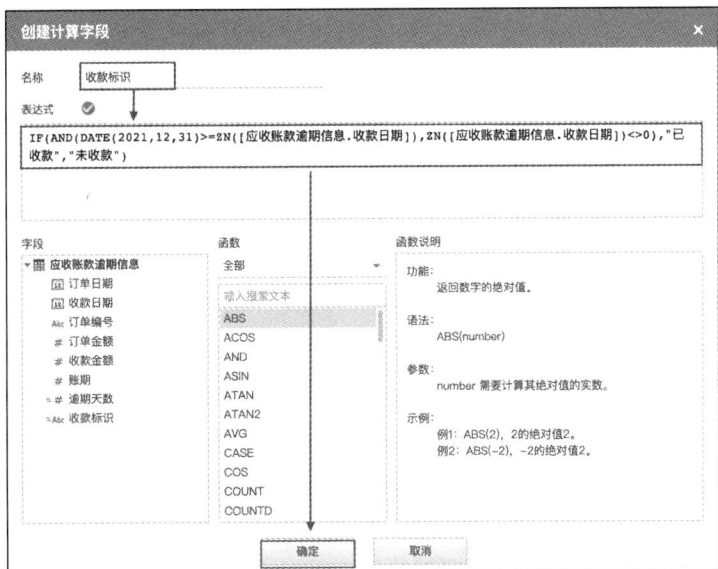

图 8-26　创建和编辑收款标识计算字段

（2）继续创建计算字段，命名为"逾期天数"，输入以下表达式，单击"确定"，如图 8-27 所示。

```
if([应收账款逾期信息.收款标识]="未收款",date(2021,12,31)-[应收账款逾期信息.订单日期]-[应收账款逾期信息.账期],0)
```

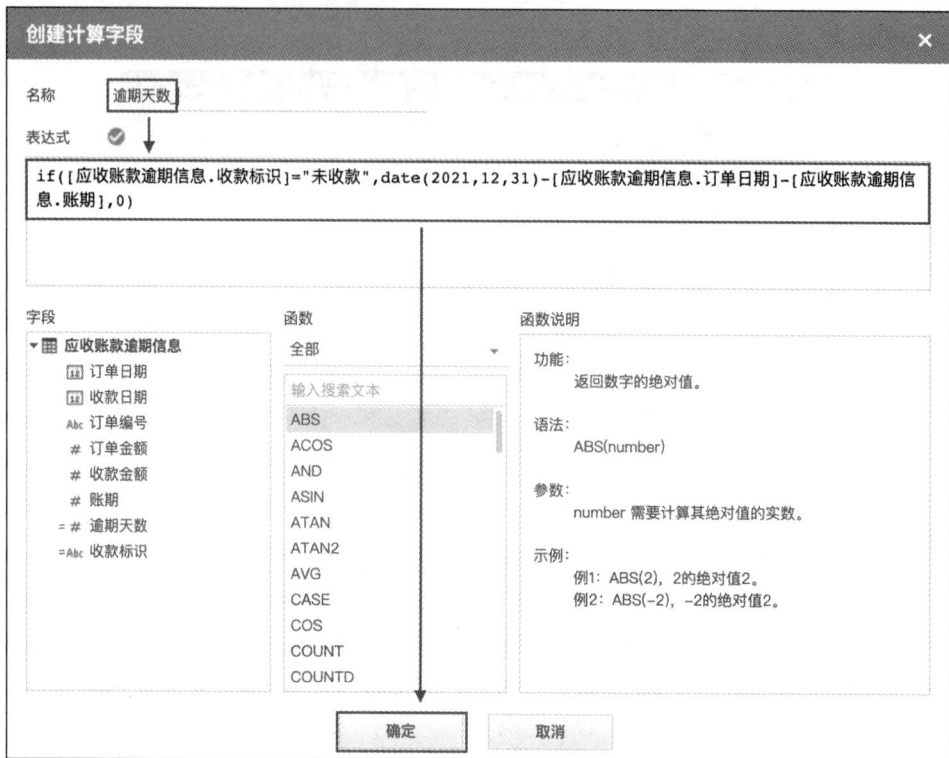

图 8-27　创建和编辑逾期天数计算字段

（3）选择图表类型为"列表"，将"订单编号""订单日期""逾期天数"等字段拖曳至"列"区域，其中订单日期的日期维度选择"年月日"，如图 8-28 所示。

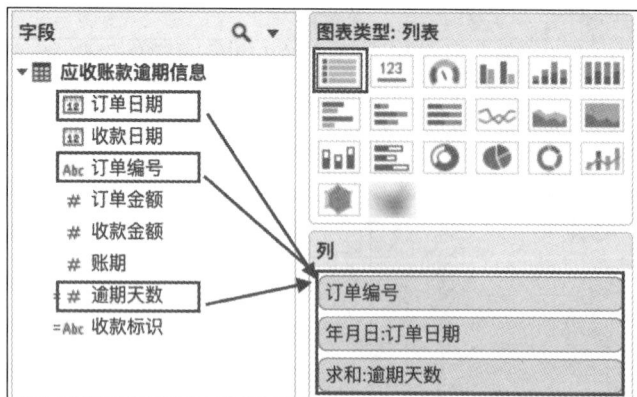

图 8-28　选择图表类型并拖曳字段

（4）为减少显示的数据量并突出需要的信息，将创建的计算字段"收款标识"拖曳至"筛选器"区域，勾选"未收款"，单击"确定"，如图 8-29 所示。

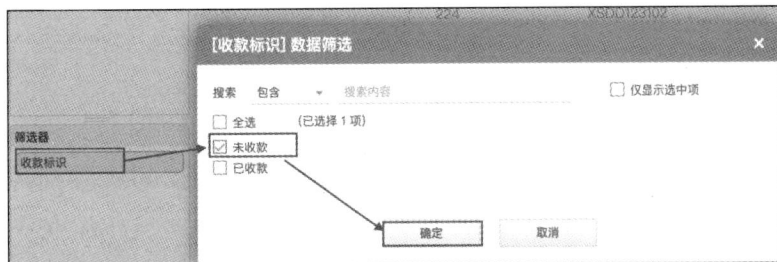

图 8-29 筛选收款标识

（5）根据预警模型要求的预警区间设置不同的条件样式，单击"确定"，并勾选"表头"和"行号"，如图 8-30 所示。

- ◆ 设置红色：setRow("color", "#E15759", GETVALUE("逾期天数") >= 30)。
- ◆ 设置黄色：setRow("color", "#FFDB4A", and(GETVALUE("逾期天数") >= 1, GETVALUE("逾期天数") < 30))。
- ◆ 设置蓝色：setRow("color", "#40A9FF", and(GETVALUE("逾期天数") >= -5, GETVALUE("逾期天数") < 1))。
- ◆ 设置绿色：setRow("color", "#97CE68", GETVALUE("逾期天数") < -5)。

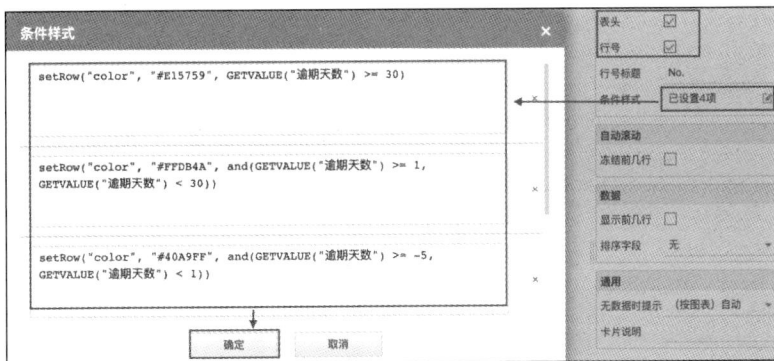

图 8-30 设置预警颜色并勾选"表头""行号"

（6）设置好的列表如图 8-31 所示。保存方案，命名为"应收账款逾期预警"。

No.	订单编号	订单日期(年月日)	逾期天数
7	XSDD080904	2021年8月9日	134.00
8	XSDD082501	2021年8月25日	118.00
9	XSDD090107	2021年9月1日	111.00
10	XSDD092801	2021年9月28日	84.00
11	XSDD100112	2021年10月1日	81.00
12	XSDD100113	2021年10月1日	81.00
13	XSDD100404	2021年10月4日	-2.00
14	XSDD100502	2021年10月5日	-3.00
15	XSDD100601	2021年10月6日	-4.00
16	XSDD100801	2021年10月8日	-6.00
17	XSDD101001	2021年10月10日	-8.00
18	XSDD101905	2021年10月19日	-17.00
19	XSDD102103	2021年10月21日	-19.00

图 8-31 应收账款逾期预警列表

三、资金赤字风险预警

【业务场景】

富华机械的资金采取集中管理的方式，管理层要求总部及各子公司每周对下周的资金收支情况进行测算并制订计划，总部每周自动汇总资金计划，根据计划生成的资金余量进行不同程度的预警。

【任务要求】

对富华机械 2021 年 9 月至 2022 年 12 月生成的资金周计划表的资金余额进行预警。

📖 **拓展知识**

趋势分析法

在做趋势分析时，通常可采用折线图、柱形图或面积图等进行可视化呈现，如图 8-32 所示。其中，折线图适用于多个系列的趋势分析，柱形图适用于分析单个项目的趋势，而面积图适用于需要同时呈现系列趋势和总体趋势的情况。

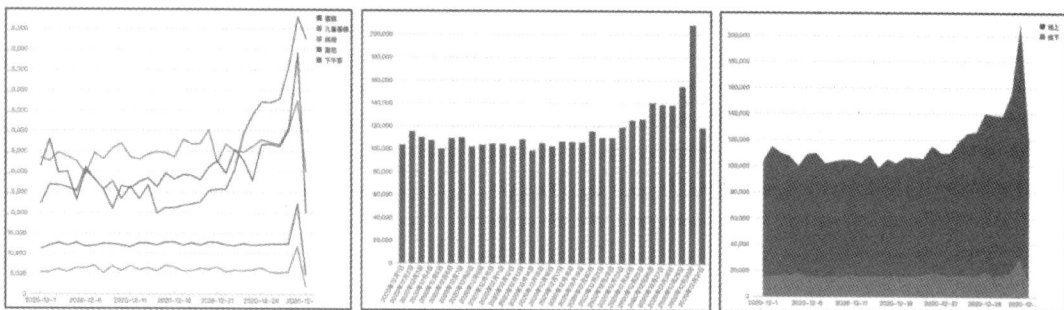

图 8-32　趋势分析可视化呈现方式

【操作过程】

（一）构建预警指标

1. 预警指标及计算公式

资金余额的预警指标是预计资金存量，预计资金存量=资金期末余额。

注：资金的期末余额取自 2021 年 9 月—2022 年资金周计划表的"期末余额"字段。

2. 预警值

预计资金存量<20 000 000 元且≥10 000 000 元，蓝色预警。

预计资金存量<10 000 000 元且≥0，黄色预警。

预计资金存量<0，红色预警。

（二）获取数据

本任务涉及的数据表为 2021 年 9 月—2022 年资金周计划表，表格字段如图 8-33 所示。

2021年9月—2022年资金周计划表	
主键	日期
	期初余额
	销售收现
	其他收现
	贷款
	可用资金小计
	经营付现
	偿还贷款
	投资支出
	支付股利
	资金支出小计
	期末余额

图 8-33　资金赤字风险预警原始数据表的字段

（三）可视化分析

第一步，数据建模。

（1）在"财务预警"分类项下新建业务主题，命名为"资金赤字预警"。

（2）单击"数据建模"，在数据建模页面单击"新建数据表"，在打开的"新建数据表-选择数据源"对话框中选择"当前数据中心"，单击"下一步"。在打开的"新建数据表-数据中心"对话框中选中"表"，单击"下一步"，打开"新建数据表-选择表"对话框。勾选"2021 年 9 月—2022年资金周计划表"，单击"下一步"，如图 8-34 所示。

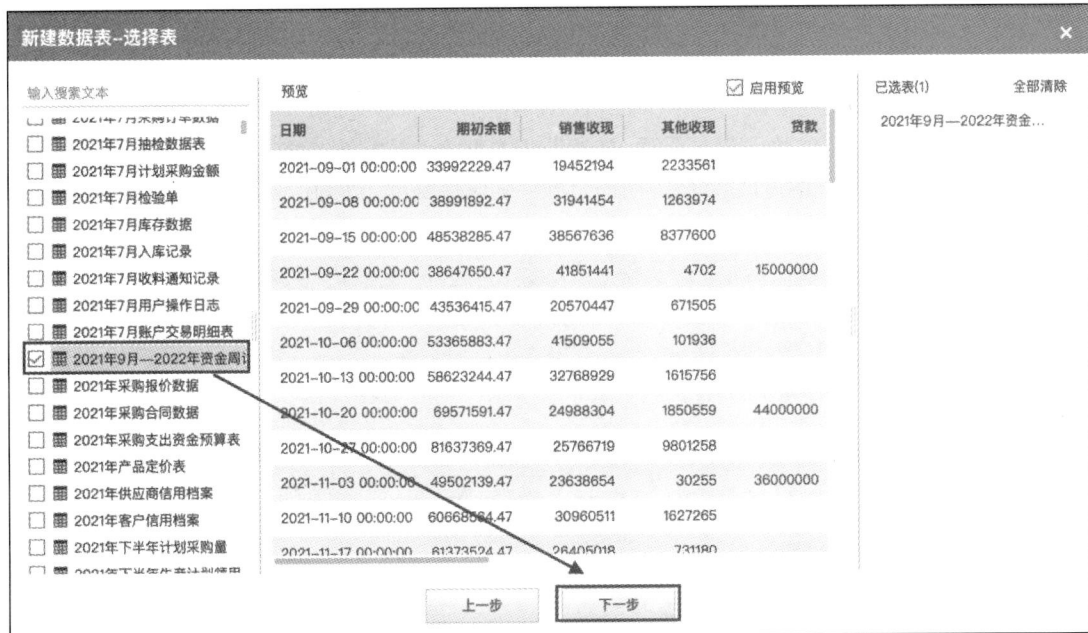

图 8-34　选择资金周计划表

（3）在"新建数据表-选择字段"对话框勾选"全选"，单击"完成"，如图 8-35 所示。

（4）单击左上角的"保存"，如图 8-36 所示。

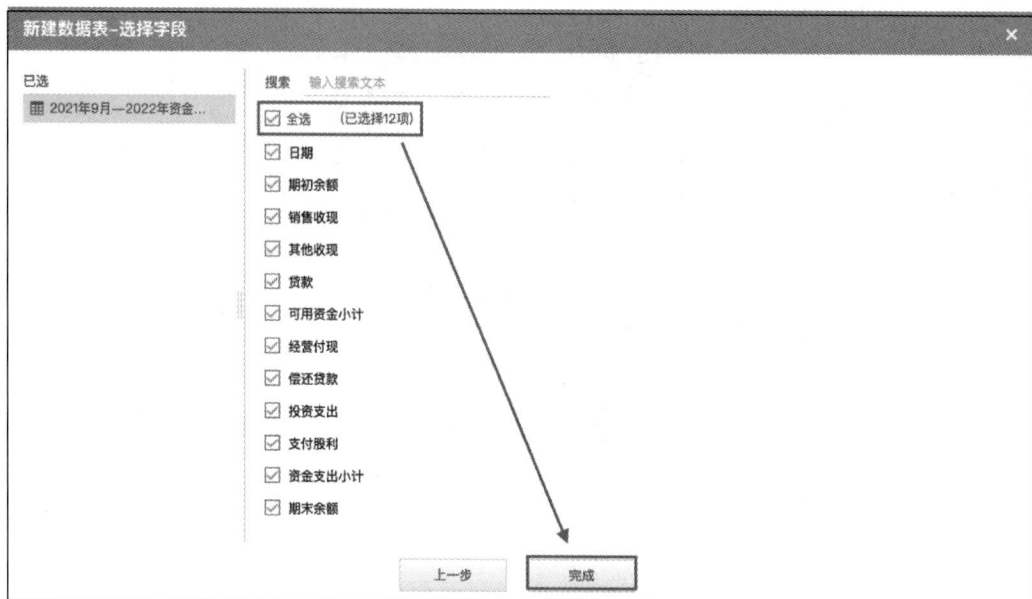

图 8-35　选择所有字段

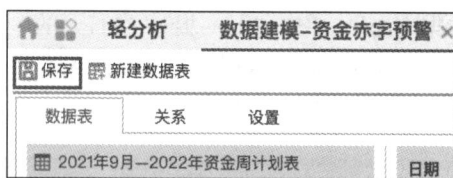

图 8-36　保存资金赤字预警数据模型

第二步，预警设置。

（1）进入该业务主题的数据斗方页面，选择图表类型为"折线图"，将"日期"字段拖曳至"横轴"区域，选择维度为"年月日"，将"期末余额"字段拖曳至"纵轴"区域，如图 8-37 所示。

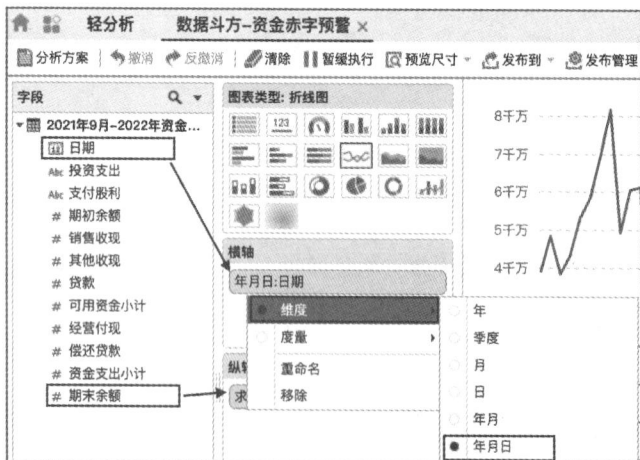

图 8-37　选择图表类型并拖曳字段

（2）根据要求设置 3 条参考线，选择取值为"自定义"，分别输入自定义值 0、10 000 000、20 000 000；标签分别输入"红色预警""黄色预警""蓝色预警"，单击"确定"，如图 8-38 所示。

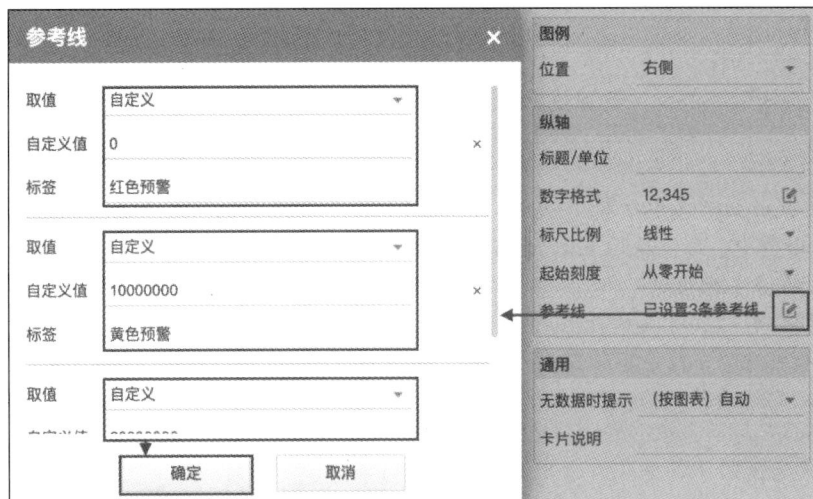

图 8-38 设置自定义参考线

（3）得到资金赤字预警折线图，如图 8-39 所示。可见，2022 年 6—8 月将出现资金赤字，需要提前调整资金收支情况。

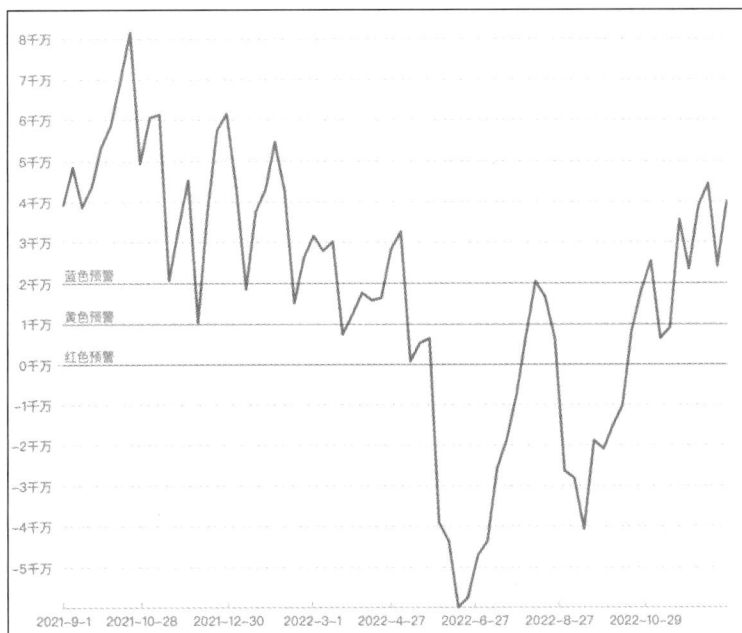

图 8-39 资金赤字预警折线图

（4）保存方案，命名为"资金赤字预警"，单击"确定"。

四、期间费用预算超支风险预警

【业务场景】

富华机械为避免期间费用超支，拟设置期间费用的预警指标，进行可视化的实时监控，当期间费用的发生额与预算接近或超支时，进行不同程度的预警。

【任务要求】

（1）计算预警指标。

（2）选择合适的图形进行可视化展示。

📖**拓展知识**

1. 利用 SQL 语句截取字符串

在 SQL 语句中，可以通过 left、right 函数批量截取字符串。

left 函数的语法结构为：

```
left(character_expression,integer_expression)
```

执行结果为返回字符串中从左边开始指定个数的字符。

right 函数的语法结构为：

```
right(character_expression,integer_expression)
```

执行结果为返回字符串从右边开始指定个数的字符。

【举例】

编写 SQL 语句，从 2021 年期间费用明细表中截取费用类别的前两个字段，并显示唯一不同值。

SQL 语句如下。

```
select distinct left(费用类别,2) as 类别 from [2021年期间费用明细表]
```

执行结果如图 8-40 所示。

类别
管理
财务
销售
总共4行数据

图 8-40　执行结果

2. 利用 SQL 语句实现多对多关系的数据计算

我们知道在轻分析中无法建立两张表之间多对多的关系，此时就需要通过编写 SQL 语句来实现两张表间数据的筛选和计算。经常会用到 distinct、group by 等函数以及 select 语句的嵌套。

【举例】

数据来源：2021 年期间费用明细表、2021 年期间费用预算表。如何编写 SQL 语句计算 2021 年 1—12 月的费用预算完成率？

SQL 语句如下。

```
select distinct
month(a.日期) as 月份,
```
c.实际金额/b.预算金额 as 预算完成率

```
from
[2021年期间费用明细表]a,
(select month(日期) as 预算月份,sum(金额) as 预算金额 from [2021年期间费用预算表]
group by month(日期))b,
(select month(日期) as 发生月份, sum(发生额) as 实际金额 from [2021年期间费用明细表]
group by month(日期))c
where month(a.日期) = b.预算月份 and month(a.日期) = c.发生月份
```

执行结果如图 8-41 所示。

月份	预算完成率
1	1.05
2	1.03
3	1.03
4	0.99
5	1.06
6	1.04
7	1.01

图 8-41　费用预算完成率计算结果（部分）

【操作过程】

（一）构建预警指标

1. 预警指标及计算公式

费用预算超支风险的预警指标和计算公式如下。

期间费用预算完成率=期间费用实际发生额÷期间费用的预算金额×100%

销售费用预算完成率=销售费用实际发生额÷销售费用的预算金额×100%

管理费用预算完成率=管理费用实际发生额÷管理费用的预算金额×100%

财务费用预算完成率=财务费用实际发生额÷财务费用的预算金额×100%

2. 预警值

费用预算完成率≤80%，绿色无预警。

费用预算完成率>80%且≤90%，蓝色预警。

费用预算完成率>90%且≤100%，黄色预警。

费用预算完成率>100%，红色预警。

（二）获取数据

本任务涉及的数据表是 2021 年期间费用明细表、2021 年期间费用预算表。两表字段及表单间的关系如图 8-42 所示。

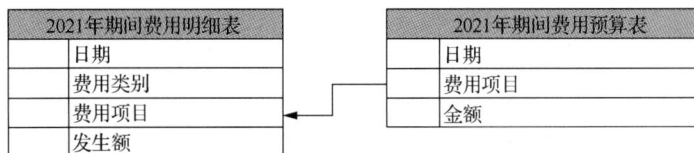

2021年期间费用明细表
日期
费用类别
费用项目
发生额

2021年期间费用预算表
日期
费用项目
金额

图 8-42　费用预算超支风险预警原始数据表的字段及表单间的关系

（三）可视化分析

（1）在"财务预警"分类项下新建业务主题，命名为"期间费用预算超支预警"，如图 8-43 所示。

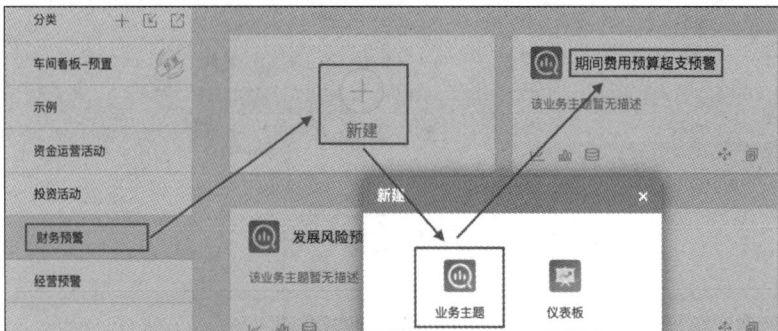

图 8-43　新建费用预算超支预警业务主题

（2）单击"数据建模"图标，在数据建模页面单击"新建数据表"，在打开的"新建数据表-选择数据源"对话框中选择"当前数据中心"，单击"下一步"。在打开的"新建数据表-数据中心"对话框中选中"自定义 SQL"，单击"下一步"。打开"新建数据表-自定义 SQL"对话框，新建数据表，命名为"期间费用预算执行表"，输入以下 SQL 语句，单击"完成"，如图 8-44 所示。单击"保存"，回到轻分析主页面。

```
select distinct
a.费用类别,
b.预算金额,
c.实际金额,
c.实际金额/b.预算金额 as 预算完成率
from
[2021年期间费用明细表]a,
(select left(费用类别,4) as 费用类别,sum(金额) as 预算金额 from [2021年期间费用预算表]
group by left(费用类别,4))b,
(select 费用类别, sum(发生额) as 实际金额 from [2021年期间费用明细表] group by 费用类别)c
where a.费用类别 = b.费用类别 and a.费用类别 = c.费用类别
```

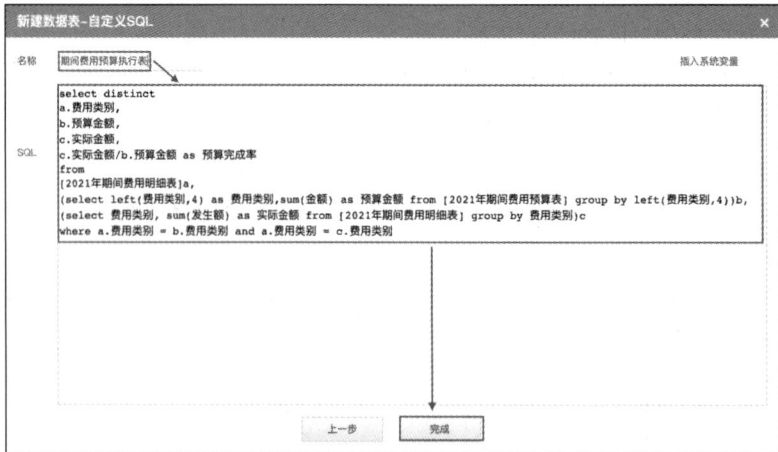

图 8-44　自定义 SQL

（3）单击"数据斗方"图标，打开数据斗方页面。单击"字段"右侧的下拉按钮，在打开的下拉列表中选择"创建计算字段"，在打开的"创建计算字段"对话框中命名新建字段为"期间费用合计预算完成率"，输入以下表达式，单击"确定"，如图 8-45 所示。

sum([期间费用预算执行表.实际金额])/sum([期间费用预算执行表.预算金额])

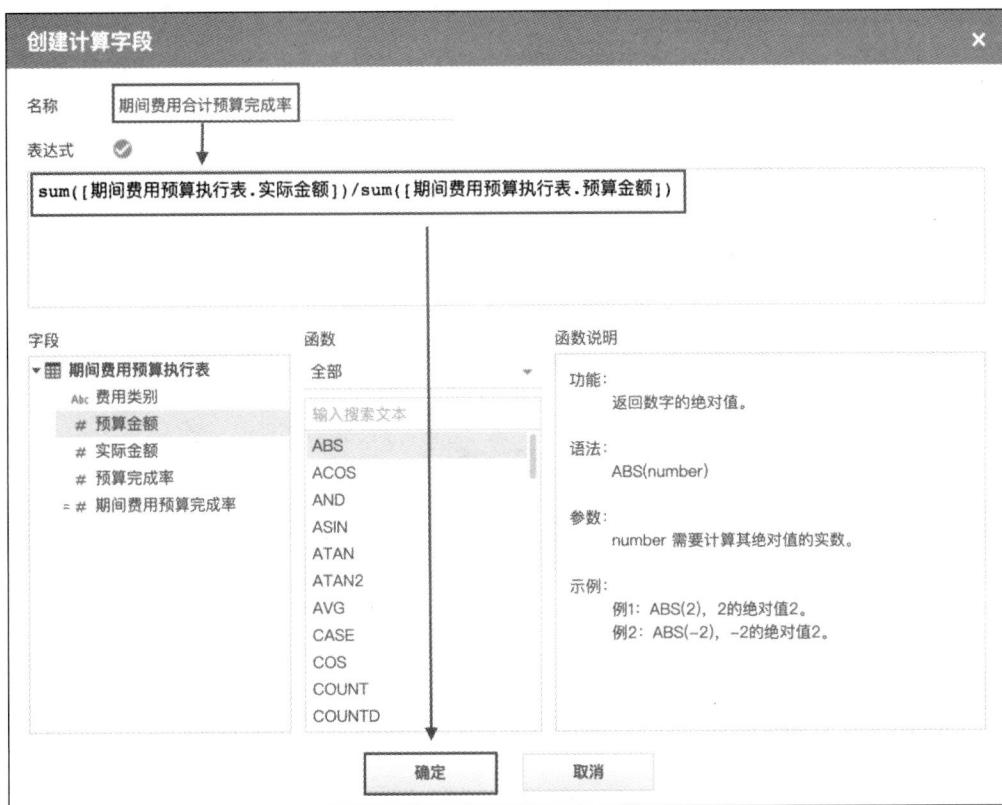

图 8-45　创建计算字段

（4）选择图表类型为"仪表图"，将"期间费用合计预算完成率"字段拖曳至"指针值"区域，如图 8-46 所示。

图 8-46　选择图表类型并拖曳"期间费用合计预算完成率"字段

（5）根据预警值的区间设置分段及颜色，并将表盘刻度值和指针值的数值格式都设置为"百分之一（%）"，单击"确定"，如图 8-47 所示。

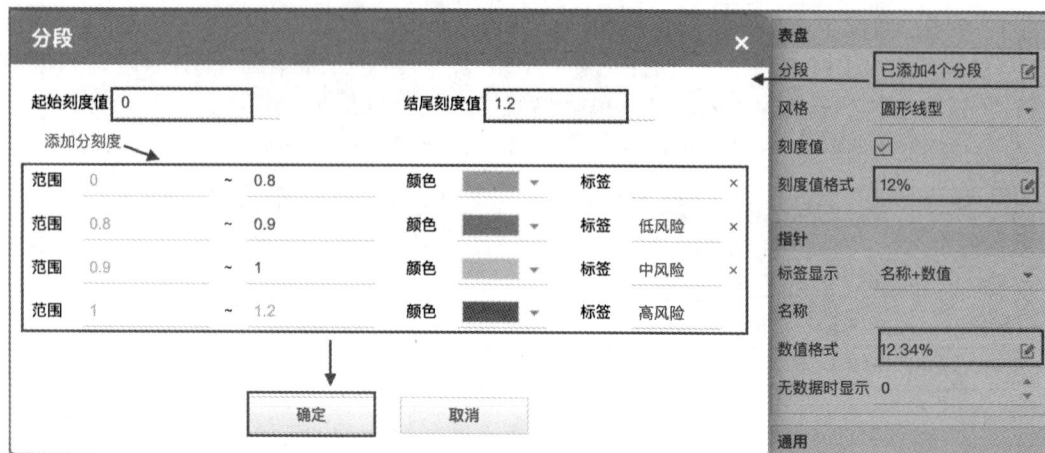

图 8-47　设置预警区间分段及颜色等

（6）得到期间费用预算完成率预警图，如图 8-48 所示。保存方案，命名为"期间费用预算超支预警"。

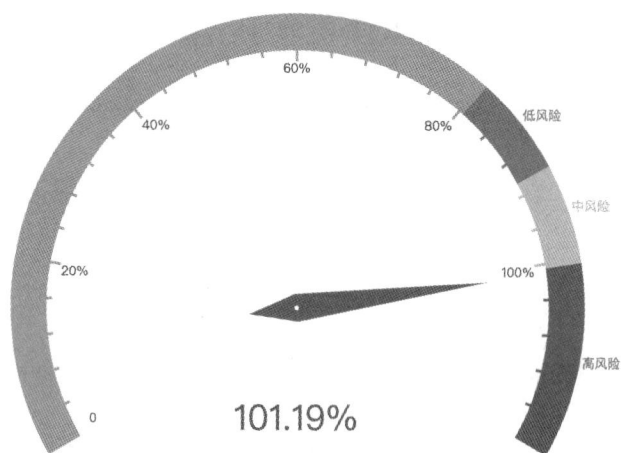

图 8-48　期间费用预算完成率预警图

（7）选择图表类型为"仪表图"，将"预算完成率"字段拖曳至"指针值"区域，如图 8-49 所示。

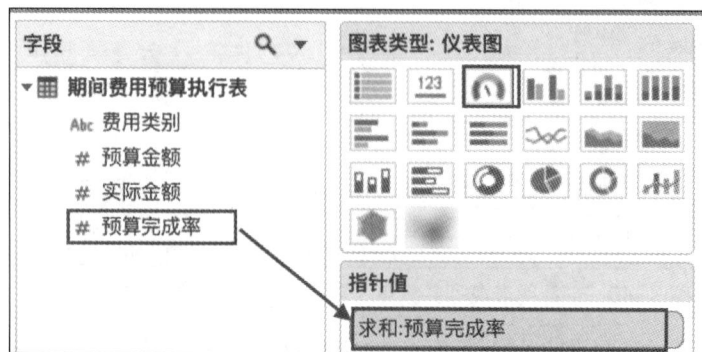

图 8-49　选择图表类型并拖曳"预算完成率"字段

（8）根据预警值的区间设置分段及颜色，并将表盘刻度值和指针值的数值格式都设置为"百分之一（%）"，单击"确定"，结果如图8-50所示。

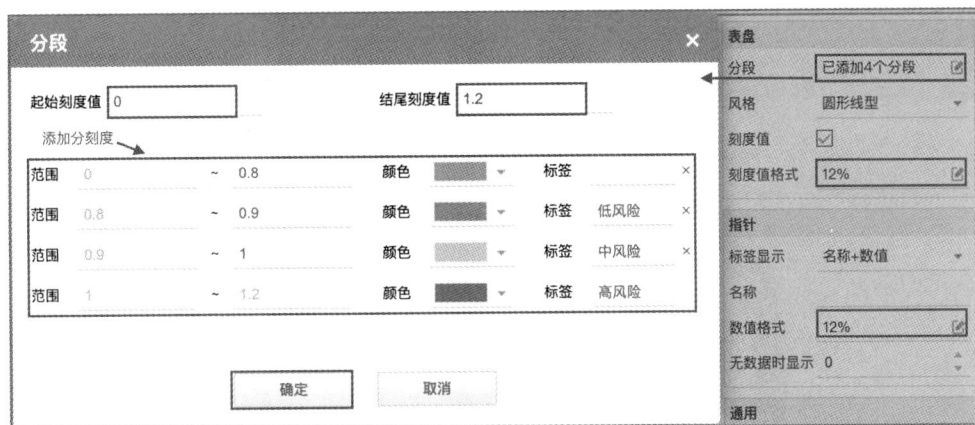

图8-50 设置预警区间分段及颜色等

（9）将"费用类别"字段拖曳至"筛选器"区域，勾选"财务费用"，单击"确定"，如图8-51所示。

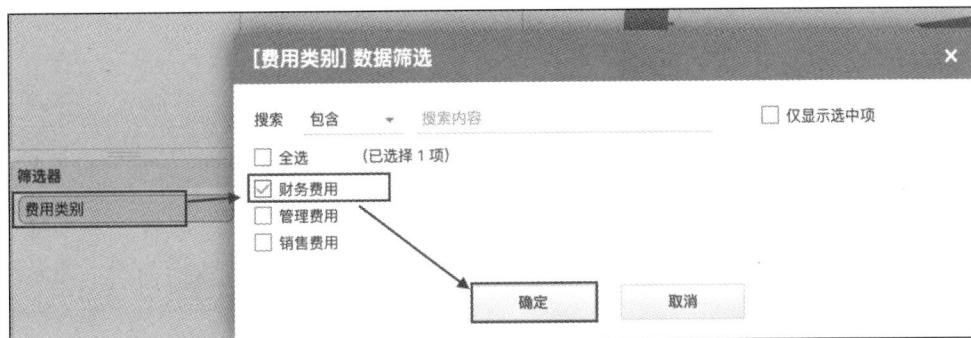

图8-51 筛选费用类别

（10）得到财务费用预算完成率预警图，如图8-52所示。

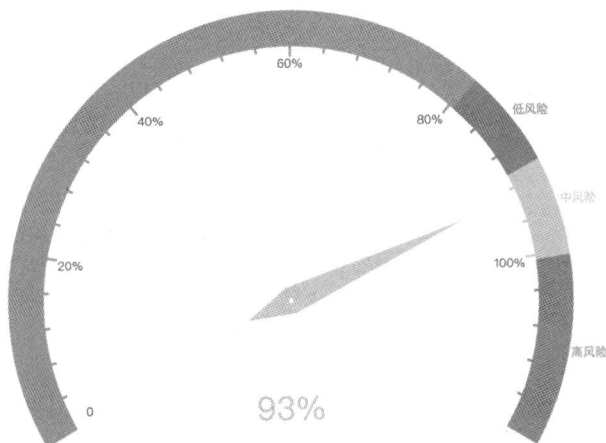

图8-52 财务费用预算完成率预警图

（11）保存方案，命名为"财务费用预算超支预警"。

（12）将"费用类别"字段拖曳至"筛选器"区域，分别勾选"管理费用""销售费用"，单击"确定"后可得到管理费用预算完成率预警图和销售费用预算完成率预警图，分别如图8-53和图8-54所示。

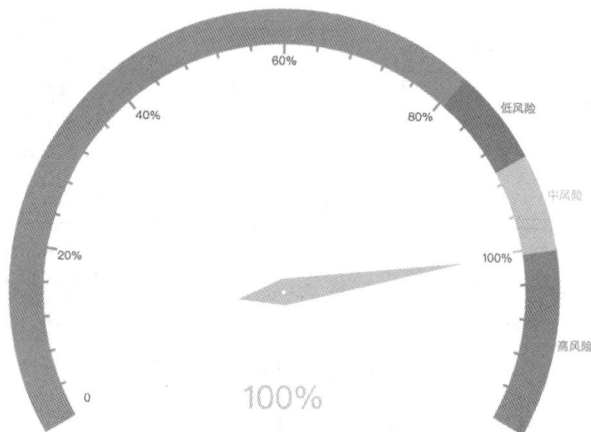

图 8-53　管理费用预算完成率预警图

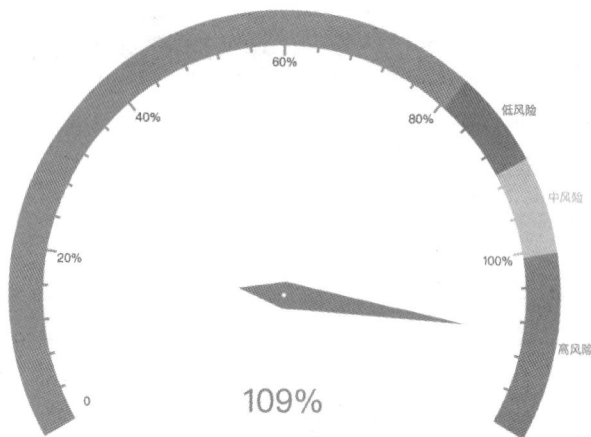

图 8-54　销售费用预算完成率预警图

从以上结果可知，期间费用预算完成率高于100%，处于高风险区域。其中，按费用类别来看，财务费用预算完成率和管理费用预算完成率处于中风险区域，销售费用预算完成率处于高风险区域，且高达109%。企业亟须分析销售费用超支的原因，解决相关问题，必要时需要追究相关部门及负责人责任，防范和降低企业经营风险。

第二节　财务报表分析风险预警

一、偿债风险预警

【业务场景】

富华机械拟制定偿债能力预警体系，财务部整理了短期偿债能力和长期偿债能力的指标及计算公式，但是不太确定如何设置指标的预警值，以及如何可视化展示这些指标以对企业的偿债能力进行预警。

【任务要求】

（1）计算行业偿债能力指标均值。

（2）计算富华机械偿债能力指标。

（3）计算预警指标。

（4）在轻分析平台中绘制富华机械各项偿债风险预警图。

📖 拓展知识

1. SQL语句中的数学运算

在SQL语句中，可以直接使用运算符"+""−""*""/"进行加减乘除运算。

【举例】

以2017—2020年资产负债表为数据源，如何编写SQL语句计算富华机械的资产负债率？

SQL语句如下。

```
select 报表日期,负债合计/资产总计 as 富华机械资产负债率 from [2017—2020年资产负债表]。
```

执行结果如图8-55所示。

报表日期	富华机械资产负债率
2017–12–31	0.78
2018–12–31	0.77
2019–12–31	0.75
2020–12–31	0.79
总共4行数据	

图8-55 执行结果（一）

2. SQL语句中的平均值运算

在SQL语句中，使用AVG函数可以求平均值。AVG可用来返回所有列的平均值，也可以用来返回特定列或行的平均值。

【举例】

以2017—2020年资产负债表为数据源，如何编写SQL语句计算富华机械的平均资产负债率？

SQL语句如下。

```
select avg(负债合计/资产总计) as 富华机械平均资产负债率 from [2017—2020年资产负债表]。
```

执行结果如图8-56所示。

平均资产负债率
0.77
总共1行数据

图8-56 执行结果（二）

【操作过程】

（一）构建预警指标

1. 短期偿债能力指标

短期偿债能力指标及其计算公式如下。

$$流动比率=流动资产合计/流动负债合计$$

$$速动比率=（流动资产合计-存货）/流动负债合计$$

$$现金比率=（货币资金+交易性金融资产）/流动负债合计$$

$$现金流动负债比=经营活动产生的现金流量净额/流动负债合计$$

2. 长期偿债能力指标

长期偿债能力指标及其计算公式如下。

$$已获利息倍数=（利润总额+财务费用）/财务费用$$

$$资产负债率=负债合计/资产总计×100\%$$

$$现金债务比=经营活动产生的现金流量净额/负债合计$$

注：本任务现金流动负债比和现金债务比中的分母"流动负债合计"和"负债合计"使用期末数计算。

3. 预警指标

偿债风险的预警指标及其计算公式如下。

$$流动比率偏离度=（企业流动比率均值-行业流动比率）÷行业流动比率均值×100\%$$

$$速动比率偏离度=（企业速动比率均值-行业速动比率）÷行业速动比率均值×100\%$$

$$现金比率偏离度=（企业现金比率均值-行业现金比率）÷行业现金比率均值×100\%$$

$$现金流动负债比偏离度=（企业现金流动负债比均值-行业现金流动负债比）÷$$
$$行业现金流动负债比均值×100\%$$

$$已获利息倍数偏离度=（企业已获利息倍数均值-行业已获利息倍数）÷行业已获利息倍数均值×100\%$$

$$资产负债率偏离度=（企业资产负债率均值-行业资产负债率）÷行业资产负债率均值×100\%$$

$$现金债务比偏离度=（企业现金债务比均值-行业现金债务比）÷行业现金债务比均值×100\%$$

4. 预警值

偿债风险指标预警值如表 8-1 所示。

表 8-1　　　　　　　　　　　偿债风险指标预警值

序号	指标名称	红色预警区间	黄色预警区间	蓝色预警区间
1	流动比率偏离度	$(-\infty,-50\%)$	$[-50\%,-30\%)$	$[-30\%,0)$
2	速动比率偏离度	$(-\infty,-50\%)$	$[-50\%,-30\%)$	$[-30\%,0)$
3	现金比率偏离度	$(-\infty,-50\%)$	$[-50\%,-30\%)$	$[-30\%,0)$
4	现金流动负债比偏离度	$(-\infty,-50\%)$	$[-50\%,-30\%)$	$[-30\%,0)$
5	已获利息倍数偏离度	$(-\infty,-50\%)$	$[-50\%,-30\%)$	$[-30\%,0)$
6	资产负债率偏离度	$(50\%,+\infty)$	$(30\%,50\%]$	$(0,30\%]$
7	现金债务比偏离度	$(-\infty,-50\%)$	$[-50\%,-30\%)$	$[-30\%,0)$

（二）获取数据

偿债风险预警原始数据表的字段及表单间的关系如图 8-57 所示。

图 8-57　偿债风险预警原始数据表的字段及表单间的关系

（三）可视化分析

第一步，计算行业偿债指标。

（1）在"财务预警"分类项下新建业务主题，命名为"偿债风险预警"，开始数据建模。

（2）单击"数据建模"图标，在数据建模页面单击"新建数据表"，选择"MySQL"数据库，单击"下一步"。填入给定的连接信息，单击"连接"，选择"report_data_jxhy"数据库（该数据库数据取自机械行业上市公司财务报表），首次操作时可以先选中"表"熟悉数据格式，熟悉后可选中"自定义 SQL"，提取数据库中需要的信息，单击"下一步"，如图 8-58 所示。

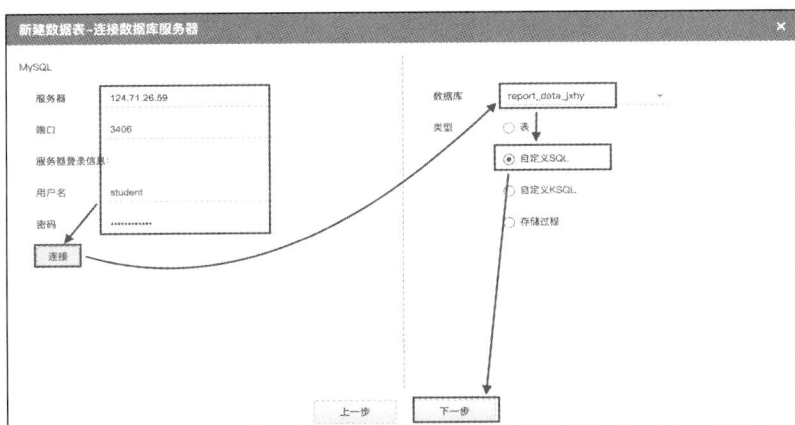

图 8-58　连接 MySQL 数据库服务器

（3）打开"新建数据表-自定义 SQL"对话框，新建数据表，命名为"行业偿债指标"，并输入以下 SQL 语句，单击"完成"，如图 8-59 所示。

```
select
  a.报表日期,
  avg(a.流动资产合计/a.流动负债合计) as 行业流动比率均值,
  avg((a.流动资产合计 - a.存货)/a.流动负债合计) as 行业速动比率均值,
  avg((a.货币资金 + a.交易性金融资产)/a.流动负债合计) as 行业现金比率均值,
  avg(c.经营活动产生的现金流量净额/a.流动负债合计) as 行业现金流动负债比均值,
  avg((b.'四、利润总额' + b.财务费用)/b.财务费用) as 行业已获利息倍数均值,
  avg(a.负债合计/a.资产总计) as 行业资产负债率均值,
  avg(c.经营活动产生的现金流量净额/a.负债合计) as 行业现金债务比均值
from
  t_balance_sheet a,
  t_profit_statement b,
  t_cash_flow c
WHERE  a.报表日期 = b.报表日期 AND a.公司名称 = b.公司名称 AND a.报表日期 LIKE '%12-31'
AND a.报表日期 = C.报表日期 AND a.公司名称 = C.公司名称
group by a.报表日期
```

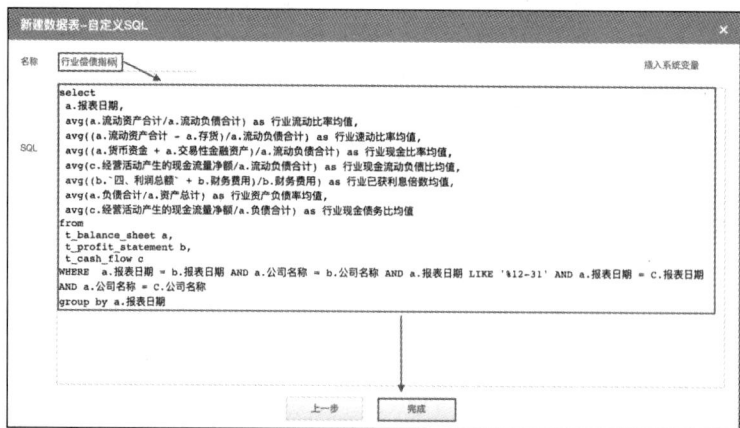

图 8-59　进行行业偿债指标建模

（4）按富华机械的报表期间筛选行业指标的期间，以减少数据量。在"过滤"选项卡中选择报表日期在 2017-12-31 至 2020-12-31 的数据，然后单击空白处刷新数据，如图 8-60 所示。

图 8-60　筛选行业指标日期

第二步，计算富华机械偿债指标。

（1）在数据建模页面，单击"新建数据表"，在打开的"新建数据表-选择数据源"对话框中选择"当前数据中心"，单击"下一步"。在打开的"新建数据表-数据中心"对话框中选择"自定

义 SQL"，单击"下一步"。打开"新建数据表-自定义 SQL"对话框，将新建数据表命名为"富华机械偿债指标"，根据任务要求，从富华机械的资产负债表、利润表和现金流量表中选择需要的数据，并输入以下 SQL 语句，单击"完成"，如图 8-61 所示。

```
select
    a.报表日期,
    a.流动资产合计/a.流动负债合计 as 富华机械流动比率,
    (a.流动资产合计 - a.存货)/a.流动负债合计 as 富华机械速动比率,
    (a.货币资金 + a.交易性金融资产)/a.流动负债合计 as 富华机械现金比率,
    c.经营活动产生的现金流量净额/a.流动负债合计 as 富华机械现金流动负债比,
    (b.[四、利润总额] + b.财务费用)/b.财务费用 as 富华机械已获利息倍数,
    a.负债合计/a.资产总计 as 富华机械资产负债率,
    c.经营活动产生的现金流量净额/a.负债合计 as 富华机械现金债务比
from
    [2017—2020年资产负债表] a,
    [2017—2020年利润表] b,
    [2017—2020年现金流量表] c
```

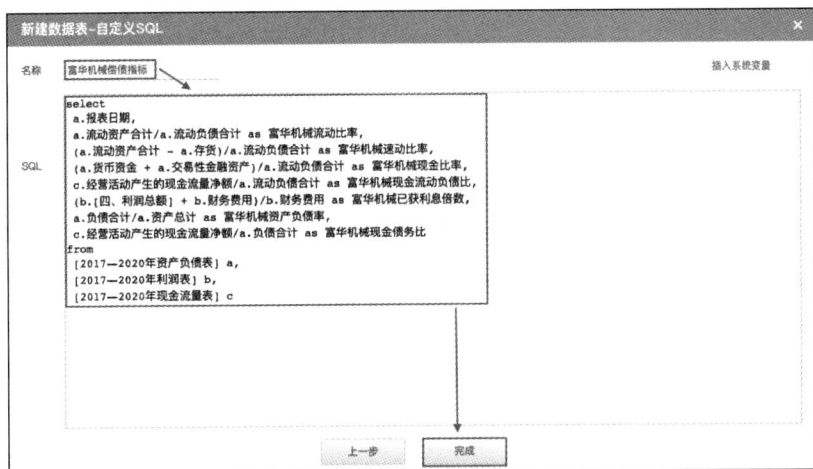

图 8-61　进行富华机械偿债指标建模

（2）执行"关系"—"新建关系"命令，在打开的页面中建立行业偿债指标与富华机械偿债指标关于"报表日期"的一对一关系，单击"确定"，如图 8-62 所示。

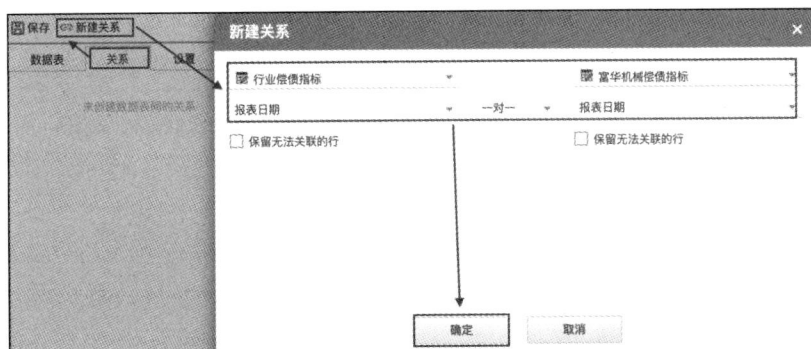

图 8-62　建立指标间日期的一对一关系

第三步，计算预警指标。

（1）单击"数据斗方"图标，打开数据斗方页面。单击"字段"右侧的下拉按钮，在打开的下拉列表中选择"创建计算字段"，在打开的"创建计算字段"对话框中命名新建字段为"流动比率偏离度"，输入以下表达式，单击"确定"，如图 8-63 所示。

（[富华机械偿债指标.富华机械流动比率]−[行业偿债指标.行业流动比率均值]）/[行业偿债指标.行业流动比率均值]

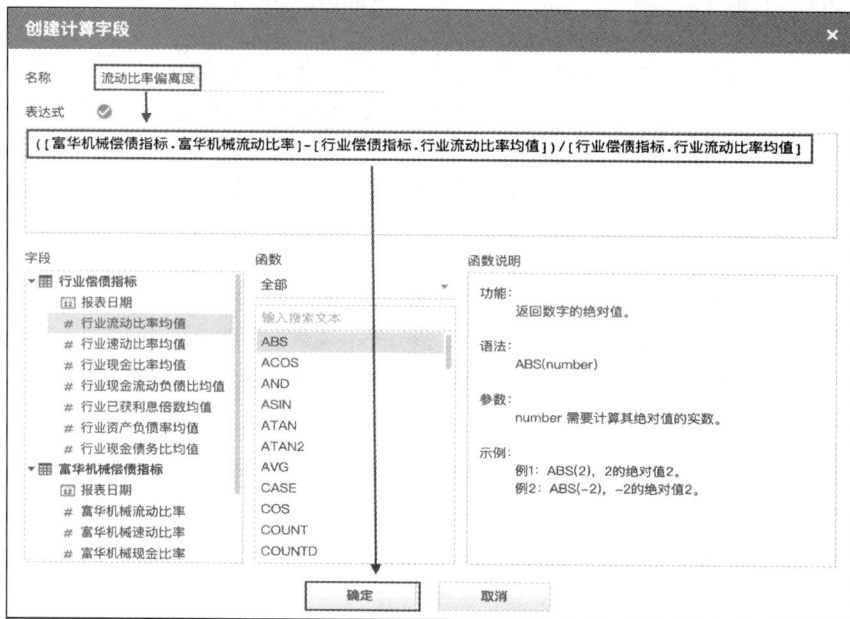

图 8-63 创建和编辑流动比率偏离率计算字段

（2）以同样的方式计算其他预警指标，创建计算字段的表达式分别如下。

速动比率偏离度：

（[富华机械偿债指标.富华机械速动比率]−[行业偿债指标.行业速动比率均值]）/[行业偿债指标.行业速动比率均值]

现金比率偏离度：

（[富华机械偿债指标.富华机械现金比率]−[行业偿债指标.行业现金比率均值]）/[行业偿债指标.行业现金比率均值]

现金流动负债比偏离度：

（[富华机械偿债指标.富华机械现金流动负债比]−[行业偿债指标.行业现金流动负债比均值]）/[行业偿债指标.行业现金流动负债比均值]

已获利息倍数偏离度：

（[富华机械偿债指标.富华机械已获利息倍数]−[行业偿债指标.行业已获利息倍数均值]）/[行业偿债指标.行业已获利息倍数均值]

资产负债率偏离度：

（[富华机械偿债指标.富华机械资产负债率]−[行业偿债指标.行业资产负债率均值]）/[行业偿债指标.行业资产负债率均值]

现金债务比偏离度：

（[富华机械偿债指标.富华机械现金债务比]−[行业偿债指标.行业现金债务比均值]）/[行业偿债指标.行业现金债务比均值]

第四步，绘制预警图。

（1）选择图表类型为"仪表图"，将"流动比率偏离度"字段拖曳至"指针值"区域，选择度量为"平均"，如图 8-64 所示。

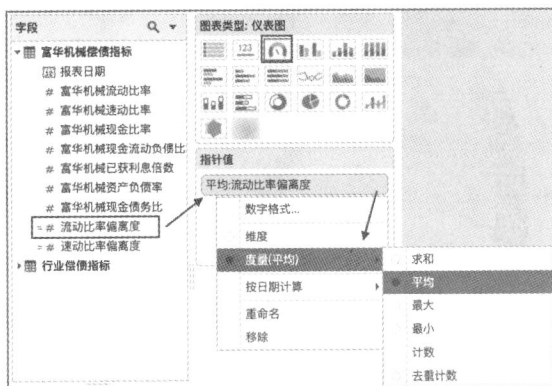

图 8-64　选择图表类型并拖曳字段

（2）将"报表日期"字段拖曳至"筛选器"区域，选择需要预警的报表日期，以 2020 年 12 月 31 日为例，单击"确定"，如图 8-65 所示。

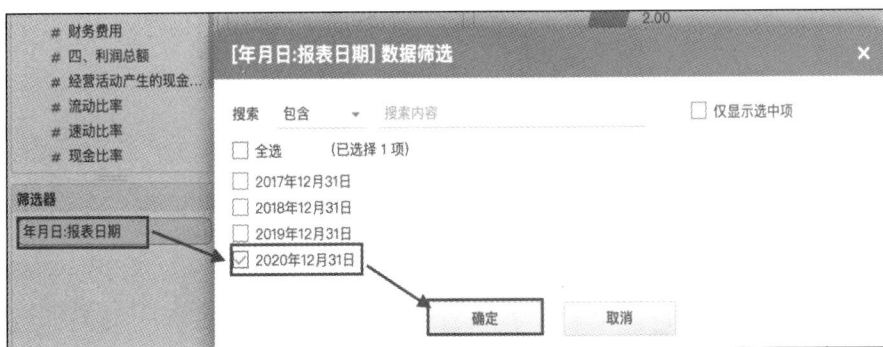

图 8-65　将"报表日期"字段拖曳至"筛选器"区域

（3）根据预警值设置表盘分段及颜色，并设置表盘刻度值和指针的数值格式为"百分之一（％）"，单击"确定"，如图 8-66 所示。

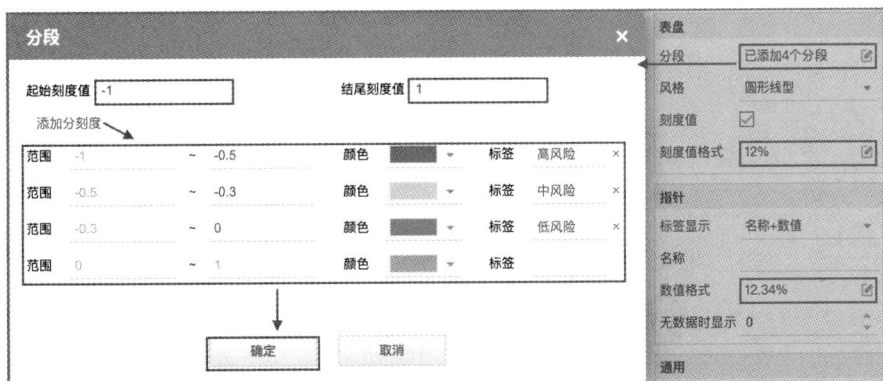

图 8-66　根据预警值设置预警分段及颜色

（4）得到流动比率偏离度预警图，如图 8-67 所示。

图 8-67　流动比率偏离度预警图

（5）以同样的操作方法，分别设置其他偿债指标的预警图并保存（以下均以 2020 年度报表为例），注意资产负债率指标越小越好，与其他指标的颜色方向设置相反。操作结果如图 8-68～图 8-73 所示。

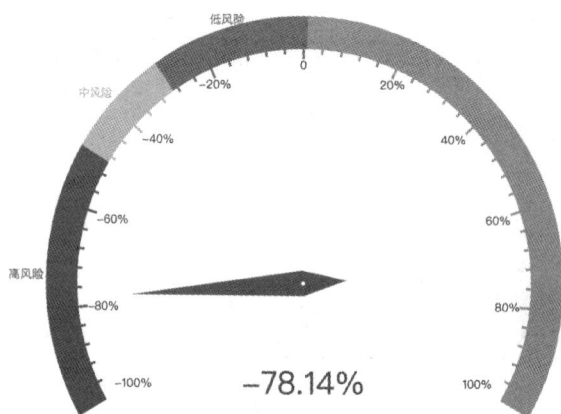

图 8-68　速动比率偏离度预警图

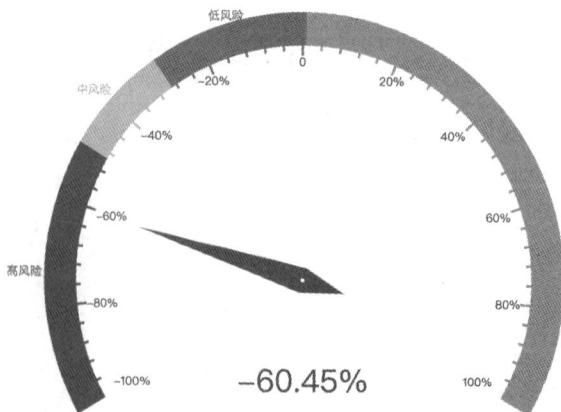

图 8-69　现金比率偏离度预警图

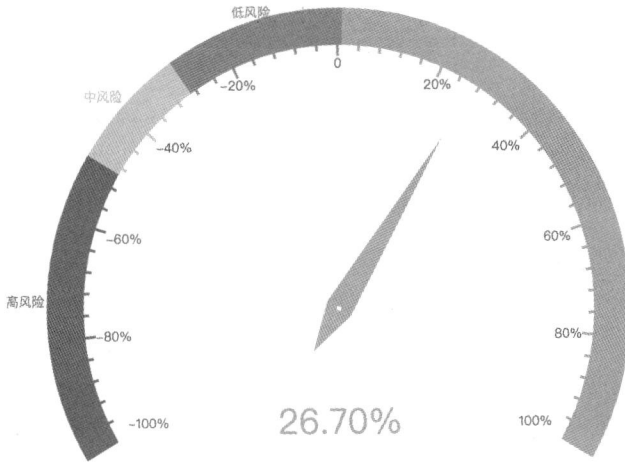

图 8-70　现金流动负债比偏离度预警图

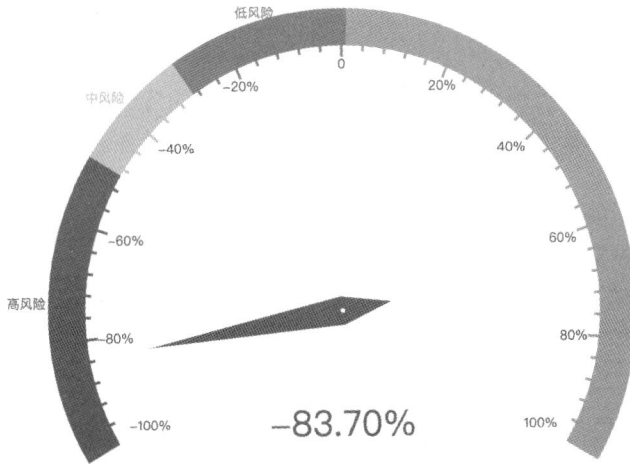

图 8-71　已获利息倍数偏离度预警图

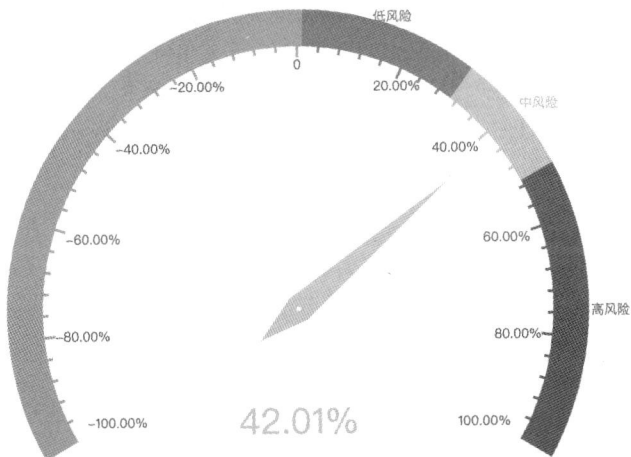

图 8-72　资产负债率偏离度预警图

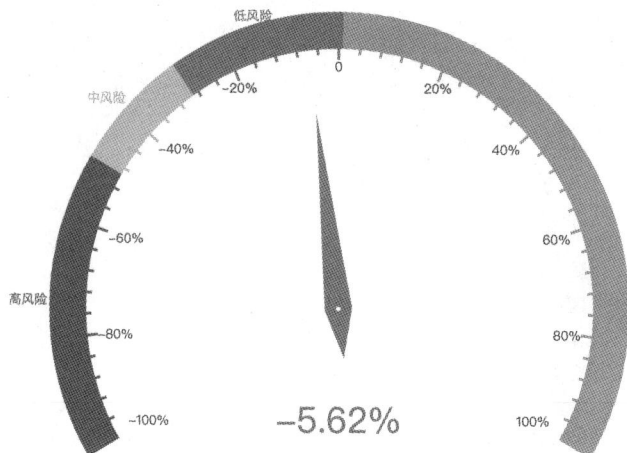

图 8-73　现金债务比偏离度预警图

二、营运风险预警

【业务场景】

富华机械拟制定营运能力预警体系，财务部整理了重要的营运能力指标及计算公式，但是不太确定如何设置指标的预警值，以及如何可视化展示这些指标以对企业的营运能力进行预警。

【任务要求】

（1）计算行业营运能力指标均值。

（2）计算富华机械营运能力指标。

（3）计算预警指标。

（4）在轻分析平台中绘制富华机械各项营运风险预警图。

📖拓展知识

SQL 时间函数

在 MySQL 中，DATE_ADD 函数可用于在日期中添加或减去指定的时间间隔，其语法结构为：DATE_ADD(date,INTERVAL expr unit)。

DATE_FORMAT 函数可用于定义日期格式，其语法结构为：DATE_FORMAT(date,format)。参数 date 是要格式化的有效日期；format 是由预定义的说明符组成的格式字符串，每个说明符前面都有一个百分比字符(%)，如精确到秒时，参数形式为'%Y-%m-%d %h:%i:%s'。

而在 SQL Server 中实现上述功能时，用到的函数是 DATEADD，其语法结构为：

```
DATEADD(datepart,number,date)。
```

【举例】

（1）如何编写 SQL Server 语句查询富华机械资产负债表的年报日期，并生成对应的上年报表日期？

（2）如何编写 MySQL 语句查询行业资产负债表（表名称 t_balance_sheet）的报表日期，并生成对应的上年报表日期？

数据源分别为 2017—2020 年资产负债表（SQL Server）和 t_balance_sheet（MySQL）。

SQL Server 语句如下。

```
SELECT 报表日期, DATEADD(year,-1,报表日期) AS 上年日期 FROM [2017—2020 年资产负债表]
```

执行结果如图 8-74 所示。

报表日期	上年日期
2017-12-31	2016-12-31
2018-12-31	2017-12-31
2019-12-31	2018-12-31
2020-12-31	2019-12-31
总共4行数据	

图 8-74　SQL Server 语句执行结果

MySQL 语句如下。

```
SELECT distinct 报表日期,DATE_FORMAT((DATE_ADD(报表日期,INTERVAL -1 year)),
'%y-%m-%d') AS 上年日期 FROM t_balance_sheet order by  报表日期
```

执行结果如图 8-75 所示。

报表日期	上年日期
1993-06-30	1992-06-30
1993-12-31	1992-12-31
1994-06-30	1993-06-30
1994-12-31	1993-12-31
1995-06-30	1994-06-30
1995-12-31	1994-12-31
总共104行数据，仅显示前10行数据	

图 8-75　MySQL 语句执行结果（部分）

【操作过程】

（一）构建预警指标

1. 营运能力指标

营运能力指标如下。

$$应收账款周转率=营业收入/平均应收账款余额$$
$$存货周转率=营业成本/平均存货余额$$
$$流动资产周转率=营业收入/平均流动资产余额$$
$$固定资产周转率=营业收入/平均固定资产余额$$
$$总资产周转率=营业收入/平均总资产余额$$

注：分母中的平均余额=（上年数+本年数）÷2。

2. 预警指标

营运风险预警指标及其计算公式如下。

$$应收账款周转率偏离度=（企业应收账款周转率-行业应收账款周转率均值）÷$$
$$行业应收账款周转率均值×100\%$$

存货周转率偏离度=（企业存货周转率-行业存货周转率均值）÷行业存货周转率均值×100%

流动资产周转率偏离度=（企业流动资产周转率-行业流动资产周转率均值）÷

行业流动资产周转率均值×100%

固定资产周转率偏离度=（企业固定资产周转率-行业固定资产周转率均值）÷

行业固定资产周转率均值×100%

总资产周转率偏离度=（企业总资产周转率-行业总资产周转率均值）÷行业总资产周转率均值×100%

3. 预警值

营运风险指标预警值如表 8-2 所示。

表 8-2　营运风险指标预警值

序号	指标名称	红色预警区间	黄色预警区间	蓝色预警区间
1	应收账款周转率偏离度	(-∞,-50%)	[-50%,-30%)	[-30%,0)
2	存货周转率偏离度	(-∞,-50%)	[-50%,-30%)	[-30%,0)
3	流动资产周转率偏离度	(-∞,-50%)	[-50%,-30%)	[-30%,0)
4	固定资产周转率偏离度	(-∞,-50%)	[-50%,-30%)	[-30%,0)
5	总资产周转率偏离度	(-∞,-50%)	[-50%,-30%)	[-30%,0)

（二）获取数据

营运风险预警原始数据表的字段及表单间的关系如图 8-76 所示。

图 8-76　营运风险预警原始数据表的字段及表单间的关系

（三）可视化分析

第一步，计算行业营运指标。

（1）在"财务预警"分类项下新建业务主题，命名为"营运风险预警"。

（2）单击"数据建模"，在数据建模页面单击"新建数据表"，选择"MySQL"数据库，单击"下一步"。填入给定的连接信息，单击"连接"，选择"report_data_jxhy"数据库（该数据库数据取自机械行业上市公司财务报表），选中"自定义 SQL"，提取数据库中需要的信息，单击"下一步"，如图 8-77 所示。

（3）在打开的"新建数据表-自定义 SQL"对话框中设置新建数据表名称为"行业营运指标"，根据任务要求，从行业财务报表中获取数据，输入以下 SQL 语句，单击"完成"，如图 8-78 所示。

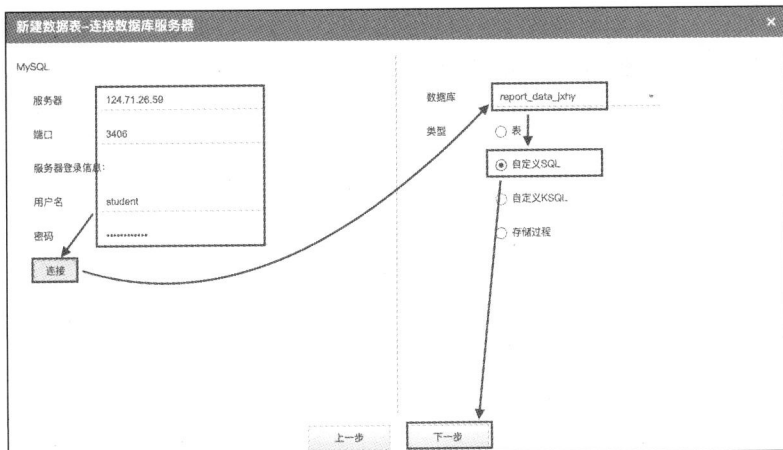

图 8-77　连接 MySQL 数据库服务器

```
SELECT
a.报表日期,
avg(a.营业收入*2/(b.应收账款 + c.应收账款))as 行业应收账款周转率均值,
avg(a.营业成本*2/(b.存货 + c.存货))as 行业存货周转率均值,
avg(a.营业收入*2/(b.流动资产合计+c.流动资产合计))as 行业流动资产周转率均值,
avg(a.营业收入*2/(b.固定资产净额+c.固定资产净额))as 行业固定资产周转率均值,
avg(a.营业收入*2/(b.资产总计+c.资产总计))as 行业总资产周转率均值
FROM
 t_profit_statement a,
  (SELECT 报表日期,应收账款,存货,流动资产合计,固定资产净额,资产总计,公司名称 FROM
t_balance_sheet) b,
  (SELECT date_format((DATE_ADD(报表日期,interval 1 year)),'%y-%m-%d') AS 日期,应收
账款,存货,流动资产合计,固定资产净额,资产总计,公司名称
  FROM t_balance_sheet) c
WHERE  a.报表日期 = b.报表日期 AND a.报表日期 = c.日期 AND a.报表日期 LIKE '%12-31' and
a.公司名称=b.公司名称 and a.公司名称=c.公司名称
 group by a.报表日期
```

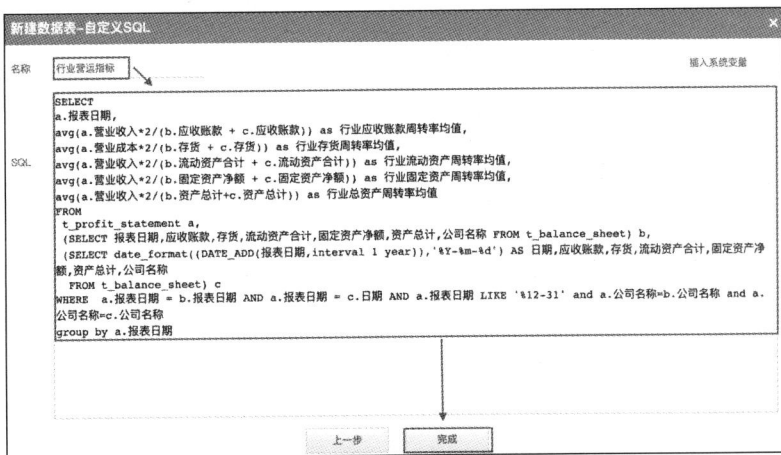

图 8-78　进行行业营运指标建模

（4）按富华机械的报表期间筛选行业指标的日期，以减少数据量。在"过滤"选项卡中选择报表日期在 2017-12-31 至 2020-12-31 的数据，然后在空白处单击刷新数据，如图 8-79 所示。

图 8-79　筛选行业指标日期

第二步，计算富华机械营运指标。

（1）在数据建模页面单击"新建数据表"，在打开的"新建数据表-选择数据源"对话框中选择"当前数据中心"，单击"下一步"。在打开的"新建数据表-数据中心"对话框中选中"自定义SQL"，单击"下一步"。在打开的"新建数据表-自定义 SQL"对话框中将新建数据表命名为"富华机械营运指标"，根据任务要求，从富华机械的资产负债表、利润表和现金流量表中选择需要的数据，输入以下 SQL 语句，单击"完成"，如图 8-80 所示。

```
SELECT
a.报表日期,
a.营业收入*2/(b.应收账款 + c.应收账款) as 富华机械应收账款周转率,
a.营业成本*2/(b.存货 + c.存货) as 富华机械存货周转率,
a.营业收入*2/(b.流动资产合计 + c.流动资产合计) as 富华机械流动资产周转率,
a.营业收入*2/(b.固定资产 + c.固定资产) as 富华机械固定资产周转率,
a.营业收入*2/(b.资产总计+c.资产总计) as 富华机械总资产周转率
FROM
[2017—2020年利润表]a,
(SELECT 报表日期,应收账款,存货,流动资产合计,固定资产,资产总计 FROM [2017—2020年资产负债表]) b,
(SELECT DATEADD(year,1,报表日期) AS 日期,应收账款,存货,流动资产合计,固定资产,资产总计
  FROM [2017—2020年资产负债表]) c
WHERE  a.报表日期 = b.报表日期 AND a.报表日期 = c.日期
```

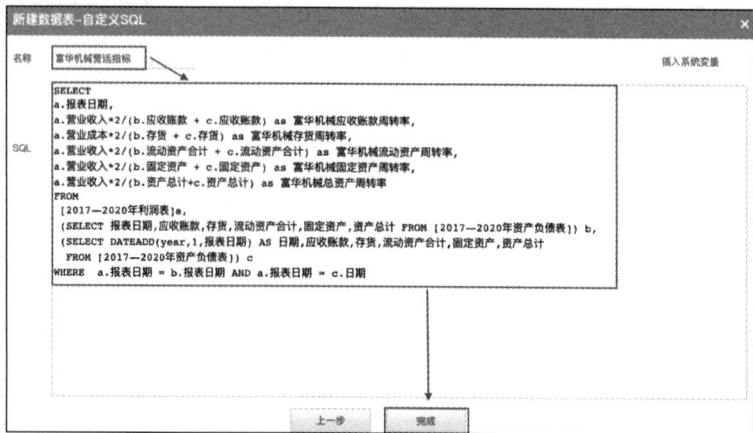

图 8-80　进行富华机械营运指标建模

（2）执行"关系"—"新建关系"命令，建立行业营运指标与富华机械营运指标关于"报表日期"的一对一关系，单击"确定"，如图8-81所示。

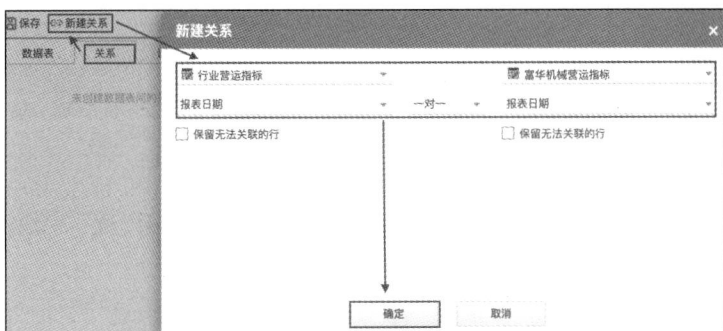

图8-81 建立指标间"报表日期"的一对一关系

第三步，计算预警指标。

（1）回到轻分析页面，单击"数据斗方"，进入数据斗方页面。单击"字段"右侧的下拉按钮，在打开的下拉列表中选择"创建计算字段"，在打开的"创建计算字段"对话框中将新建字段命名为"应收账款周转率偏离度"，输入以下表达式，单击"确定"，如图8-82所示。

（[富华机械营运指标.富华机械应收账款周转率]-[行业营运指标.行业应收账款周转率均值]）/[行业营运指标.行业应收账款周转率均值]

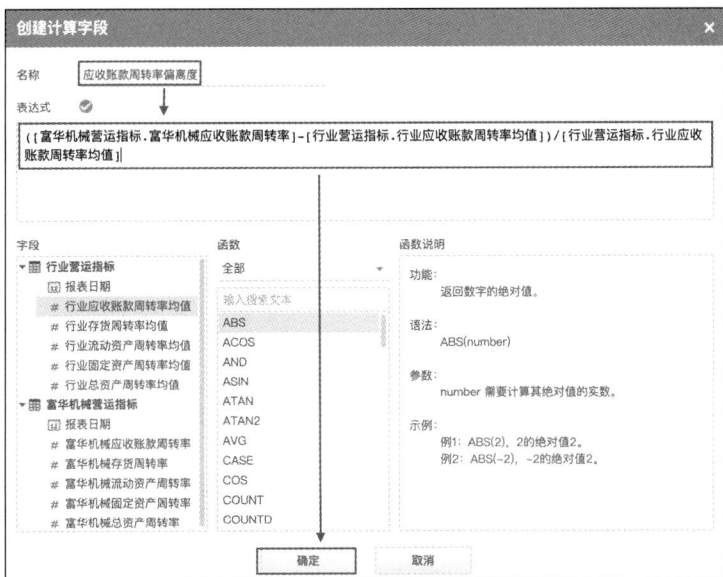

图8-82 创建和编辑应收账款周转率偏离度计算字段

（2）用同样的方式计算其他预警指标，创建计算字段的表达式分别如下。

存货周转率偏离度：

（[富华机械营运指标.富华机械存货周转率]-[行业营运指标.行业存货周转率均值]）/[行业营运指标.行业存货周转率均值]

流动资产周转率偏离度：

（[富华机械营运指标.富华机械流动资产周转率]-[行业营运指标.行业流动资产周转率均值]）/[行业营运

指标.行业流动资产周转率均值]

固定资产周转率偏离度：

（[富华机械营运指标.富华机械固定资产周转率]-[行业营运指标.行业固定资产周转率均值]）/[行业营运指标.行业固定资产周转率均值]

总资产周转率偏离度：

（[富华机械营运指标.富华机械总资产周转率]-[行业营运指标.行业总资产周转率均值]）/[行业营运指标.行业总资产周转率均值]

第四步，绘制预警图。

（1）选择图表类型为"仪表图"，将计算的"应收账款周转率偏离度"字段拖曳至"指针值"区域，如图 8-83 所示。

图 8-83　选择图表类型并拖曳字段

（2）将"报表日期"字段拖曳至"筛选器"区域，选择需要预警的报表日期，单击"确定"，以 2020 年 12 月 31 日为例，如图 8-84 所示。

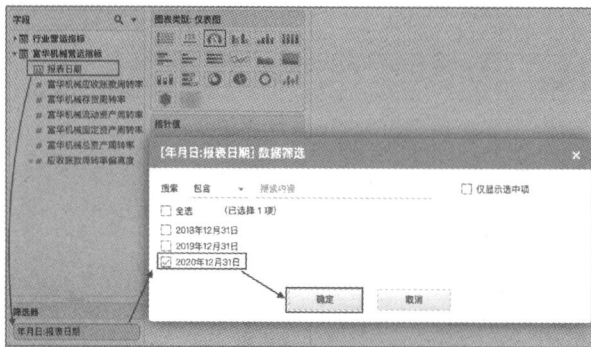

图 8-84　拖曳字段并选择预警的报表日期

（3）根据表 8-2 设置表盘分段及颜色，并设置表盘刻度值与指针的数值格式为"百分之一（％）"，单击"确定"，如图 8-85 所示。

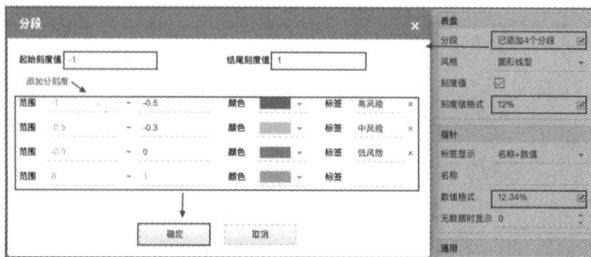

图 8-85　设置预警表盘分段及颜色

（4）得到应收账款周转率偏离度预警图，如图 8-86 所示。

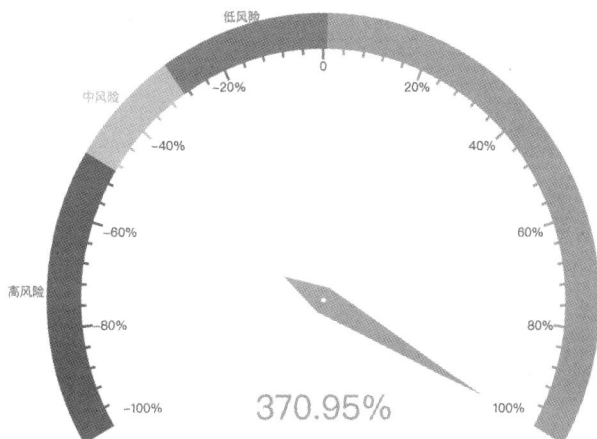

图 8-86　应收账款周转率偏离度预警图

（5）以同样的操作方法分别设置其他营运风险预警指标的预警图，如图 8-87～图 8-90 所示。

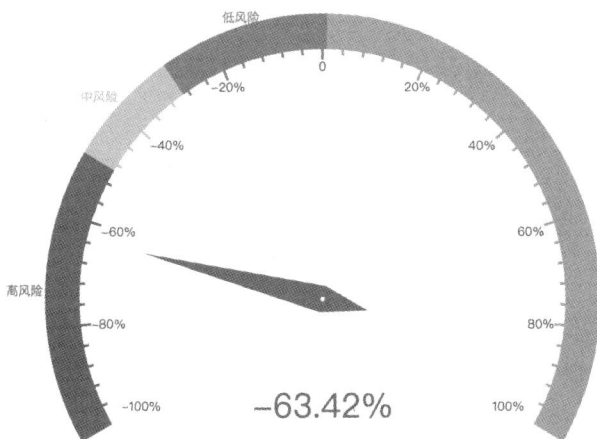

图 8-87　存货周转率偏离度预警图

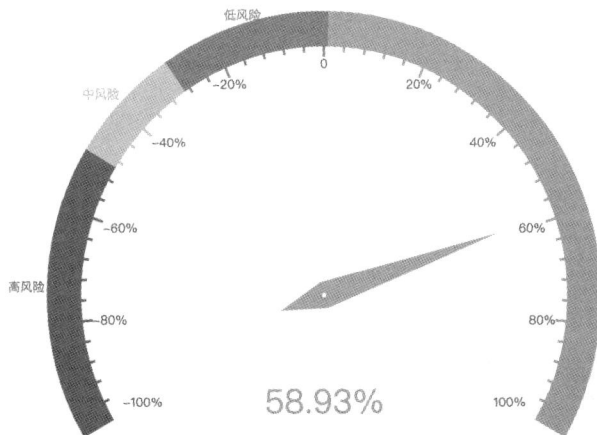

图 8-88　流动资产周转率偏离度预警图

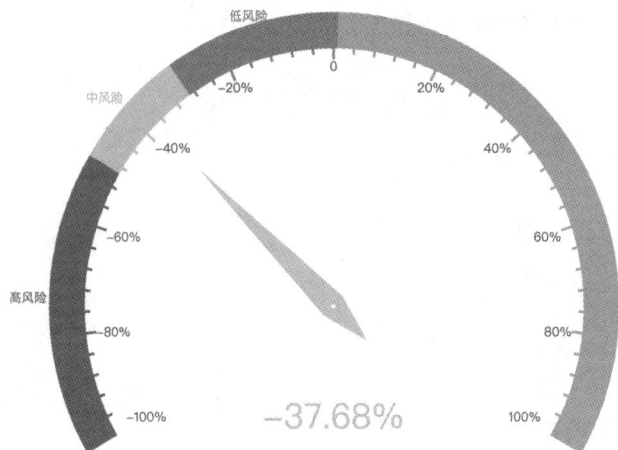

图 8-89　固定资产周转率偏离度预警图

图 8-90　总资产周转率偏离度预警图

可以看到，富华机械应收账款周转率偏离度指标非常健康，流动资产周转率偏离度也比较健康，但存货周转率与固定资产周转率的偏离度分别处于高风险与中风险区域。得益于应收账款周转率偏离度、流动资产周转率偏离度指标的优秀表现，总资产周转率偏离度的表现不俗，但企业仍需重视存货、固定资产周转相关风险的控制。

三、盈利风险预警

【业务场景】

富华机械拟制定盈利能力预警体系，财务部整理了重要的盈利能力指标及计算公式，但是不太确定如何设置指标的预警值，以及如何可视化展示这些指标以对企业的盈利能力进行预警。

【任务要求】

（1）计算行业盈利能力指标均值。

（2）计算富华机械盈利能力指标。

（3）计算预警指标。

（4）在轻分析模块中绘制富华机械各项盈利风险预警图。

> **📖 拓展知识**
>
> **盈利能力**
>
> 盈利能力就是企业赚取利润的能力，盈利能力主要体现在盈利的稳定性和持久上。分析企业盈利能力的基本指标有：净资产收益率、资产报酬率、销售毛利率、销售净利率、成本利润率等。

【操作过程】

（一）构建预警指标

1. 盈利能力指标

盈利能力指标及其计算公式如下。

$$销售毛利率＝（营业收入-营业成本）/营业收入×100\%$$

$$销售净利率＝净利润/销售收入×100\%$$

$$资产报酬率＝息税前净利润/平均资产总额×100\%$$

注：假设财务费用全部为利息支出，息税前净利润＝利润总额+财务费用。

$$成本费用利润率＝营业利润/成本费用总额×100\%$$

注：成本费用总额＝营业成本+销售费用+管理费用+财务费用。

$$净资产收益率＝净利润/平均净资产额×100\%$$

2. 预警指标

盈利风险的预警指标及其计算公式如下。

销售毛利率偏离度＝（企业销售毛利率-行业销售毛利率均值）÷行业销售毛利率均值×100%

销售净利率偏离度＝（企业销售净利率-行业销售净利率均值）÷行业销售净利率均值×100%

资产报酬率偏离度＝（企业资产报酬率-行业资产报酬率均值）÷行业资产报酬率均值×100%

成本费用利润率偏离度＝（企业成本费用利润率-行业成本费用利润均值）÷行业成本费用利润均值×100%

净资产收益率偏离度＝（企业净资产收益率-行业净资产收益率均值）÷行业净资产收益率均值×100%

3. 预警值

盈利风险指标预警值如表8-3所示。

表8-3　　　　　　　　　　　　　　盈利风险指标预警值

序号	指标名称	红色预警区间	黄色预警区间	蓝色预警区间
1	销售毛利率偏离度	$(-\infty,-50\%)$	$[-50\%,-30\%)$	$[-30\%,0)$
2	销售净利率偏离度	$(-\infty,-50\%)$	$[-50\%,-30\%)$	$[-30\%,0)$
3	资产报酬率偏离度	$(-\infty,-50\%)$	$[-50\%,-30\%)$	$[-30\%,0)$
4	成本费用利润率偏离度	$(-\infty,-50\%)$	$[-50\%,-30\%)$	$[-30\%,0)$
5	净资产收益率偏离度	$(-\infty,-50\%)$	$[-50\%,-30\%)$	$[-30\%,0)$

（二）获取数据

盈利风险预警原始数据表的字段及表单间的关系如图8-91所示。

图 8-91　盈利风险预警原始数据表的字段及表单间的关系

（三）可视化分析

第一步，计算行业盈利指标。

（1）在"财务预警"分类项下新建业务主题，命名为"盈利风险预警"。

（2）单击"数据建模"，在数据建模页面单击"新建数据表"，选择"MySQL"数据库，单击"下一步"。填入给定的连接信息，单击"连接"，选择"report_data_jxhy"数据库，选中"自定义SQL"，提取数据库中需要的信息。设置新建数据表名称为"行业盈利指标"，根据任务要求，从行业财务报表中获取数据，输入以下 SQL 语句，单击"完成"，如图 8-92 所示。

```
SELECT
a.报表日期,
avg((a.营业收入-a.营业成本) / a.营业收入) as 行业销售毛利率均值,
avg(a.'五、净利润' / a.营业收入) as 行业销售净利率均值,
avg((a.'四、利润总额' + a.财务费用)*2 / (b.资产总计 + c.资产总计)) as 行业资产报酬率均值,
avg(a.'三、营业利润' /(a.营业成本 + a.销售费用 + a.管理费用 + a.财务费用)) as 行业成本费
用利润率均值,
avg(a.'五、净利润' *2 /(b.'所有者权益(或股东权益)合计' + c.'所有者权益(或股东权益)合计'))
as 行业净资产收益率均值
FROM
t_profit_statement a,
(SELECT 报表日期,公司名称,'所有者权益(或股东权益)合计',资产总计 FROM t_balance_sheet) b,
(SELECT date_format((DATE_ADD(报表日期,interval 1 year)),'%y-%m-%d') AS 日期,公司
名称,'所有者权益(或股东权益)合计',资产总计
FROM t_balance_sheet) c
WHERE  a.报表日期 = b.报表日期 AND a.报表日期 = c.日期 AND a.报表日期 LIKE '%12-31' and
a.公司名称=b.公司名称 and a.公司名称=c.公司名称
group by a.报表日期
```

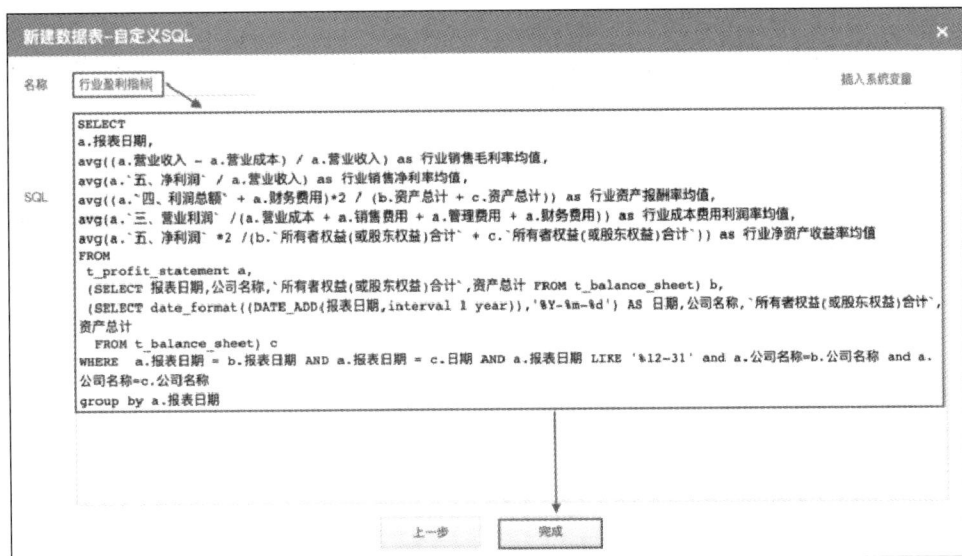

图 8-92 进行行业盈利指标建模

（3）按富华机械的报表日期筛选行业指标的日期，以减少数据量。在"过滤"选项卡中选择报表日期在 2017-12-31 至 2020-12-31 的数据，然后在空白处单击刷新数据，如图 8-93 所示。

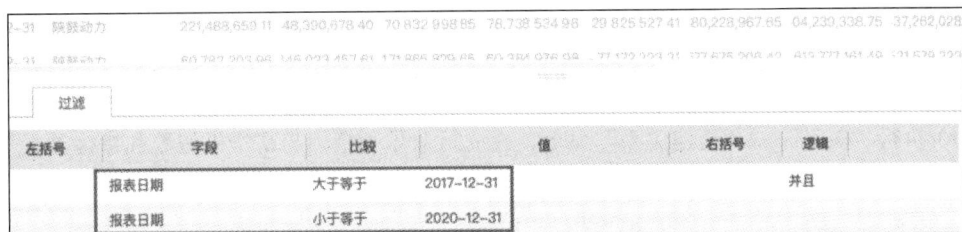

图 8-93 筛选行业指标日期

第二步，计算富华机械盈利指标。

（1）在数据建模页面单击"新建数据表"，在打开的"新建数据表-选择数据源"对话框中选择"当前数据中心"，单击"下一步"。选中"自定义 SQL"，单击"下一步"，在打开的"新建数据表-自定义 SQL"对话框中将新建数据表命名为"富华机械盈利指标"，根据任务要求，从富华机械的资产负债表、利润表中选择计算需要的数据，输入以下 SQL 语句，单击"完成"，如图 8-94 所示。

```
SELECT
a.报表日期,
(a.营业收入 - a.营业成本) / a.营业收入 as 富华机械销售毛利率,
a.[五、净利润] / a.营业收入 as 富华机械销售净利率,
(a.[四、利润总额] + a.财务费用)*2 / (b.资产总计 + c.资产总计) as 富华机械资产报酬率,
a.[三、营业利润] /(a.营业成本 + a.销售费用 + a.管理费用 + a.财务费用) as 富华机械成本费用
利润率,
a.[五、净利润] *2 /(b.[所有者权益(或股东权益)合计] + c.[所有者权益(或股东权益)合计]) as 富
华机械净资产收益率
FROM
```

```
[2017—2020 年利润表] a,
(SELECT 报表日期,[所有者权益(或股东权益)合计],资产总计 FROM [2017—2020年资产负债表]) b,
(SELECT DATEADD(year,1,报表日期) AS 日期,[所有者权益(或股东权益)合计],资产总计 from
 [2017—2020 年资产负债表]) c
WHERE  a.报表日期 = b.报表日期 AND a.报表日期 = c.日期
```

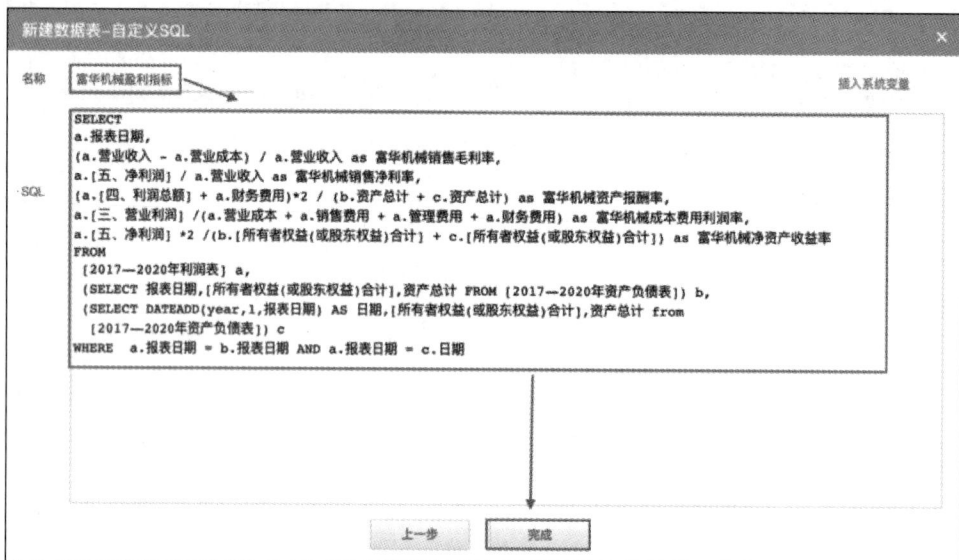

图 8-94　进行富华机械盈利指标建模

（2）执行"关系"—"新建关系"命令，建立行业盈利指标与富华机械盈利指标关于"报表日期"的一对一关系，单击"确定"，如图 8-95 所示。

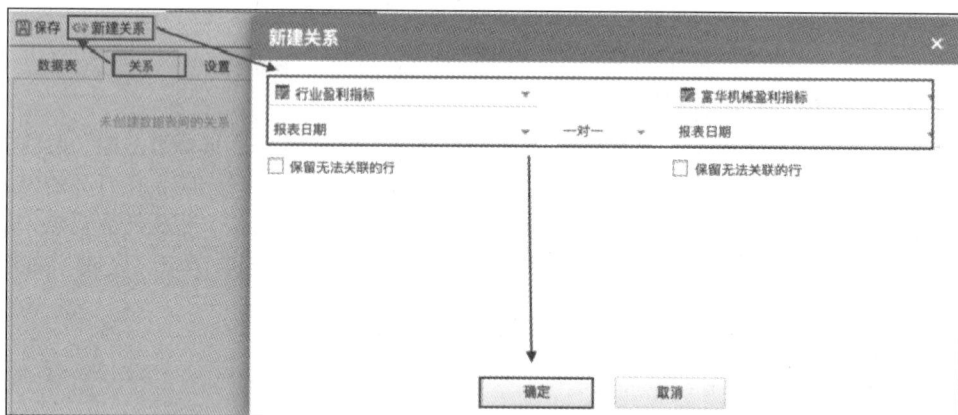

图 8-95　建立指标间"报表日期"一对一关系

第三步，计算预警指标。

（1）回到轻分析页面，单击"数据斗方"，进入数据斗方页面。单击"字段"右侧的下拉按钮，在打开的下拉列表中选择"创建计算字段"，在打开的"创建计算字段"对话框中将新建字段命名为"销售毛利率偏离度"，输入以下表达式，单击"确定"，如图 8-96 所示。

（[富华机械盈利指标.富华机械销售毛利率]-[行业盈利指标.行业销售毛利率均值]）/[行业盈利指标.行业销售毛利率均值]

图 8-96　创建与编辑销售毛利率偏离度计算字段

（2）以同样的方式计算其他预警指标，创建计算字段的表达式分别如下。

销售净利率偏离度：

（［富华机械盈利指标.富华机械销售净利率］－［行业盈利指标.行业销售净利率均值］）／［行业盈利指标.行业销售净利率均值］

资产报酬率偏离度：

（［富华机械盈利指标.富华机械资产报酬率］－［行业盈利指标.行业资产报酬率均值］）／［行业盈利指标.行业资产报酬率均值］

成本费用利润率偏离度：

（［富华机械盈利指标.富华机械成本费用利润率］－［行业盈利指标.行业成本费用利润率均值］）／［行业盈利指标.行业成本费用利润率均值］

净资产收益率偏离度：

（［富华机械盈利指标.富华机械净资产收益率］－［行业盈利指标.行业净资产收益率均值］）／［行业盈利指标.行业净资产收益率均值］

第四步，绘制预警图。

根据本章已学相关预警指标的可视化分析方法，绘制盈利能力风险预警图。具体操作过程可参考本书教学资源中所附操作视频。

四、发展风险预警

【业务场景】

富华机械拟制定发展能力预警体系，财务部整理了重要的发展能力指标及计算公式，但是不太确定如何设置指标的预警值，以及如何可视化展示这些指标以对企业的发展能力进行预警。

【任务要求】

（1）计算行业发展能力指标均值。

（2）计算富华机械发展能力指标。

（3）计算预警指标。

（4）在轻分析模块中绘制富华机械各项发展风险预警图。

【操作过程】

发展风险预警的分析过程可参考本书教学资源中所附操作视频。

五、Z-score 破产风险预警

【业务场景】

近期受内外部环境影响，富华机械管理层注意到一些同行业公司陷入业务停滞、资金链断裂甚至破产的境况。管理层期望能够设计简单的指标来监控可能出现破产风险的状况，并根据其判断标准进行实时预警，避免破产。

【任务要求】

在轻分析模块中绘制富华机械各项发展风险预警图。

【操作过程】

Z-score 破产风险预警的分析过程可参考本书教学资源中所附操作视频。

第三节 制作风险预警仪表板

【业务场景】

前面对经营风险和财务报表分析的各项风险绘制了预警图，但较为分散，管理层要求对风险预警形成仪表板，便于一次性监控众多风险指标。

【任务要求】

在轻分析模块中制作风险预警仪表板。

【操作过程】

（1）在"财务预警"分类项下新建仪表板，命名为"风险预警"，如图 8-97 所示。

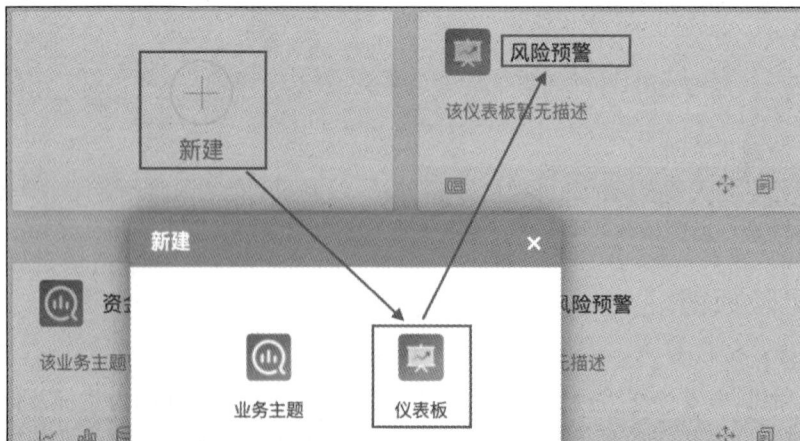

图 8-97　新建风险预警仪表板

（2）进入仪表板页面，将数据斗方拖曳至仪表板，打开"添加数据斗方-选择来源"对话框，选中"基于业务主题引入或创建"，单击"下一步"，如图 8-98 所示。

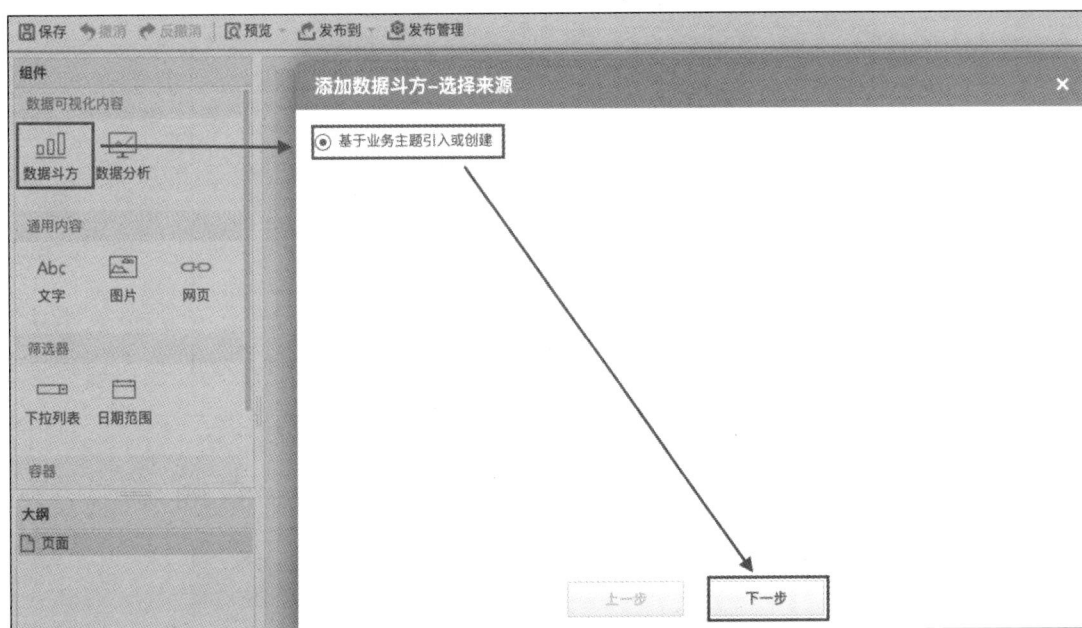

图 8-98 添加数据斗方–选择来源

（3）在打开的"添加数据斗方-选择业务主题"对话框中选择预警指标所在目录，例如"财务预警"分类项下的"Z-score 破产预警模型"，单击"下一步"，如图 8-99 所示。

（4）打开"添加数据斗方-选择方案"对话框，选中"加载方案"，选择其中一项指标，单击"完成"，如图 8-100 所示。

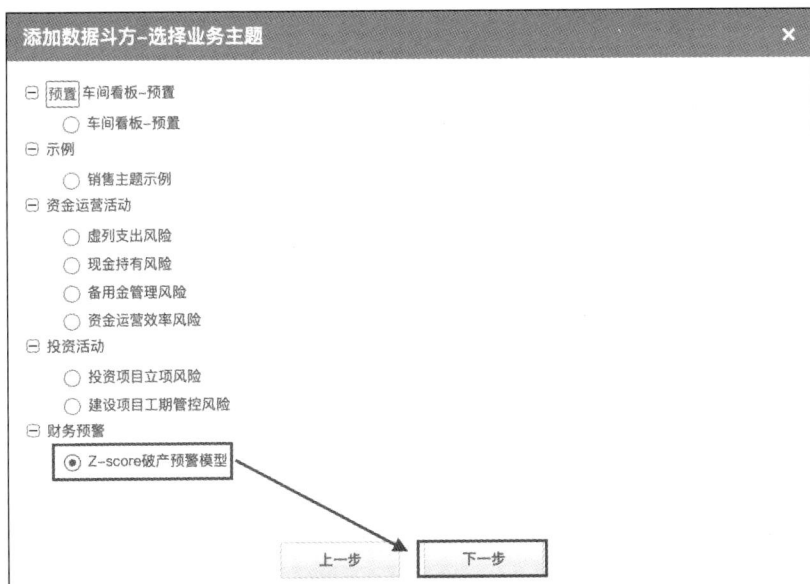

图 8-99 选择预警业务主题

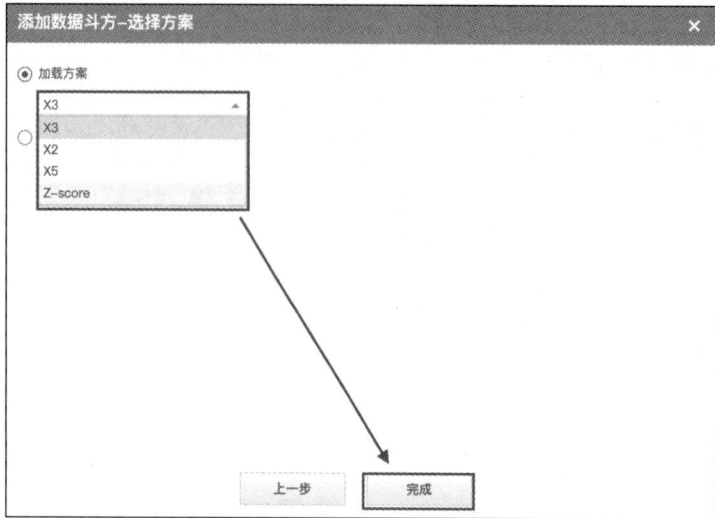

图 8–100　选择预警指标方案

（5）重复上述步骤直到将所有需要展示的预警指标拖曳至仪表板，如图 8-101 所示。

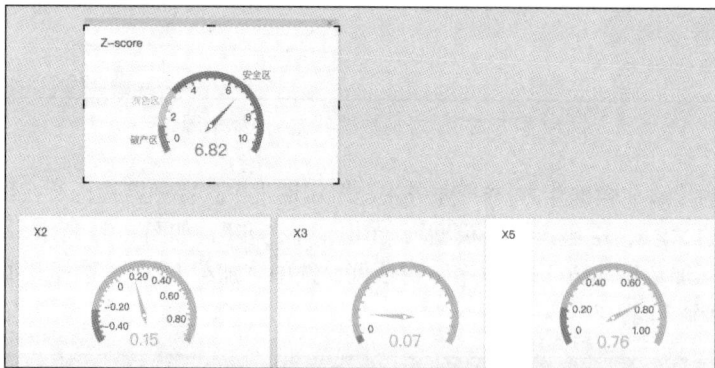

图 8–101　将相关预警指标拖曳至仪表板

（6）将"文字"拖曳至仪表板，输入标题名称"Z-score 破产风险预警"，调整字号、颜色、对齐方式等，如图 8-102 所示。

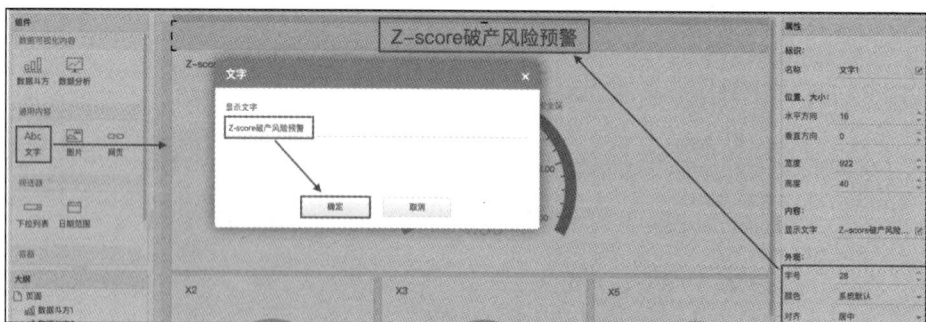

图 8–102　输入并调整仪表板标题

（7）通过拖曳或设置位置、大小，将各要素排列整齐，选择喜欢的显示风格，单击"预览"查看效果。仪表板效果预览如图 8-103 所示。

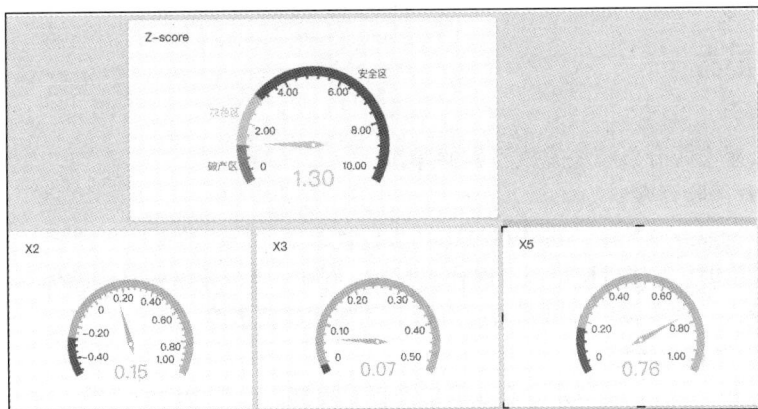

图 8-103　仪表板效果预览

（8）用同样的操作方法绘制其他指标的仪表板，企业经营风险预警仪表板如图 8-104 所示。

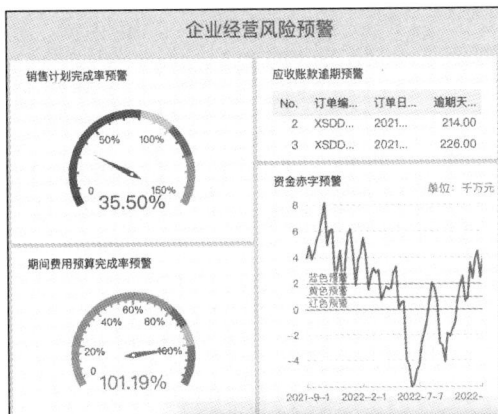

图 8-104　企业经营风险预警仪表板展示

（9）偿债、营运、盈利、风险预警仪表板汇总如图 8-105 所示。

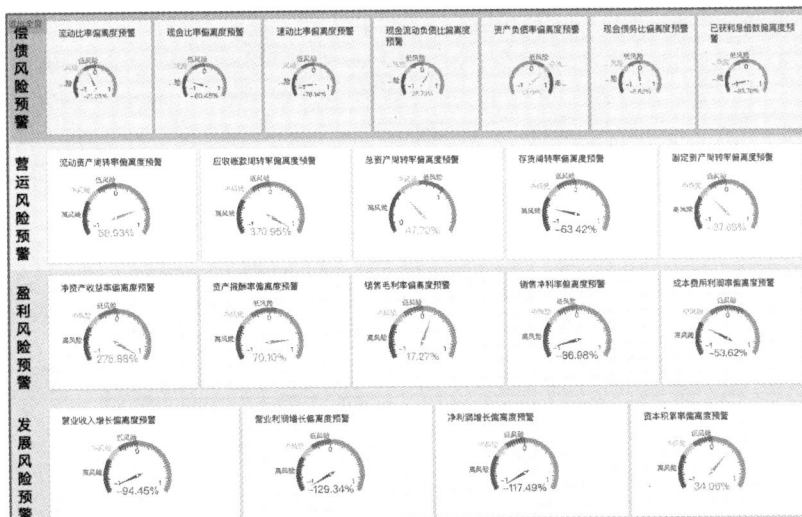

图 8-105　偿债、营运、盈利、发展风险预警仪表板

巩固与提高

实践应用题

利用金蝶云星空轻分析模块完成下面的操作。

1. 行业经营风险预警

为定期监控行业经营风险，富华机械拟初步设置重要的行业数据进行预警，当行业整体的数据指标表明有风险时，富华机械可以及时作出反应。例如，当行业指标显示整体存在经营风险时，可以通过缩减投入、减少备货等措施来应对行业的整体经营风险。

2. 决策树破产风险预警

富华机械根据 Z-score 模型建立企业的破产预警模型，但管理层对计算 Z 值的各项指标权重及预警的标准存在一些疑虑，要求财务部仍然以 X1～X5 指标作为影响因素，以富华机械所在的机械行业上市公司数据进行验证，构建新的标准，对企业破产的风险预警指标进行实时、动态的监控。

## 第九章

企业风险管控报告及内部控制自我评价

知识目标

1. 理解企业风险管控报告的定义、内容
2. 熟悉企业内部控制自我评价的定义、意义、原则、内容、程序

能力目标

1. 能够编写企业风险管控报告
2. 能够对企业风险评估结果进行汇总
3. 能够编写企业内部控制自我评价报告

素养目标

1. 培养总结企业风险管控和内部控制自我评价的能力
2. 加强风险防范和应对意识，锻炼吃苦耐劳、善于总结、勇于创新的职业精神

导入案例

凯乐科技财务舞弊案

凯乐科技成立于 1993 年 2 月 28 日，公司坐落在湖北省公安县，是一家从事网络系统研究开发、电子产品服务、通信服务等业务的公司。2000 年 7 月，凯乐科技在上海证券交易所上市，中天运会计师事务所成立于 1994 年 3 月，总部设在北京，在全国会计师事务所中实力排名靠前，设有 22 家分所。

2022 年 5 月 23 日，凯乐科技因涉嫌信息披露违法违规，被中国证监会正式立案。同年 12 月，凯乐科技董事会收到证监会公函，因涉嫌信息披露违法违规，内部控制失效、虚假记载收入，触及重大违法强制退市情形，被要求退市。经查，2016—2020 年凯乐科技连续 5 年虚增营收 512 亿元，虚增利润 59 亿元。作为凯乐科技多年财务年报审计的专业机构，中天运会计师事务所因发布标准无保留意见的内部控制审计报告而深陷凯乐科技财务造假案件，可能承担连带赔偿责任。

（1）凯乐科技开展的专网通信业务为虚假业务。

2016—2020 年凯乐科技与隋田力合作开展专网通信业务，只有在 2016 年有少量专网通信业务，2017—2020 年专网通信业务均为虚构。

（2）凯乐科技定期报告存在虚假记载，如表 9-1 所示。

表 9-1 凯乐科技虚增业绩明细

项目	2016 年	2017 年	2018 年	2019 年	2020 年
虚增营业收入/亿元	41.26	110.98	146.38	136.17	77.46
占当年披露营业收入比例	48.99%	73.31%	96.32%	85.85%	91.13%
虚增利润总额/亿元	1.77	9.21	16.31	17.56	14.51
占当年披露利润总额比例	64.97%	99.99%	144.84%	183.71%	247.45%

【思考】请你根据企业内部控制相关内容，对该上市公司内部控制失败原因进行分析，为相关主体提供对策建议。

第一节 企业风险管控报告

风险管控报告是对企业风险的识别、评估和应对分析的结果汇总，具体包括对风险评估结果的汇总、风险分析、提出建议的解决措施等内容。

前面对富华机械在采购业务、销售业务、资金管理和固定资产管理方面的风险识别、风险评估和风险应对措施作了详细的分析，富华机械管理层要求对风险管控工作进行总结，对企业存在的风险事项概况，尤其是对企业整体层面的风险事项以及对企业整体经营目标的影响进行汇总分析。财务人员整理了以下风险管控报告模板。

富华机械风险管控报告

一、风险评估结果汇总

本年风险管控任务共评估风险事项××项，其中高风险事项××项，中风险事项××项，低风险事项××项，详细内容见表 9-2。

表 9-2 富华机械风险评估详情

业务领域	风险环节	序号	风险事项	风险概率评分	风险影响评分	风险程度
资金管理	筹资活动	1	利率风险	2	2	低风险
……	……	……	……	……	……	……

高风险事项主要集中在××业务环节，而××环节风险相对较低。……

风险分布如下（通过轻分析模块绘制合适的展示图或仪表板，略）。

二、风险分析

（一）利率风险

1. 风险成因

根据对风险的深入评估，进一步分析风险事项形成的原因。

2. 风险影响

根据对风险的深入评估，进一步分析风险对企业经营目标的整体影响。

3. 风险环境变化分析

（1）内部环境。

（2）外部环境。

根据收集的资料，对内外部环境的可能变化做出研判，分析环境变化对风险事项的影响。

（针对每一项高风险事项进行分析，略）

······

三、建议的解决措施

（一）利率风险

（针对每一项高风险事项提出建议的解决措施，略）

······

四、风险管控整体建议

（一）风险管控内部环境

在风险管控的内部环境方面，提出改进建议，例如公司的企业文化、员工的胜任能力等。

（二）内部控制的设计和执行

就内部控制在设计和执行方面提出改进建议，例如内部控制措施是否嵌入流程，如何保证内部控制措施的有效落实。

······

第二节　企业内部控制自我评价

内部控制自我评价是优化内部控制自我监督机制的一项重要制度安排，是企业内部控制的重要组成部分。企业全面评价内部控制的设计与运行情况，规范内部控制评价程序和评价报告，揭示和防范风险，对建立和实施内部控制具有十分重要的作用。

企业需结合内部控制设计与运行的实际情况，制定具体的内部控制自我评价办法，规定评价的原则、内容、程序、方法和报告形式等，明确相关机构或岗位的职责权限，落实责任制，按照规定的办法、程序和要求，有序开展内部控制评价工作。

一、内部控制评价的定义、意义及原则

内部控制评价，是指企业董事会或类似权力机构对内部控制的有效性进行全面评价、形成评价结论、出具评价报告的过程。

内部控制评价旨在提高内部控制制度执行的可靠性和有效性，完善内部控制制度，防范风险。它的意义在于能够帮助企业完善内部控制体系，提升企业市场形象和公众认可度，实现与政府监管的协调互动。

企业实施内部控制评价至少应当遵循下列原则。

（1）全面性原则。内部控制评价工作应当包括内部控制的设计与运行，涵盖企业及其所属单位的各种业务和事项。

（2）重要性原则。内部控制评价工作应当在全面评价的基础上，关注重要业务单位、重大业务事项和高风险领域。

（3）客观性原则。内部控制评价工作应当准确地揭示经营管理的风险状况，如实反映内部控制设计与运行的有效性。

二、内部控制评价的内容

企业应当根据《企业内部控制基本规范》《企业内部控制应用指引》以及本企业的内部控制制度，围绕内部环境、风险评估、控制活动、信息与沟通、内部监督等要素，确定内部控制评价的

具体内容，对内部控制设计与运行情况进行全面评价。以内部控制五要素为基础，建立内部控制核心指标体系，在以上评价内容的基础上，层层分解、展开，进一步细化指标。

其中，内部环境评价主要对组织架构、发展战略、人力资源、企业文化、社会责任等内部环境的设计及实际运行情况进行认定和评价；风险评估评价主要对日常经营管理过程中的风险识别、风险分析、应对策略等进行认定和评价；控制活动评价旨在对各项应用指引中的相关控制措施的设计和运行情况进行认定和评价；信息与沟通评价是对信息收集、处理和传递的及时性、反舞弊机制的健全性、财务报告的真实性、信息系统的安全性，以及利用信息系统实施内部控制的有效性等进行认定和评价；内部监督评价是指对内部监督机制的有效性进行认定和评价，重点关注监事会、审计委员会、内部审计机构等是否在内部控制设计和运行中有效发挥监督作用。

三、内部控制评价的程序

内部控制评价工作的组织机构可以是内部审计部门或专门机构（以下简称"内部控制评价部门"），由企业授权内部控制评价部门负责内部控制评价的具体组织实施工作。

内部控制评价程序一般包括：制定评价工作方案、组成评价工作组、实施现场测试、认定内部控制缺陷、汇总评价结果、编报评价报告等环节。

（1）制定评价工作方案。企业内部控制评价部门应当拟定评价工作方案，明确评价范围、工作任务、人员组织、进度安排和费用预算等相关内容，报经董事会或其授权机构审批后实施。

（2）组成评价工作组。企业内部控制评价部门根据经批准的评价方案，组成内部控制评价工作组，具体实施内部控制评价工作。内部控制评价工作组应当吸收企业内部相关机构熟悉情况的业务骨干。内部控制评价工作组成员对本部门的内部控制评价工作应当实行回避制度。企业也可委托中介机构实施内部控制评价。需要注意的是，为企业提供内部控制审计服务的会计师事务所，不得同时为同一企业提供内部控制评价服务。

（3）实施现场测试。内部控制评价工作组应对被评价单位进行现场测试，综合运用个别访谈、调查问卷、专题讨论、穿行测试、实地查验、抽样和比较分析等方法，充分收集被评价单位内部控制设计和运行是否有效的证据，按照评价的具体内容，如实填写评价设计合理、证据充分、简便易行、便于操作的工作底稿，详细记录企业执行评价工作的内容，包括评价要素、主要风险点、采取的内部控制措施、有关证据资料及认定结果等，认真研究分析内部控制缺陷。

（4）认定内部控制缺陷。按照内部控制缺陷成因或来源分类，内部控制缺陷包括设计缺陷和运行缺陷。设计缺陷是指企业缺少为实现内部控制目标所必需的内部控制，或现存内部控制设计不适当，即使正常运行也难以实现控制内部目标。运行缺陷是指设计有效（合理且适当）的内部控制由于运行不当（包括由不恰当的人执行、未按设计的方式运行、运行的时间或频率不当、没有得到一贯有效运行等）而形成的内部控制缺陷。

按照影响企业内部控制目标实现的严重程度，内部控制缺陷分为重大缺陷、重要缺陷和一般缺陷。其中，重大缺陷是指一个或多个内部控制缺陷的组合，可能导致企业严重偏离内部控制目标。重要缺陷是指一个或多个内部控制缺陷的组合，其严重程度和经济后果低于重大缺陷，但仍有可能导致企业偏离内部控制目标。一般缺陷是指除重大缺陷、重要缺陷之外的其他缺陷。

按照影响内部控制目标的具体表现形式，分为财务报告缺陷和非财务报告缺陷。财务报告缺陷是指在会计确认、计量、记录和报告过程中出现的，对财务报告的真实性和完整性产生直接影响的控制缺陷，一般可分为财务（会计）报表缺陷、会计基础工作缺陷和与财务报告密切关联的信息系统控制缺陷等。非财务报告缺陷是指虽不直接影响财务报告的真实性和完整性，但对企业经营管理的合法合规、资产安全、营运的效率和效果等控制目标的实现存在不利影响的其他控制缺陷。

建立评价质量交叉复核制度，内部控制评价工作组负责人应当对评价工作底稿进行严格审核，并对所认定的评价结果签字确认后，提交企业内部控制评价部门。对于认定的内部控制缺陷，内部控制评价机构应当结合董事会和审计委员会的要求，提出整改建议，要求责任单位及时整改，并跟踪其整改落实情况；已经造成损失或负面影响的，企业应当追究相关人员的责任。

（5）汇总评价结果。内部控制评价机构汇总各内部控制评价工作组的评价结果，对内部控制评价工作组现场初步认定的内部控制缺陷进行全面复核、分类汇总；对缺陷的成因、表现形式及风险程度进行定量或定性的综合分析，按照对内部控制目标的影响程度判定缺陷等级。

（6）编报评价报告。内部控制评价机构以汇总的评价结果和认定的内部控制缺陷为基础，综合内部控制工作整体情况，客观、公正、完整地编制内部控制评价报告，并报送企业经理层、董事会和监事会，由董事会最终审定后对外披露。企业内部控制自我评价的方式、范围、程序和频率，由企业根据经营业务调整、经营环境变化、业务发展状况、实际风险水平等自行确定。国家有关法律法规另有规定的，从其规定。一般而言，内部控制的一般缺陷、重要缺陷应定期（至少每年）报告，重大缺陷应立即报告。

四、内部控制评价报告的编撰

按照编制主体、报送对象和时间划分，内部控制评价报告分为对外报告和对内报告。其中，对外报告的内容、格式等强调符合披露要求，时间具有强制性；对内报告则主要以符合企业董事会（审计委员会）、经理层需要为主，编制主体层级更多、内容更加详尽、格式更加多样，时间可以定期或不定期。

内部控制评价报告的内容包括8个方面。

（1）董事会对内部控制报告真实性的声明：声明董事会及全体董事对报告内容的真实性、准确性、完整性承担个别及连带责任，保证报告内容不存在任何虚假记载、误导性陈述或重大遗漏。

（2）内部控制评价工作的总体情况：明确企业内部控制评价工作的组织、领导体制、进度安排，是否聘请会计师事务所对内部控制有效性进行独立审计。

（3）内部控制评价的依据：说明企业开展内部控制评价工作所依据的法律法规和规章制度。

（4）内部控制评价的范围：描述内部控制评价所涵盖的被评价单位，以及纳入评价范围的业务事项和重点关注的高风险领域。内部控制评价的范围如有所遗漏的，应说明原因，并说明其对内部控制评价报告真实性、完整性产生的重大影响等。

（5）内部控制评价的程序和方法：描述内部控制评价工作遵循的基本流程，以及评价过程中采用的主要方法。

（6）内部控制缺陷及其认定情况：描述适用于本企业的内部控制缺陷认定标准，并声明与以前年度保持一致或做出的调整及相应原因；根据内部控制缺陷认定标准，确定评价期末存在的重大缺陷、重要缺陷和一般缺陷。

（7）内部控制缺陷的整改情况及重大缺陷拟采取的整改措施：对在评价期间发现、期末已完成整改的重大缺陷，说明企业有足够的测试样本显示，与该重大缺陷相关的内部控制设计运行有效；针对评价期末存在的内部控制缺陷，说明企业拟采取的整改措施及预期效果。

（8）内部控制有效性的结论：第一，对不存在重大缺陷的情形，出具评价期末内部控制有效结论；对存在重大缺陷的情形，不得做出内部控制有效的结论，并须描述该重大缺陷的性质及其对实现相关内部控制目标的影响程度，以及可能给企业未来生产经营带来的相关风险；第二，自内部控制评价报告基准日至内部控制评价报告发出日之间发生重大缺陷的，企业须责成内部控制评价机构予以核实，并根据核查结果对评价结论进行相应调整，说明董事会拟采取的措施。

内部控制评价报告
范本

巩固与提高

一、单选题

1. 下列机构中应当对内部控制评价报告的真实性负责的是（　　）。
   A. 股东会　　　　　　B. 董事会　　　　　　C. 监事会　　　　　　D. 总经理办公会
2. 企业内部控制评价中的重大缺陷应当由（　　）予以最终认定。
   A. 股东大会　　　　　B. 董事会　　　　　　C. 监事会　　　　　　D. 经理层
3. 注册会计师应当对（　　）的有效性发表审计意见。
   A. 全面内部控制　　　　　　　　　　B. 公司层面内部控制
   C. 业务层面内部控制　　　　　　　　D. 财务报告

二、多选题

1. 下列各项中属于我国企业内部控制应用指引的有（　　）。
   A. 控制制度类指引　　　　　　　　　B. 内部环境类指引
   C. 控制活动类指引　　　　　　　　　D. 控制手段类指引
2. 下列各项中属于企业控制手段类指引的有（　　）。
   A. 组织架构　　　　　B. 合同管理　　　　　C. 全面预算　　　　　D. 社会责任
3. 内部控制的评价原则包括（　　）。
   A. 全面性　　　　　　B. 重要性　　　　　　C. 客观性　　　　　　D. 谨慎性
4. 内部控制评价应当遵循重要性原则，重点关注的内容有（　　）。
   A. 重要业务单位　　　B. 重要业务人员　　　C. 重大业务事项
   D. 保密事项　　　　　E. 高风险领域
5. 内部控制评价现场测试的方法有（　　）。
   A. 抽样　　　　　　　B. 实地查验　　　　　C. 调查问卷　　　　　D. 个别访谈
6. 内部控制的审计方式有（　　）。
   A. 内部审计　　　　　B. 独立审计　　　　　C. 整合审计　　　　　D. 外部审计

三、实践汇报

1. 分组撰写富华机械的风险管控报告，以 PPT 形式提交并在课堂上展示。
2. 选择一家上市公司，查阅详细资料并分组撰写其内部控制评价报告。

数智化企业
内部控制与风险管理

Finance

向教师免费提供
PPT等教学相关资料

RYR 人邮教育
www.ryjiaoyu.com

教材服务热线：010-81055256
反馈／投稿／推荐信箱：315@ptpress.com.cn
人民邮电出版社教育服务与资源下载社区：www.ryjiaoyu.com

用书教师扫码下载
本书配套资源

封面设计：cbee 出壳设计

ISBN 978-7-115-67353-4

9 787115 673534 >

定价：59.80 元